平和研究入門

木戸衛一 編

大阪大学出版会

目次

はじめに……………………………………………………………木戸衛一　1
 1. 直接的暴力　1
 2. 構造的暴力　4
 3. 文化的暴力　8
 4. 平和創造の主体形成に向けて　9

I　直接的暴力に抗う

近代日本における「兵士」の誕生………………………北泊謙太郎　13
　　——兵営内教育と戦場での兵士——
 1. ライフサイクルからみた青年男子にとっての「徴兵」　14
 2. 兵営内での軍隊教育と「暴力」　17
 3. 戦場における兵士——「差別」から「殺戮」へ　22

大阪大学に残る戦争遺跡…………………………………飯塚一幸　27
 1. 待兼山に残る行幸碑・行啓碑　28
 2. 旧制浪速高等学校奉安庫の発見　30
 3. 広がるケシ畑　33

コラム　忠魂碑って、ナニ？……………………………神坂玲子　38

連合国占領軍の事故・犯罪による人身被害……………藤目ゆき　40
 1. 占領下の人身被害　41
 2. 講和条約発効後の占領軍被害補償問題　47

朝鮮半島の戦争と平和 ……………………………… 康　宗憲　55
1. 東西冷戦と朝鮮半島の南北分断　55
2. 朝鮮半島の戦争危機、その要因は何か？　58
3. 朝鮮半島の非核化と北朝鮮の核放棄　62
4. 朝鮮半島の平和体制構築に向けて　66

コラム　被爆体験を語り継ぐ ……………………… 畑井克彦　70
　　　　　―自分の価値を再発見するフィールドワーク―

イスラエル／パレスチナ問題とは何か ……………… 清末愛砂　72
　　　――故郷からの追放と占領下の生活――
1. パレスチナ難民の発生　73
2. 1967年以降のパレスチナ　78
3. パレスチナ解放闘争の歴史　82

ドイツに見る「過去の克服」と歴史和解 …………… 木戸衛一　87
1. はじめに―対等なパートナーのいない日本　87
2. 日独比較の視座　88
3. 「過去の克服」の諸相　91
4. 不倶戴天の敵からパートナーへ　96

コラム　大阪砲兵工廠跡―加害と被害の歴史を伝える― … 文箭祥人　104

Ⅱ　構造的暴力の洞察

平和を脅かす格差・貧困社会化 ……………………… 二宮厚美　109
1. はじめに―平和的生存権の思想　109
2. 貧困・戦争と福祉・平和の相互関係　111
3. 新自由主義のもとでの貧困大国化と軍事大国化　115
4. おわりに―グローバル競争国家化のもとでの格差・貧困社会化　121

| コラム | 寄せ場はどこにあるか ……………………金羽木徳志 124

ハンセン病の歴史と近代大阪……………………廣川和花 126
    1.　近代日本のハンセン病の歴史　127
    2.　外島保養院から邑久光明園へ　131
    3.　大阪皮膚病研究所の研究と治療　136

遊牧の原理と核燃料サイクル……………………今岡良子 140
──モンゴルのゴビ砂漠で生じた矛盾──
    1.　遊牧の原理　142
    2.　ゴビ地方のウラン鉱山開発・原子力発電所建設・核廃棄物処分場建設　146
    3.　フロントエンドで起った家畜の異常死事件　151

無知の傲慢……………………下田　正 155
──暴走する核エネルギー利用──
    1.　「無知の傲慢」　156
    2.　核エネルギーとは　157
    3.　歯止めなき核兵器開発競争　161

世界社会フォーラム……………………春日　匠 171
──グローバルな構造的暴力に立ち向かう試み──
    1.　環境・貧困・病気…押し寄せる難問　171
    2.　世界経済フォーラムと世界社会フォーラム　176
    3.　社会フォーラムの10年とオキュパイ運動　178
    4.　世界社会フォーラムではなにが行われるか　182

人間性の起源と暴力の克服……………………長野八久 186
    1.　自然法則としての自然法　187
    2.　人間性の起源　188
    3.　暴力を乗り越える　197

| コラム | 生野コリアタウン .... 金　麻紀　202
―過去と現在の不思議なつながり―

Ⅲ　文化的暴力の克服

法による平和の探求とその現状 .... 小沢隆一　207
1. 平和に向けての人類の法的探求　208
　―「戦争と平和」をめぐる国際法の歴史
2. 戦後日本における平和と戦争をめぐる相剋　213
　―日本国憲法と日米安保条約
3. 現代日本における平和の法的探求―平和的生存権の意義　217

戦争のための歴史、平和のための歴史 .... 桃木至朗　220
――東アジア諸国民の相互理解を阻むものは何か？――
1. 近代国家はなぜ歴史を必要とするか？　220
2. 東アジア世界で歴史はどんな意味をもつか？　225
3. 東アジアの相互理解にはなにが足りないか、なにが必要か？　228

戦争は日本文学にどのように描かれたか .... 出原隆俊　233
1. ＜文豪＞たちが証言する　233
2. 『北岸部隊』の林芙美子（従軍作家）と『うず潮』の林芙美子　239
3. 文学作品の機能について　243

| コラム | 空白の沖縄史―大阪市大正区にみる― .... 大城尚子　246

社会問題・社会病理としての学校―保護者間トラブル ... 小野田正利　248
――教師の労働の特殊性に起因する苦しさ――
1. ３％のディープ・インパクト　248
2. 保護者からのクレームに悩み、トラブルを恐れる教師　249
3. やっかいで激しいクレームだが　252

4. 満足基準が急上昇する中での教育労働の特殊性　255
   5. 「名指し」で個人が責められ、複数の子どもが介在　256
   6. 目の前30センチの「敵」　258
   7. 増えるクレームと向き合う覚悟　259

エラスムスの平和論　………………………………望月太郎　262
   1. 『平和の訴え』の時代背景　263
      ——エラスムスの不戦思想と近代的ヒューマニズム
   2. 人類にとって平和とは何であるか　266
      ——平和の積極的定義、平和の効用、平和への道
   3. 『平和の訴え』のもつ現代的意義　274

多文化社会における他者理解の課題………………我田広之　279
   1. はじめに——グローバル化時代における多言語・多文化社会の現実　279
   2. EUにおける「複言語主義」と「ヨーロッパ言語共通参照枠」　281
   3. 他者理解の可能性と限界　285
   4. むすび——他者受容と相互承認　288

コラム　多文化共生の街から・神戸長田　…………川越道子　292

あとがき………………………………………………木戸衛一　294

論文執筆者略歴 ……………………………………………………　296

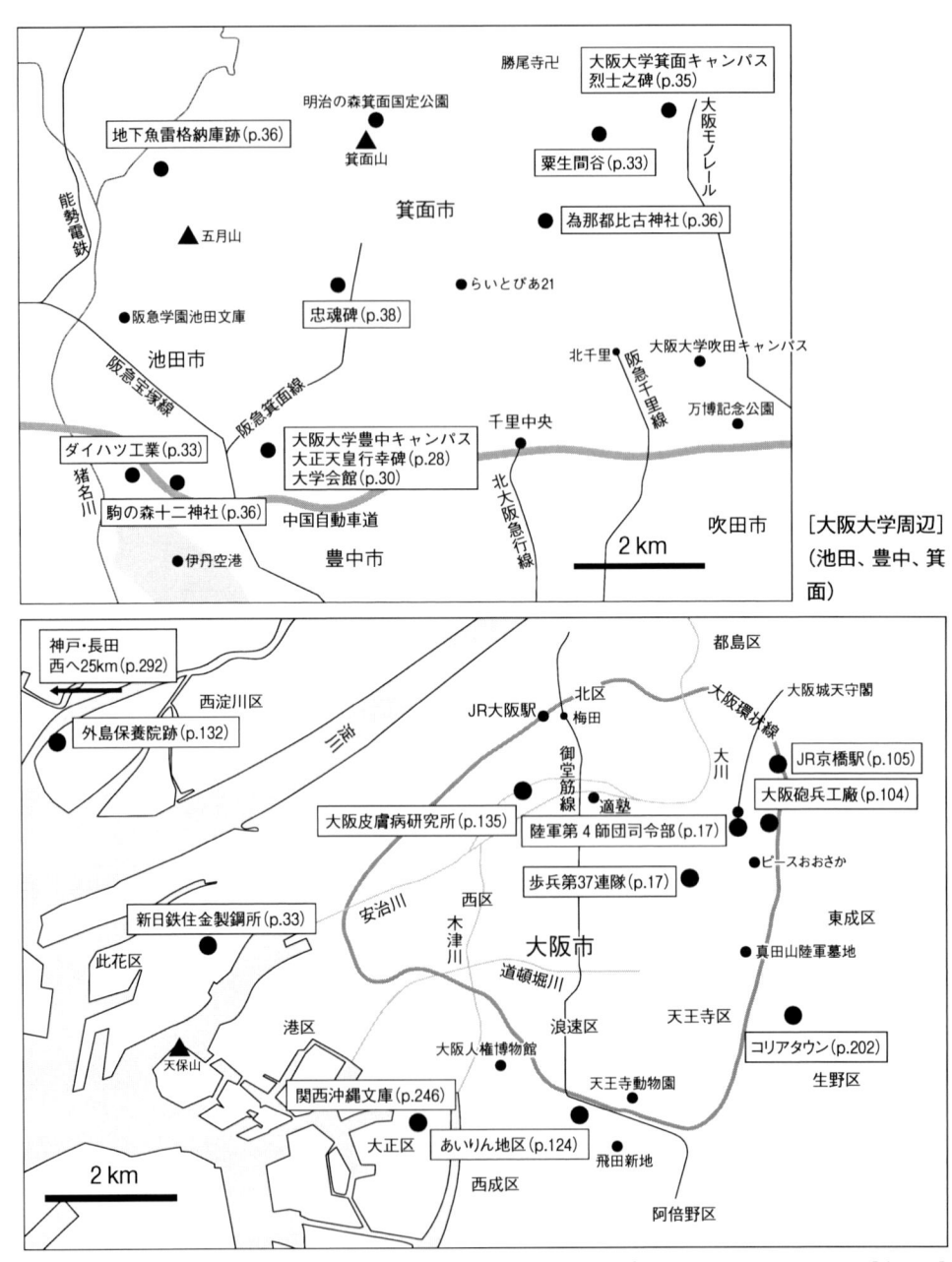

平和フィールドワーク・マップ

はじめに

1．直接的暴力

——Si vis pacem, para bellum（平和を望むなら、戦いに備えよ）

　4世紀頃、ローマ帝国の軍事学者、ヴェゲティウスによると伝えられるこの警句が示すように、古今東西多くの人が、「平和」を「戦争」の対置概念とみなしてきた。近代日本の知識人にも強い影響を与えたロシアの文豪で、非暴力平和主義者して知られるレフ・トルストイの大作『戦争と平和』というタイトルも、「戦争の反対が平和」という観念を固定化するのに一役買っていよう。

　実際、人類はその歴史において、究極的には人と人の殺し合いである戦争を、飽くことなく繰り返してきた。早くも紀元前4〜5世紀の中国で、墨子は、1人殺せば不義として処刑されるのに、戦争で大量殺人を行えばかえって正義と呼ばれる不合理に憤り、「兼愛」（無差別の人間愛）と「非攻」（侵略戦争の否定）を唱えている。

　啓蒙思想の大家、イマヌエル・カントは1795年、フランス革命に対する干渉戦争の処理の仕方を批判し、『永遠平和のために』を著した。そこで彼は、「国家間の永遠平和のための予備条項」として、一切の敵意を終焉させる平和条約や、常備軍の全廃を、また「確定条項」として、共和制の統治形態や、自由な諸国家の連合制度に基礎を置く国際法の重要性を唱えた。特に、軍隊の存在が他国を絶えず戦争の脅威にさらして軍備競争を促し、軍事費の増大により、平和の方が短期の戦争より重荷になって先制攻撃を誘発するという指摘は、すぐれて本質的で今日的である。

法律のレベルでは、カトリックとプロテスタントとの抗争として知られる30年戦争を終結させた1648年のウェストファリア条約が、現在の国際システムである主権国家体制を確立するとともに、キリスト教的正義に則った正戦を否定し、戦争当事国の正邪を問わない無差別戦争観に基づいて、もっぱら戦争の開始手続きや遂行方法を国際法で規制する流れをつくった。非戦闘員への攻撃の禁止、残虐な兵器の使用禁止、戦争捕虜の保護などを盛り込んだハーグ陸戦条約（1899年。1907年に改定）は、その一つの到達点である。
　しかし、史上初の総力戦である第一次世界大戦を受けて、戦争そのものを違法化する機運が生まれた。国際連盟規約（1919年6月28日）は第12条において、国交断絶のおそれのある紛争について、仲裁裁判・連盟理事会に付託することなく行う戦争や、判決・理事会報告後3カ月間のモラトリアム期間に行う戦争を禁止した。さらに、フランス外相ブリアンとアメリカ国務長官ケロッグが主唱して、1928年8月27日に署名された不戦条約（正式には「戦争抛棄ニ関スル条約」）は、締約国相互で、国際紛争を解決する手段としての戦争を放棄し、紛争は平和的手段により解決することを定めた。
　ところが、それもつかの間、1929年の世界大恐慌を機にファシズム・超国家主義的軍国主義が台頭、空前の惨禍をもたらす第二次世界大戦への道が開かれた。反ファシズムと民主主義擁護を戦争目的に掲げる連合国は、1945年6月26日、サンフランシスコで、「われらの一生のうちに二度まで言語に絶する悲哀を人類に与えた戦争の惨害から将来の世代を救」（前文）うため、国連憲章を採択した。それは、「すべての加盟国は、その国際関係において、武力による威嚇又は武力の行使を〔中略〕慎まなければならない」（第2条4項）と、武力不行使を規範化した。もっとも、安全保障理事会が決定する軍事的措置（第42条）と、自衛権（第51条）──ただしそれはあくまで「安全保障理事会が国際の平和及び安全の維持に必要な措置をとるまでの間」という留保がついている──は、例外的に合法な武力行使として認められている。
　この国連憲章の調印直後、人類は未曽有の体験をした。米軍による原爆投下である。1945年8月6日午前8時15分、「エノラゲイ」号から投下された

はじめに

　原子爆弾は、広島の地上約600mで爆発、地上で3000〜4000℃もの熱線、1m^{2}当たり19トンの圧力、風速毎秒280mもの爆風、そして爆心から少なくとも1kmの範囲に致死量を超える放射線をもたらした。こうして同年末までに広島では14万人が命を奪われたが（長崎では7万人）、原子爆弾の特質は、放射線によって、爆発前に人を殺し、かつそれから約70年が過ぎてもなお人を苦しめ続ける点にある。

　このような核兵器の出現は、「戦争とは、他の手段をもって継続する政治の延長」（カール・フォン・クラウゼヴィッツ『戦争論』1832年）、「たたかひは創造の父、文化の母」（陸軍省新聞班『国防の本義と其強化の提唱』1934年）といった旧来の戦争観を根底から覆し、戦争放棄・戦力不保持・交戦権否認の日本国憲法を生み出した。

　日本国内閣が校閲した『新憲法の解説』（高山書院、1946年）には、「一度び戦争が起れば人道は無視され、個人の尊厳と基本的人権は蹂躙され、文明は抹殺されてしまう。原子爆弾の出現は、戦争の可能性を拡大するか、又は逆に戦争の原因を終息せしめるかの重大段階に到達したのであるが、識者は、まづ文明が戦争を抹殺しなければ、やがて戦争が文明を抹殺するであろうと真剣に憂えているのである」と、戦争と文明の両立不可能性が明瞭に述べられている。

　この「力による正義」の否定は、エゴイスティックな「一国平和主義」を意味しない。それは、1954年3月1日の「第五福竜丸事件」を契機に、翌年7月9日に発表されたラッセル＝アインシュタイン宣言にはっきりと見て取れる。広島型爆弾の2500倍も強力な爆弾が製造可能となり、核戦争による人類死滅の危機が高まって、バートランド・ラッセル、アルバート・アインシュタイン、湯川秀樹ら11名の署名者は、「特定の国民や大陸や信条の一員としてではなく、存続が危ぶまれている人類、いわばヒトという種の一員として」、今や自分たちは「〔核戦争が〕人類に絶滅をもたらすか、それとも人類が戦争を放棄するか」という二者択一を迫られていると訴えた。ここでも、焦点は「核兵器の放棄」ではなく「戦争の放棄」なのである。

　しかし、冷戦が終わり、平和で公正な21世紀が待望されたにもかかわらず、

人類はその方向に歩んでいるとは言えない。とりわけ超大国の米国が「9・11」を機に「対テロ戦争」を発動してアフガニスタン・イラクへの侵略戦争を強行し、急激な世界の軍事化を促した責任は重い。軍事化とは、単に軍事予算の増大のみならず、意見の異なる他者を力ずくで屈服させ、あるいは絶滅しようとする態度を意味する。

スウェーデンのシンクタンク、ストックホルム国際平和研究所によれば、2012年における世界全体の軍事費は1兆7530億ドルで、1998年以降はじめて減少（前年から0.5％減）に転じたという。それでも、前年比6％減とはいえ6820億ドル支出した米国を筆頭に、1660億ドルの中国、907億ドルのロシア、608億ドルの英国、593億ドルの日本等々、総じて軍事費は世界のGDPの2.5％に相当、たとえばユニセフ（国際連合児童基金）の年間総収入の400倍以上に達する。それだけ巨額の資金を、地球温暖化、資源の枯渇、貧困、人権侵害、エイズへの対策等々、民生に振り向ければ、人々の状況はどれだけ改善されることか。なるほど、「軍拡は戦争がなくても人を殺す」（ドロテー・ゼレ）わけである。

2．構造的暴力

戦争がなくても人が殺されるということは、「戦争がなければ平和」と言えないことを意味する。たとえば、今日焦眉の問題として、貧富の格差拡大、貧困の深刻化・固定化がある。

「一億総中流」と呼ばれていたこの国の社会――実際には、企業規模による賃金・所得格差が厳然と存在したが――は急速に解体が進み、2000年代半ばには「格差社会」が日常的に語られるようになった。

厚生労働省の『国民生活基礎調査の現況』（2013年版）によれば、1世帯当たりの平均所得金額は1994年の664.2万円をピークに548.2万円（2012年、ただし福島県を除く）まで低下、右図が示すように、中央値の432万円の半分を下回る貧困層が、全世帯の2割を優に超えている。

国税庁の『民間給与実態統計調査』2012年度分（2013年発表）は、年間200

はじめに

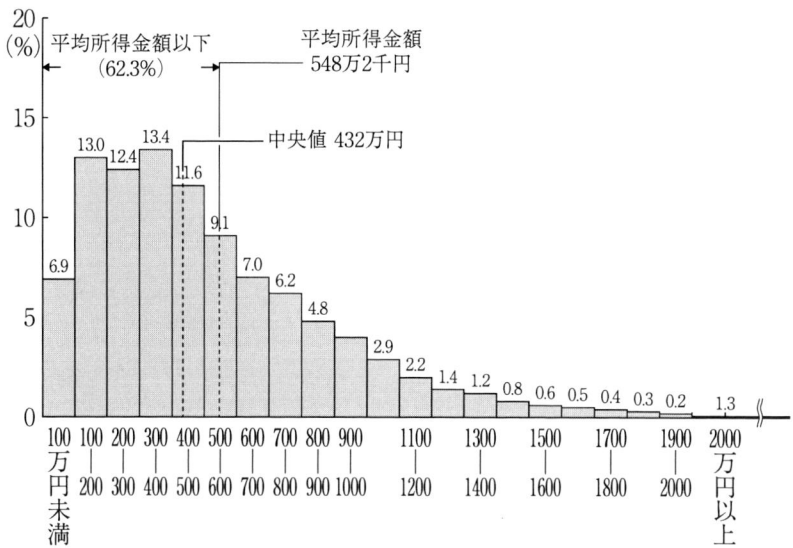

世帯数の所得金額階級別相対度数分布（福島県を除く。2012年調査）

万円以下の民間労働者が、2006年以来7年連続で1000万人を超え、1090万人（構成比23.9％）に及ぶことを示している。このいわゆる「ワーキング・プア」は、1997年からの15年間で1.3倍に急増、逆に年収400万円超〜800万円以下の勤労者は、同じ期間0.86倍に縮小した。

　経済状況の厳しさは、大学生の生活にも反映している。全国大学生協連合会が毎年実施している『学生生活実態調査』（2013年版）によると、下宿生の仕送りは、前年比170円減の69,610円で、6年連続減少となった。仕送りが「0」の割合も4年連続1割を超え、「0」を含む5万円未満は25.1％から26.8％に増加した。下宿生の食費は月額22,900円で、依然1976年（22,970円）並みの水準にある。他方自宅生も、収入合計が6年連続減少の58,360円、このうち小遣いは4年連続減少の14,670円となっている。

　そして、世界有数の経済大国では、痛ましい餓死事件も続発している。2007年7月には、北九州市の元タクシー運転手が「オニギリ食いたーい。25日米食ってない」と書き残して亡くなり、2013年5月には大阪市で、「最後にお

5

なかいっぱい食べさせられなくて、ごめんね」というメモとともに、母子の遺体が発見された。

　このような貧困の進行は一般に、労働環境の劣悪化に起因する。すなわち、1995年5月の日本経団連の提言「新時代の『日本的経営』」以来、正規社員の終身雇用制という雇用慣行を覆して大量の非正規労働者を生み出し、賃金も年功型から成果主義に移行する「規制緩和」が進んだのである。

　非正規労働者は、企業が必要とする時には安い労働力として細切れの雇用で使われ、必要がなくなったら簡単に解雇される。低賃金の上に昇給・ボーナス・退職金の制度はなく、雇用保険・労災保険・社会保険・厚生年金に未加入となれば、真っ当な生活設計は立てられない。それどころか彼らにとって、失業はしばしば、住まいを失うことすら意味する。2006年12月31日から翌年1月5日まで、東京の官庁街の中心にある日比谷公園に設けられた「年越し派遣村」に、仕事も住居も失った500人以上の人々が集まったことは、日本中に大きな衝撃を与えた。

　もっとも、正規労働者にしても、長時間・過重労働、低賃金という状況に置かれていて、決して安楽な生活が保障されているわけではない。なかには、正社員として採用されたいという若者の希望に付け込んで、彼らを意図的に大量に雇い、酷使して賃金を搾取し、極端な精神主義を強要した挙句、手もなく解雇したり、ハラスメントで退職に追い込んだりする「ブラック企業」も少なからず存在する。

　「自分一人の身ですら養えない状況を、かれこれ十数年も余儀なくされている」という31歳のフリーターが、「閉塞状態を打破し、流動性を生み出してくれるかもしれない」からと、「希望は戦争」と述べて社会に衝撃を与えてから、もう相当な時間が経っている（赤木智弘「「丸山眞男」をひっぱたきたい」『論座』2007年1月号）。

　このような状況を等閑視して、「日本は平和だ」と語ることはできないであろう。そしてこれは、日本に限られた問題ではない。シリーズ『世界がもし100人の村だったら』（マガジンハウス）は、世界のさまざまな矛盾をフォークロア調で可視化させてくれるが、そこにはたとえば「すべての富のうち／

6人が59％をもっていて／みんなアメリカ合衆国の人です／74人が39％を／20人が、たったの２％を／分けあっています」という記述もある。

　米国人が皆富裕なわけでないのは言うまでもないが、世界には、１日1.25ドル未満で生活する極度の貧困層が、４億人の子どもを含め、今なお12億人もいる。そして、最近の各種統計は、世界中で経済的不平等が進み、富裕層と貧困層の両極化がますます顕著になっていることを示している。たとえば、2008年 OECD（経済協力開発機構）の報告書『格差は拡大しているか？──OECD 諸国における所得分布と貧困』（明石書店、2010年）によれば、少なくとも1980年代半ばから大半の国で所得格差が拡大した。

　2014年１月20日、国際援助団体オックスファムが公表した報告書「少数の利益のために──政治権力と経済格差」でも、

- 今や世界の富のほぼ半分を、人口のわずか１％の富裕層が占有している
- 世界で最も豊かな１％の人々の財産は110兆ドルに達し、世界人口の貧しい半分の人々の財産の65倍に達する
- 世界人口の下層半分の財産は、世界で最も豊かな85人分と同じ
- 10人に７人が、過去30年間に経済格差が拡大した国に住んでいる
- 1980〜2012年の間にデータをとった26カ国中24カ国で、最も豊かな１％が所得の割合を増大させている
- 米国では、最も豊かな１％が、2009年以降、金融危機後の成長の95％を得、下層90％はより貧しくなった

といった事実が明らかにされている。

　ノルウェー出身の平和学者、ヨハン・ガルトゥングは、「平和」の対置概念として「暴力」を提唱した。ここで言う「暴力」とは、「実現可能であったものと現実に生じた結果とのあいだのギャップを生じさせた原因」（ヨハン・ガルトゥング『構造的暴力と平和』中央大学出版部、1991年）、要するに、各人の能力の全面的開花を阻害する諸要素を意味する。ガルトゥングは、戦争という「直接的暴力」に対し、飢餓・貧困・搾取・差別・疎外・環境破壊などを、社会構造の中に埋め込まれた暴力、すなわち「構造的暴力」と位

置付けた。そして平和研究の課題は、戦争のない状態としての「消極的平和」に加えて、構造的暴力がない「積極的平和」の実現を追究することにあるとした。

3．文化的暴力

　しかしながら、仮に困難な経済状況があったとしても、それが自動的に戦争に直結するわけではない。直接的暴力への賛同・黙認には、他者に対する不寛容や偏見・憎悪、権力の濫用や抑圧がしばしば介在する。だからこそ、「戦争は人の心の中で生まれるものであるから、人の心の中に平和のとりでを築かなければならない」（ユネスコ憲章）と謳われるのである。
　実際人々は、「自分たちは神によって選ばれた優秀な民族である」、「我が国は神の国である」といった選民思想、「野蛮」の民を「文明」の高みに導くのを当然とする植民地主義、自国の「国益」のため他者支配を積極的に肯定する帝国意識などを通じて戦争に駆り立てられてきた。人種主義・外国人憎悪・セクシズム・宗教的偏狭などは、いずれも「自己」と「他者」との対立構造を前提とし、守るべき「自己」の利益のために「他者」の排撃あるいは屈服を志向する。
　加えて今日では、グローバル化を推し進める新自由主義の新しい優勝劣敗・価値不平等のイデオロギーを通じて、エスタブリッシュメントの特権を容認し、長期失業者・ホームレス・障害者・難民らを嫌悪する心情が昂進している。そこでは、病気も貧困も「個人の問題」に還元され、構造的な社会問題に対する批判は、「社会のせいにするのは弱い人の議論だ」として封殺される。
　ガルトゥングは1990年代、直接的・構造的暴力を深層心理の次元で正当化する社会的機能をもつ「文化的暴力」の概念を提唱した（ヨハン・ガルトゥング『ガルトゥングの平和理論―グローバル化と平和創造』法律文化社、2006年）。それは、直接的暴力・構造的暴力と相互に依存・補完する関係にあり、「戦争などの暴力行動は、人間の本性の中に遺伝的にプログラムされている」

というように、戦争を肯定・容認する意識だけでなく、さまざまな社会的矛盾に対し「自分には関係ない」と無関心を決め込む態度も指す。

「人間は、戦争をする本能を先祖から受け継いでいる」といった命題は、「暴力に関するセビリア声明」（1989年11月26日、ユネスコ総会で承認）で明確に否定されている。また歴史は、人間の尊厳が損なわれた非平和的状況から目を背け、思想ないし思考を欠いたままひたすら忠実に任務を遂行する「凡庸な悪」（ハンナ・アーレント『イェルサレムのアイヒマン』新装版、みすず書房、1969年）の行く末を、明瞭に示している。「人類の多年にわたる自由獲得の努力」（日本国憲法第97条）を知ってか知らずか、ただ刹那的に「買うという行為だけが個人的な存在を確認し、保証しなおすものとして機能する究極の消費主義」（マサオ・ミヨシ『オフ・センター――日米摩擦の権力・文化構造』平凡社、1996年）に耽溺したり、ヘイト・メディア、ヘイト・スピーチに代表される、規範性を喪失した政治文化に同調したりするのは、歴史を冒瀆し、未来から断罪される暴力の加担者なのである。

4．平和創造の主体形成に向けて

平和研究に携わる者には、直接的・構造的・文化的暴力の過去と現在に関する知見を積み重ねるだけでなく、それらを克服するために自分は何ができるのかを考え行動することが求められている。そこで「平和」は、「暴力のない状態」という静的把握ではなく、「現実に働きかけて実現すべき対象」、「人間の尊厳を守り活かすたたかいの目標」として動的に認識されることになる。

つまり、平和研究は、平和に関わるすべての情報に対して、批判的な思考を働かせて分析し、主体的に選択・活用するとともに、自らも発信することを目的とする。その基本的視座は、国家中心・現状維持志向の「現実主義」ではなく、一人一人の人間の生命の尊厳に価値を置き、非暴力的な手段によって不条理な現実の変革を目指すことにある。その学びを通じて、自らの加害者性を自覚し、当事者性を獲得して、非平和の過去・現在に対する応答責任

を果たすのである。

　本書は、大阪大学の全学共通教育科目「平和の問題を考える」の教科書として編集された『平和の探求──暴力のない世界をめざして』(木戸衛一・長野八久編、解放出版社、2008年)の全面改訂版である。2003年イラク戦争を契機に阪大教員有志が開催した「平和のための集中講義」をベースに、翌年正規の科目として立ち上げられ、2009年には「広島・長崎講座」としても認定されたこの授業には、毎年100名を越える受講生に加え、近隣に住む市民の顔も散見する。

　『平和の探求』に比べ本書では、阪大のスタッフによる論考の割合が高くなった。これは、丸10年平和講義を積み重ねてきた成果を反映していると言えるかもしれない。本文は、基本的に直接的暴力、構造的暴力、文化的暴力の順に、それぞれに密接に関わる論考で構成されている。ただし既に述べたように、これら3つの暴力が相互に連関しあっていることは、各論考の内容からも確認できるであろう。本書ではまた、暴力によって不条理な苦痛を強いられ格闘している人々の「現場」に足を運んで、平和に関する考察を深めてもらうよすがとして、7編のコラムも用意した。

　平和研究は、価値中立的な学問ではない。それは、貧しい人々、弱い立場に置かれた人々、虐げられた人々一人一人の利益と必要のための学問である。その意味で本書が読者にとって、平和のための認識能力・判断能力・行動能力を培うことに役立てば幸いである。

──Si vis pacem, para pacem（平和を望むなら、平和に備えよ）
　　　　　　　　　　　　　　　　　　　　　　　　　　　（木戸衛一）

I
直接的暴力に抗う

人類の歴史では、無数の戦闘・殺戮が繰り返されてきた。「はじめに」で紹介したヨハン・ガルトゥングの「暴力」概念に従えば、これは直接的暴力の行使である。殺され、傷つけられた人の肉体的・精神的現実は、その潜在的実現可能性を下回るからである。

　直接的暴力には、顕在的なレベルと潜在的なレベルとがある。ただし、戦争は突然起こるのではなく、日常的な軍事化の帰結であるから、両者の間に連続性があるのは明白であろう。

　自国の対外的・対内的安全を名目に存在するのが、軍隊である。フランス革命を経て19世紀初頭以降、軍隊の規律訓練システムを通じ、普通の市民は、命令という信号を知覚し、準則に則ってそれに即座に反応する歯車としての兵士に変えられていった。

　そのように権力が身体と精神を支配するシステムは、兵舎を越え、学校・工場など社会の諸領域に及んだ（ミシェル・フーコー『監獄の誕生―監視と処罰』新潮社、1977年）。そして戦前の日本は、戦争に積極的に協力し、進んで死を選ぶ国民づくりに成功した。だが、かのシステムは今や、人間が組織の一員として「囚人」のように作業工程に閉じ込められ、世界が「全体機械」化（「世界機械」化）する次元へと昂進している（ギュンター・アンダース『われらはみな、アイヒマンの息子』晶文社、2007年）。

　軍隊や基地の問題は、女性に対する人権侵害や植民地主義と密接に関わっている。異民族支配である占領軍は言うに及ばず、人々を守るはずの「民主主義国」の軍隊や基地が、なぜ、女性の性や民族的少数派の尊厳を踏みにじるのか。

　仮に、民主主義国間で戦争が起こりにくいとする「民主的平和論」が妥当性をもつとしても、コソヴォ戦争やイラク戦争のように、民主主義国の側が戦争を仕掛ける問題は依然残っている。朝鮮戦争では、日本の基地を飛び立った米軍機が、平壌の75％など、北朝鮮の主要都市22のうち18都市を、少なくとも半分以上破壊した。イスラエルは、150万人もの人間を封じ込めたガザに対し、2008年末から22日間空爆、1400人以上を殺害した。それらに共通するのは、「他者」の人間性の否定である。

　戦争犠牲者の割合は、20世紀初頭民間人1人に対し軍人9人だったのが、今日ではその正反対になっている。だからこそ、直接的暴力の克服には、市民相互の和解、歴史への責任意識や当事者性の共有が求められている。

（木戸衛一）

近代日本における「兵士」の誕生
―― 兵営内教育と戦場での兵士 ――

【キーワード】
徴兵（制）　（軍隊）内務教育　私的制裁　差別感・蔑視感　殺戮の連鎖

　　はじめに

　2012年10月25日、石原慎太郎が東京都知事を辞職して新党結成（太陽の党、のち日本維新の会）を表明した時の記者会見で、「20歳を迎えたら徴兵制を導入して、自衛隊などで若者を鍛えなおすような経験をさせるべき」という趣旨の発言を行った。この石原発言は、戦後に何度も繰り返されている徴兵制論議の延長線上にあるが、これらの議論に共通してみられる特徴としては、国民とくに青年の関心を徴兵制に向けさせるということと、教育論と結びつける形で徴兵制が論じられることとがあげられる。特に後者については、少し古いデータになるが、1956年に総理府が実施した「防衛問題に関する世論調査」において、昔の軍隊教育ではしっかりした人間が出来たかどうかという質問に対して、「そう思う 42％」、「そんなことはない 37％」、「わからない 21％」という結果が出ている。敗戦後10年を過ぎた時点でも、多くの人々が軍隊教育に対する一定の評価を与えているのである。
　しかしながら、人格形成・人間修養の立場からのみ徴兵制や軍隊教育を賛美する議論には、実際に徴兵されて軍隊教育を受けた当時の若者がどのような立場に置かれ、何を考え、どのようにふるまっていたのかという視点が決定的に欠けている。本稿では、この点について皆さんと少し考えてみたい。

Ⅰ　直接的暴力に抗う

1．ライフサイクルからみた青年男子にとっての「徴兵」

　近代日本の青年男子にとって、「徴兵」とはどのような位置を占めていたのか。ここでは、青年男子のライフサイクルに即した形で考えてみたい。
　1873（明治6）年1月の徴兵令の布告により、「国民皆兵」の理念を掲げた徴兵制が日本にも導入されるが、青年男子が兵役に服する期間については、1873年以降のたび重なる徴兵令の改正により、当初の7年から複雑な経過をたどった。そして、日露戦争（1904～05年）期の徴兵令改正によって、現役3年、予備役4年4カ月、後備役10年と定められ、さらに1907年10月の徴兵事務条例改正によって、歩兵が兵営にいる期間が3年から2年に短縮された。すなわち、近代日本の青年男子は、自らの人生のうち、20歳から37歳までの期間を兵役に服する期間として定められ、国民の義務である徴兵に応じることを求められたのである。
　しかしここで注意しておかなければならないのは、すべての青年男子が実際に現役兵となった訳ではないことである。つまり、1939年3月の兵役法改正までは、徴兵検査で甲種あるいは乙種と認定された徴兵合格者の中から、軍隊が必要とする人員を抽籤（くじ引き）で決めていた。そのため、実際に現役兵として入営する青年男子が同年代の若者（徴兵相当人員）に占める割合は、1877年の時点で3.5％、1891年には5.7％、1898年10.6％、1911年20.0％、それ以降は日中戦争開戦直前まで15～20％の割合で推移している（吉田裕「日本の軍隊」『岩波講座　日本通史17』岩波書店、1994年）。国民の必任義務とされた徴兵制も、その実態は、同世代の若者の5～6名に1名のみが現役兵として徴集される少数精鋭主義の制度であったのである。
　以上をふまえたうえで、図1を参考にしながら、日露戦争後から昭和戦前期における青年男子の「徴兵」が、ライフサイクルの中でいかなる意味を持っていたのかを考えていきたい。まず、尋常小学校を12歳．高等小学校を14歳で卒業した若者は、中学校（当時は尋常小学校卒業の12歳～17歳の5年間）に進学する一部の社会的上層を除いては、徴兵検査を受検する19歳～20歳の

近代日本における「兵士」の誕生

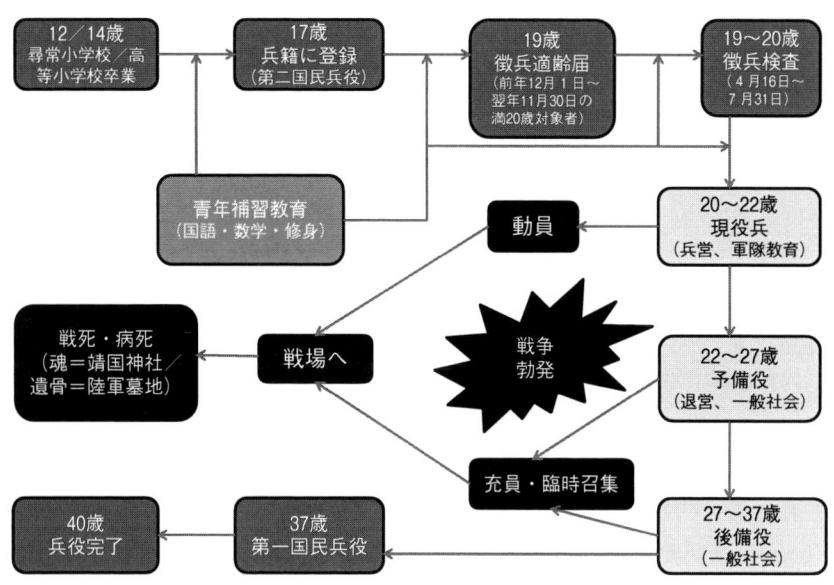

図1　ライフサイクルからみた青年男子の「徴兵」（日露戦争後）

時期まで学校教育を受けなかった。このため、徴兵検査を受検する青年男子の教育程度が12歳～20歳の間に大きく低下することを懸念した陸軍などの要請で、青年補習教育が推奨されていった。つまり、小学校の校長や教員、町村内の青年会や夜学会の役員などが先生となり、国語・算術・修身などの補習教育が実施されたのである。

　青年男子は17歳になると、国民軍に属する資格が認められ、兵籍簿（軍人の身分に関する事項を登記する帳簿）にも登録された。また、この年齢から志願兵として現役に服することも可能であった。次に、19歳になると、翌年11月30日までに20歳になる場合は、その青年男子のいる家族の戸主（戸籍の代表者）は、1月末までに本籍地の市町村長に徴兵適齢届を届け出た。そして、4月16日から7月31日まで実施される徴兵検査を受検するのである。徴兵検査では、身長・体重・健康診断・性病の有無などを調べる体格検査、本人の性格や地域社会での評判、教育程度と成績、家庭状況（生計・家族構成・

入営による影響など)をこと細かく調べる身上調査などが実施され、甲・乙・丙・丁・戊の各ランクに区分された。このうち、甲・乙種の若者を集め、抽籤で現役兵となる者を選んだのである。

ところで、このように青年男子を徴兵検査で序列化し、そのうえで抽籤によって現役兵を選抜するという徴兵制度のあり方は、当時の青年男子に複雑な感情をもたらした。喜多村理子氏は、徴兵をめぐるこのような若者の感情を「表面の世界」と「内面の世界」という表現で整理している。すなわち、「表面の世界」では、自分や家族・村社会にとって甲種合格が非常に名誉で誇りにすべきことだと思う一方で、「内面の世界」では徴兵検査後の抽籤（くじ引き）で外れることを願って、神仏祈願にはしる若者やムラ社会の姿を描いている（喜多村理子『徴兵・戦争と民衆』吉川弘文館、1999年）。当時の若者にとっては、国家によって健康優良青年と認定された甲種合格となったうえで、徴兵検査後の抽籤に外れて兵役を免除されることが最も望ましいこととされたのである。

現役兵となった青年男子は、20歳から22歳までの間に、陸軍の兵営（軍隊教育を受ける寄宿舎兼学校のような場所）に入り、軍隊教育を集中的に受ける。この２年間の兵役が終わると満期除隊となって、予備役（22歳〜27歳）、さらに後備役（27歳〜37歳）へと編入される（この予・後備役に属する兵卒を総称して在郷軍人と呼ぶ）。この22歳から37歳の間は、普段は社会生活を営んでいるが、いったん戦争が起これば召集令状（いわゆる「赤紙」）によって召集され、戦場に動員される兵役期間であった。

このため在郷軍人に対しては、戦時の召集に備えて現役中の軍隊教育の効果を持続させるために、演習召集と簡閲点呼が実施された。演習召集とは、予備役で１〜２回・３週間、後備役で２回・２週間召集するもので、各個教練・演習・行軍・体操・射撃などの学術科が実施された。また簡閲点呼は、予備役・後備役を通じて計５回、通常は１年おきに実施され、国家の有事に備えて在郷軍人がどのような準備をしなければならないか、その心構えを点検・査閲し、また簡閲点呼執行官より教え導くというものであった（日露戦争後の1908年時点。第三師団司令部編『在郷軍人心得』）。

戦争や事変などで召集されずに、37歳で後備役を無事に終えれば、第一国民兵役に編入され、そして40歳で兵役が完了した。このように、近代日本の徴兵制度は、17歳から40歳までの男子に兵役へ服することを求める制度であったが、その実態としては、徴兵検査により選抜された青年男子のみが現役兵として兵役義務を課されるものであったことに注意しておきたい。

2．兵営内での軍隊教育と「暴力」

　徴兵検査に合格した現役兵は、兵営に入って、2年間（1907年までは3年間）の軍隊教育を受けた。軍隊教育としては、①学科教育（軍人に必要な諸学科を教授）、②術科教育（柔軟体操・器械体操・遊泳などの基礎体力の鍛錬から、射撃・行軍・軍事教練など戦場における各兵種の専門技術の教育までを含む）、③手入れ（歩兵の銃剣などの武器や衣服の手入れ、軍服・諸物品の整理整頓）などもあげられる。しかしながら、軍隊教育で最も重視されたのは、兵営内での日常生活における教育、すなわち内務教育であった。

　内務教育は、兵営での日常生活の最小単位となる内務班で行われた。内務班は30～40名の兵卒（初年兵・二年兵が属する［1907年までは三年兵も］）で構成され、内務班長は下士官である軍曹または伍長がつとめた。戦時編制の下では、この内務班は小隊の母体となる。まさに内務班とは、「死生苦楽ヲ共ニスル軍人ノ家庭」（『軍隊内務令』）として、平時には兵卒が日常生活で苦楽を共にする場となり、戦時には生死を同じくする部隊となるのである。

　その内務班で実施された内務教育では、行儀作法や生活習慣を軍隊式に改めることが主な目的とされたが、内務教育の基礎として挙げられるものの一つが「日課」であった。つまり「日課」にあわせて時間通りに行動することが求められたのである。では、兵営生活における「日課」とは具体的にどのようなものであったのだろうか。表1は、歩兵第37連隊の兵営生活日課表である。ちなみに歩兵第37連隊とは、第4師団（大阪）管下の連隊として、現在の国立病院機構大阪医療センター（大阪市中央区法円坂）の場所に、1896年12月1日創設された部隊である。

Ⅰ　直接的暴力に抗う

表１　歩兵第37連隊の兵営生活日課表

午前6時	起きよの喇叭が鳴る、寝台から飛び出して服を着ると、内務班長が来て寝台の前に列べさせる、そこへ週班士官が人員を検査して行く、『分れ』の号令で、各人は蒲団の毛布を畳むやら、揚子片手に顔を洗ひに行くやら、夜は白々と明けて、これから一日の課業が始るのである。
午前7時	班内に一同揃つて朝の食事をする、大抵味噌汁に香の物位で、飯櫃をあけると麦飯ではあるが、温い蒸気が立つてゐる、食事が終ると食器の始末をしてお互に班内其他廊下などの掃除をする。
午前8時	学科に集れと知らせて来る、一同中隊の一室に集つて、士官から色々身の為の話、さては軍事上の事など教へて貰つて、日々少しづゝ必要の学科を覚えて行くのである。
午前9時	脚絆をつけて、銃を持て舎外に整列すると、班長が来て服の着方、帽子の冠り方の悪い者などを直して呉れる、それから演習が始まつて、体操剣術射撃教練など、日々順序よく教育されて行くので、本年三月下旬の第一期検閲迄には、大凡一人前の兵卒として戦の役に立つ様になるのである。
午前11時	練兵が済で、舎内に帰ると武器などの手入をしゐる中に、十二時前になると昼の食事が始る、それから寝台の毛布を寝られる様に敷き直して、午後の演習の準備をする、毛布は一人前六枚で、上に懸ける分の二枚は、二ツ折にするので丁度七枚、懸けて寝る事になる。
午後1時	午前と同様に練兵が始る。中休みの時などは、折々体育的遊戯などもして、小供の様に嬉々として、走り廻る事などがある。
午後4時	練兵が終ると、また其日に使つた武器や、被服などを綺麗に手入してさて内務班の戦友と共に風呂に行く、頭髪は清潔にして置かねばならぬ、爪を長く延して置いてはならぬ、指の股なども奇麗に洗つて置かねばならぬ、などと常に上官から云ひ聞かされてゐるので、一日の労と共に奇麗に洗ひ流して、班に帰るともう電灯がつく、今更に日の短いのに驚くやうな次第である。
午後5時	例の通り晩の食事をするので、通常昼と晩には相当のお菜がつけてある、夕食が済むと先ずゆつくりと出来るので、手紙を書く者もある、新聞や雑誌を読む者もある、ストーブの廻りで愉快に話をしたり、さては酒保へ走り行く者なぞもある。
午後7時	朝の通りに夜の学科が始められる、時には班長が武器の手入の仕方、服の畳み様、着物の洗濯の仕方などを教へて呉れる事もある、此等の課業のない時は、各人学校の程度に応じて、それぞれ手習などをさせられる。
午後8時半	朝起きた時と同様、週番士官が人員検査を済すと、これで一日の課業は終つたので、一と通り班内を掃除する、火の仕末などをして寝る準備をするのである。
午後9時	消灯喇叭が長く細く鳴り亘ると、服を脱いで寝台の中に這入る、電灯は消されてやがて安らかなる夢は結ばれるのである、不寝番の者が廻つて来て、蒲団を脱いでゐる者などにはソツト懸けてやる、折々週番士官も巡視する、物静かな足音の外、連隊は夜の静かさに這入る。

（出典）歩兵第37連隊『聯隊通信』第10号（1914年２月、泉佐野市教育委員会所蔵）。なお、ふりがなは省略し、旧字体は常用漢字に改めた。

そこで表を見ると、日課表に沿って喇叭（ラッパ）で起こされ、朝の人員検査（日朝点呼）を行い、三度の食事をとり、学科や演習を受け、武器や被服などの手入れを行い、夜の人員検査（日夕点呼）を受け、喇叭（ラッパ）で消灯するという、時間に追われた生活が描かれていることがわかる。このように軍隊では、時間に管理された規則正しい生活が求められた。そして、兵営の中で毎日この「日課」を繰り返すことによって、時間というものが習慣化・身体化されていくのである。

　ところで、このように兵卒が時間に管理された規則正しい生活を身体化していく要因としては、毎日繰り返し行うという習慣化の点だけではなく、外部から肉体的に強制されるという側面もあった。外部からの肉体的強制とは、軍隊生活のリズムをつかめずにまごついている初年兵に対して、二年兵が「教育」と称して行う私的制裁である。表には記されていないが、日課表の午後8時半に人員点呼日夕点呼が終了して消灯ラッパが鳴るまでの30分間が、初年兵にとっては「魔の時間」であった。下士官が下士室に引きあげた後は、内務班は二年兵の天下となり、初年兵は「日課」での何らかの落度を口実に私的制裁に曝されたのである（大江志乃夫『昭和の歴史　第3巻　天皇の軍隊』小学館、1982年）。

　内務教育で行われた私的制裁の例としては、陸軍歩兵大尉山崎慶一郎編著『内務教育の参考』（琢磨社、1934年）に詳しい一覧表が掲げられている。そこでは、精神的苦痛を与える方法（他人の秘密をあばく、罵倒侮辱、皮肉、厭味）、物質的苦痛を与える方法（兵営外や酒保での飲食の饗応、タバコ・ハガキ等日用品の借用、物品の贈与、金銭の借用など）があげられているが、最も多く取り上げられているのは肉体的苦痛を与える方法である。『内務教育の参考』では、殴打（拳、スリッパ、革製ベルト、洗矢［銃口掃除用の鋼製の細い棒］など）、突く、相互に殴打、重量物をささげさせあるいは負わせる等、懲戒の目的をもってする長時間の不動の姿勢および早駆・据銃等、武技の悪用をあげている。もう少し具体的に述べれば、殴打としては、拳で頬を殴るビンタは日常的に行われ、スリッパやベルト・洗矢などによるむち打ち、初年兵同士を向かい合わせて相互に殴り合いをさせる対抗ビンタなど

も初歩的な暴力として行われた。武技の悪用としては、銃剣術用の木銃で突き倒すことがあげられ、長時間の不動姿勢としては、ベッドを背負わせその上に数人の二年兵が上る、整頓棚の下で不動の姿勢の強制（低い棚に頭がつかえ、膝を曲げたままで長時間気をつけの姿勢を強要）、1尺（約30cm）ほどの所を早駈、前に出させた手に銃などの重い物を持たせたまま保持（銃を下ろしたら叱責）、などの事例があげられるのである。

　もとより、このような私的制裁は陸軍内で「公認」されていた訳ではなく、建前の上では厳重に禁止されていた。つまり、「ビンタは、刑法上の暴行罪であり、鼓膜が破れたら傷害罪」（法務将校原秀男の発言）であった。しかし、暴行罪は親告罪であるため被害者の告訴が必要であり、報復を恐れる初年兵が二年兵などを刑事告訴するということは実際にはありえなかった。また、中隊付将校や下士官も、内務教育を行ううえで私的制裁を事実上黙認していたのである。それはなぜだろうか。

　その原因としては、内務教育の基礎として「日課」とともに「服従」が重視されていた点が大きいように思われる。そもそも、軍隊という組織を効率的に動かすためには、〈命令―服従〉関係を了解する組織内での規範が成立していることが必須の条件であり、これによって上官からの命令や伝達がスムーズに行われるのである。戦場では、個々の部隊の行動が、部隊に属する将校・下士官・兵卒の生死に直結するため、軍隊内における指揮命令系統が整備されていることが重要であった。しかしながら近代日本の軍隊においては、〈命令―服従〉関係の必要性を軍隊の編制原理から合理的に説明するのではなく、例えば上官との関係を家族の関係に置き換えたり（中隊長＝厳父、内務班長＝慈母、二年兵＝兄）、あるいは軍人勅諭で「下級のものは上官の命を承ること実は直に朕か命を承る義なりと心得よ」と述べるように上官の命令を天皇の命令と直結させるなど、擬似的な共同体（家族・天皇制）を例に出して説明したのである。

　このような説明の仕方は、軍隊的服従を合理的に説明することを不要とし、上官や二年兵に服従することを当然とみなすような思考停止状態を組織内に生み出す。内務班において、二年兵による初年兵への私的制裁が横行した背

景には、このようなことがあったのである。
　ところで、近年の歴史学研究では、軍隊教育における私的制裁＝直接的暴力の側面のみを取り上げるべきでないという見解もみられる。例えば一ノ瀬俊也氏は、旭川の歩兵第26連隊の真下秋太郎の以下の文章を引用しつつ、軍隊教育の中で努力して順応し、体制を支えていた兵士にも目を向けて軍隊観の全体像を再検討すべきと主張する（一ノ瀬俊也『明治・大正・昭和　軍隊マニュアル』光人社、2004年）。

　僕は実に予想外だった。軍隊と云う処は只圧制で残酷な別天地とのみ思っていた自分は図らず今日入隊して、その疑惑の念を氷釈し、窃かに微笑まざるを得なかった。（中略）人はよくビンタビンタと畏しく騒ぐが、それを頂戴するもせざるも、自分の努めると努めざるとに因るのだ。

　また原田敬一氏は、秋田県山本郡常盤村出身の下士官佐々木徳三郎が家族に宛てた手紙を紹介しつつ、佐々木が軍隊教育について「ある反面には運というものもあります。要領というものもあります。（中略）上の人によくみられるということも要領の一つで蔭に廻っては、手のつけられぬことをしていても上官にみつけられなければそれで済む。実際軍隊は要領一つだ」と述べるように、「上の人によくみられるということも要領の一つ」という、他の存在に依拠した人間関係に自らの位置を再発見する若者たちをつくりだすのが軍隊教育の特質であると指摘している（原田敬一『国民軍の神話』吉川弘文館、2001年）。ただ、当時の内務班において、私的制裁が横行しているか、努力や要領で上手く立ち振る舞っているか、どちらか一方の実態のみが存在していたというのは正確な理解ではないだろう。このようなある意味対照的な歴史像が生み出されるのは、それだけ軍隊教育のもつ歪みや矛盾が一層浮き彫りになっていることの証左と言えるのではないだろうか。

3．戦場における兵士──「差別」から「殺戮」へ

　現役兵として2年～3年の軍隊教育を受けた青年男子は、いったん対外戦争がおこれば、現役兵の場合は動員、在郷軍人（予・後備役兵）の場合は充員召集や臨時召集によって集められ、戦場に送られた。ここでは、近代日本にとって初めての本格的な対外戦争となった日清戦争（1894年～95年）を事例として、兵士にとっての戦争体験がいかなる意味を持ったのかについて考えてみたい。

兵士にとっての「出征」

　徴兵検査に合格し、現役兵として軍隊教育を受けた青年男子であっても、日清戦争の開始当初から強烈な国家意識をもった「忠勇なる兵士」であった訳ではない。このような意識は、戦争の経過に伴って次第に醸成され、形成されていったのである。

　東京府多摩郡坂浜村（現稲城市）出身の加藤芳五郎は、1894年8月30日に歩兵第1連隊に召集され、東京の青山停車場を9月24日に出発して広島に向かった。出発時の加藤の心境は、「住みなれしやかたを出て広嶋に向ふ兵士の心悲しき」という歌に表れていた。つまり、自宅を離れ出征する時には「心悲しき」という個人的感情が兵士の内面をおおっていたのである。

　しかしながら、停車する駅ごとに小学生をはじめとする大勢の人が集まって万歳を唱えるなど熱烈な歓迎を受けたり、婦人や女子生徒などの行き届いた接待や差し入れを受けるなかで、加藤の気持ちも「余等万歳の声を聞く毎に銘肝し、己の任務を重からしむ」というように少しずつ変化していった。

　そうした移動の途中、汽車が関ヶ原にさしかかった時に加藤ら出征兵が見たのは、地にうずくまって両手を合わせ汽車に向かって拝んでいる農夫の姿であった。彼らはその農夫がすでに身内を戦場に送った人なのだろうと想像して、敵愾心を膨らませた。そして、宇治川を渡る頃には「野蛮なる清兵の姑息計略の為に我本望を誤らざる」ことを決意するに至ったのである。

近代日本における「兵士」の誕生

清国の民家に宿営する兵士。食器には青蠅が群れをなし、兵士はその光景を「不潔」とみなした（亀井茲明著『日清戦争従軍写真帖――伯爵亀井茲明の日記』柏書房、1992年より）

　このように、召集先から出港地である広島県の宇品港に向かうまでの熱烈な歓迎や、列車の移動の際に体験した様々な出来事が、当初は戦争に対する個人的感情しか抱いていなかった青年男子を、国家意識をもった「忠勇なる兵士」へと変貌させていったのである。

「不潔」と「臭気」

　こうして、戦地への移動の際に人々の激励を受け、期待を背負いながら戦地に到着した兵士がまず感じたことは、異国の「不潔」と「臭気」であった。例えば、1894年9月10日に、朝鮮半島北東部の元山に上陸した静岡県出身の海野 鉚吉(りゅうきち)は、元山津の風景を次のように記している。

> 家屋の周囲は豚及び牛を放養し、糞は堆積して戸口を塞ぐに至る。其不潔実に名状すべかからず。臭気 夥(おびただ)しく鼻を撲ち、余は乗馬行進するすら忽ち吐瀉を促すに至る。然るに朝鮮人の如何に習慣と言ひながら、斯る家屋棲息に別に病気等の発生せざる、実に怪むに堪たり。
> 　然して中等以下の人民に在ては、年中壱回も湯浴すること無く、只夏天時々川及び海に於て水浴する已(のみ)。（中略）臭気甚だしく、故に我等は接近

I　直接的暴力に抗う

して言語を交ゆること尚ほ伝染病を悪むが如し。(中略) 我等は朝鮮国の野蛮屢々聞く処なれども、今回現況を視察して実に意外の驚きを成せり。

　不潔な街と、嘔吐をもよおすほどの臭気、これが兵士にとっての第一番目の朝鮮の印象であった。そして、このような朝鮮人民家や道路などの「不潔」に日本兵士が嫌悪感を抱いたのは、海野錦吉も述べているように、それが伝染病をもたらすものと強く意識されていたからである。
　近代日本が過去に経験した戦争において、伝染病は兵士の生死に関わる極めて深刻な問題であった。例えば、1874年の台湾出兵では兵士約3650名のうちマラリアなどで560余名が病死し（戦死は12名）、1877年の西南戦争では九州各地から軍事拠点である大阪に後送されてきた戦傷病者の中に、コレラ・脚気などの伝染病患者がたいへん多かったことが問題になっている（コレラ887名、脚気461名）。これらの経験から、兵営内における衛生および兵舎の清潔・清掃については、内務教育において特に重視されたのである。
　以上のことから、日清戦争で朝鮮半島に上陸した兵士は、自らの生死に関わる「不潔」や「臭気」に敏感に反応し、これらの「不潔」や「臭気」を「野蛮」、「遅れた文化」の象徴として理解するようになる。このように、「におい」が自他を区別する指標として意識され、それが朝鮮人に対する差別感・蔑視感へと転化していったのである。

兵士の戦場体験
　以上のような朝鮮における不潔感の受け止め方は、清国でも同様であった。一例だけあげれば、東京府西多摩郡三田村（現青梅市）から出征した片柳鯉之助は、鴨緑江を渡って九連城に入った後、清国領内の様子について、「清国至る所不潔にして土人の便所一定ならず、故に如何なる家と雖も便所の設無之実に甚しきことに御座候」と述べている。このように「不潔」を媒介項として朝鮮人・中国人に対する差別感・蔑視感を醸成させていった兵士は、実際の戦場でどのような態度をとったのであろうか。ここでは、日清戦争中の旅順虐殺事件を事例に考えてみたい。

遼東半島に上陸した第二軍（司令官大山巌）は、1894年11月21日未明に旅順攻撃を開始し、同日正午に周辺の砲台を占領した。そして午後以降に旅順市街と付近の掃討作戦を開始するが、そこで捕虜や婦女子・老人を含む市民を虐殺する事件を引き起こしたのである。

　第二軍の兵士がこのような残虐行為を行ったのは、旅順攻防戦の前に彼らが日本兵戦死者の無残な死体を見たからであった。例えば、千葉県出身の高柳直は、11月18日に旅順郊外の土城子（トゥーチャンズ）で清国軍と交戦後、敵が退却した後に残された日本兵の死体がすべて頭部を欠いていたり、中には腹部を十文字に切り裂かれて土砂が詰められているのを目撃した。このような日本兵の遺体への凌辱に対して、高柳は「怒気胸に満ち、毛髪帽を衝き、同胞戦死者の為めには、縦令（たとい）如何なる苦戦を為すも彼等を鏖殺（おうさつ）してその霊魂を慰せんとの気慨（ママ）は、口にこそ言はね、凜々（りんりん）その面に顕はれ士気頗る激振せり」と怒りをあらわにしている。

　日本兵の無残な殺され方に対する兵士の怒りは、その後の戦闘に対する兵士の態度を変えた。例えば長野県出身の窪田仲蔵は、11月21日の日記に次のように記している。

　この時、余等は旅順町に進入するや、日本兵士の首一つ道傍木台に乗せさらしものにしてあり。余等もこれを見て怒に堪えかね、気は張り支那兵と見たら粉にせんと欲し、旅順市中に人と見ても皆殺したり。ゆえに道路等は死人のみにて、行進にも不便の倍なり。人家におるも皆殺し、大抵の人家二三人より五六人死者のなき家はなし。その血は流れ、その香もはなはだ悪し。捜索隊を出し、あるいは討ちあるいは切り、敵は武器を捨て逃るのみ。これを討ちあるいは切るゆえ、実に愉快極りなし

　ここには、人を殺すことへの罪悪感がなくなり、「実に愉快極りなし」と戦場での虐殺に意識を高揚させる兵士の姿が描かれている。清国人に対する日本兵の差別意識と、日本兵戦死者への凌辱（りょうじょく）に対する報復という意識とが相まって、彼らは「忠勇なる兵士」へと変貌していったのである。

I　直接的暴力に抗う

むすびにかえて

　これまで徴兵制と軍隊教育、そして兵士の戦場体験について見てきたが、これらは過去の事象であるにも関わらず、むしろ現代社会との共通性や相似性が少なからず見られることに驚かされる。例えば、軍隊教育における非合理的で理不尽な暴力と〈命令―服従〉関係の強要については、現代のクラブ活動にも共通する点があるように思われる。また、日清戦争に見られたように、朝鮮人や中国人への差別感・蔑視感と戦場において鼓舞された敵愾心とが、「日本人」意識や国家意識の形成に大きな役割を果たしたことがこれまでの日本史研究においても指摘されているが、このように近代日本が経験した戦争によって醸成された他民族への差別感・蔑視感や敵愾心などが、現代の日本社会の出発点であると指摘する意見もある。

　人格形成や人間修養の側面から戦前の日本軍隊に高い評価を与える意見は、徴兵制や軍隊教育のもつ様々な側面を総体として考えることから目をそむけ、ごく一側面のみにスポットを当ててそこに甘美な記憶を求めようとするものである。このように、世の中では「常識」とみなされている考え方から自由になって、徹底的に調べて考え抜くという姿勢こそが大学人である私たちには求められるし、ひいては平和を考えることにもつながっていくのである。

【参考文献】
　大濱徹也『明治の墓標―庶民のみた日清・日露戦争』河出書房新社、1990年
　加藤陽子『徴兵制と近代日本　1868―1945』吉川弘文館、1996年
　小松裕「全集日本の歴史」第14巻『「いのち」と帝国日本』小学館、2009年
　原田敬一「シリーズ日本近現代史③」『日清・日露戦争』岩波新書、2007年
　吉田裕『日本の軍隊―兵士たちの近代史』岩波新書、2002年

（北泊謙太郎）

大阪大学に残る
戦争遺跡

【キーワード】
戦争遺跡　　陸軍大演習　　奉安庫　　ケシ栽培

はじめに

　ここでいう「戦争遺跡」とは、近代日本が行った数々の戦争に関わって、国内国外で形成され現在に残された構造物や遺構、跡地のことを指す。戦争遺跡は、地域に即して戦争に対する認識を深め、不戦・非戦・反戦の思いを培うには格好の素材であり教材である。そうした戦争遺跡への関心は、1960年代後半から始まった空襲記録運動にまでさかのぼることができる。その後、1980年代に入ると、各地で戦争遺跡の発掘・発見、保存運動が行われるようになり、1997年には各地の戦争遺跡保存団体や学会などが、「戦争遺跡保存全国ネットワーク」を組織するまでになった。また、1987年の戦争体験を記録する会編『大阪の戦争遺跡ガイドブック―21世紀の子どもたちに平和を』（清風堂書店）を皮切りに、「戦争遺跡ガイドブック」の刊行が進んでいる（原田敬一「『戦争遺跡』研究の位置―戦争と平和の歴史」『歴史評論』667号、2005年）。最近では、十菱駿武・菊池実編『しらべる戦争遺跡の事典』正続（柏書房、2002・2003年）が出版されるまでになった。

　こうした戦争遺跡をめぐる状況は、軍隊と戦争が戦前の日本社会の中にいかに深く広く組み込まれていたかを示しているとも言える。戦争遺跡に戦争遺物を加えるならば、地域の至る所に存在すると言っても過言ではない。本稿では、大阪大学およびその周辺にある特徴的な戦争遺跡・戦争遺物を3つ

Ⅰ　直接的暴力に抗う

取上げ、戦争をする国家がいかに社会を軍事で染め上げていくのか、その一端を見てみたい。

1．待兼山に残る行幸碑・行啓碑

　大阪大学修学館（総合学術博物館）と駐輪場との間にある脇道を二百メートルほど上がり、そこから左手に待兼山をしばらく登ると、「今上駐蹕之地」と刻された大正天皇の行幸碑と、裕仁皇太子（後の昭和天皇）の行啓碑が建っている。待兼山は当時、大阪府豊能郡豊島村に属していた。この場所は、1919（大正8）年11月に猪名川両岸に陸軍部隊が展開して行った大演習の際に、大正天皇と裕仁皇太子が待兼山から統監するために設けられた休息所（「御野立所」）の跡である。今は藪の中に埋もれてしまい、訪れる人もないが、二つの碑はこの事跡を記念して、行幸碑は大演習2年後の1921年11月に、行啓碑は1926年4月に豊能郡の住民によって建てられた。

　1919年は、大阪大学豊中キャンパスの前身である大阪府立大阪医科大学予科校舎が落成し、8月10日に開校した記念すべき年である。その開校直後に、年に一度の陸軍大演習が待兼山周辺で繰り広げられたのである。この年の大演習は、第4師団（大阪）と第10師団（姫路）などから成る東軍（軍司令官柴五郎大将）が根拠を置く京都を、岡山付近に上陸した第11師団（善通寺）と第17師団（岡山）などから成る西軍（軍司令官秋山好古大将）が攻略しようとする想定の下に実施された。演習には、設置されて間もない航空第1大隊（埼玉県所沢）と航空第2大隊（岐阜県各務原）から各18機が動員され、偵察任務についていて、第一次世界大戦をきっかけとする戦争の変化を色濃く反映していた。

　作戦は11月10日夜に始まり、戦闘一日目の11日は加古川付近で両軍が衝突、押された東軍がいったん退却して武庫川の線で兵力を集め、12日の戦闘となった。13日になるとさらに東軍は下がって猪名川を挟んだ西摂平野一帯での攻防となる。14日朝、猪名川左岸に陣取った東軍が意を決し攻勢に出て決戦となった8時15分、演習中止の命令が下り終了する（『大正八年陸軍特別

待兼山に建つ大正天皇の行幸碑

待兼山に建つ裕仁皇太子の行啓碑

大演習兵庫県記録』兵庫県、1920年)。

　このように、大演習は京都府南部から大阪府北部、兵庫県南部、岡山県南東部にまで及ぶ極めて広範囲を舞台に展開された。大演習に際しては入念な準備が行われ、特に衛生には気を配り、伝染病予防のためとして徹底的に掃除が実施された。演習では延べ10万7000戸を超える民家が兵士の宿営場所として使われ、薪炭・寝具などを用意し食事を提供した。演習に際しては、私有地に工作物が設営されたり、参加した部隊や拝観人によって田畑が踏み荒らされたり、溝や畔が壊されることもあった。演習場所となった地域社会にとっては大きな負担であり、しかもそうした負担を拒むことはできなかったのである。

　天皇と皇太子は戦闘一日目から演習に臨んでおり、待兼山に赴いた11月14日朝は、東軍が猪名川の渡河作戦を行って決戦となる、演習最後の局面であった。演習中止後には、石橋にあった大阪医科大学予科の校庭で講評を聞いている。当時の首相は、前年の米騒動をきっかけに内閣を組織した「平民宰相」原敬であった。有名な『原敬日記』の11月14日当日の条には、次のような件（くだり）がある。

Ⅰ　直接的暴力に抗う

午前五時四十分宮廷列車に陪乗して伊丹に赴き、待兼山御野立にて拝謁し且つ陪観したり。早朝に演習終りたれば文武諸員の同伴者を得て箕面公園に遊覧し、午餐の後御野立地に帰り陪乗して須磨に帰り大本営に参内して拝謁し、御不在中何事もなき事並に朝鮮李王世子の婚儀は宮相とも相談せしが朝鮮総督の上申を待つて何れとも決定すべき旨奏上したり

　併合した朝鮮王室の世子李垠（イウン）と梨本宮方子（まさこ）との結婚問題と軍事演習が同じ日の日記に記述されているところが、大日本帝国のあり様を象徴していて興味深い。
　ところで、この頃すでに大正天皇の病状はかなり進んでいて、10月下旬に房総半島沖で実施した海軍特別大演習では、演習終了時の勅語を朗読できない状態であった。裕仁皇太子の同行はこうした大正天皇の病状を考慮したもので、大正天皇の大演習の親閲は、この時が最後となった。その後帰京した大正天皇の病状は思わしくなく、練習を重ねたものの勅語を朗読することができず、12月26日の帝国議会開院式は欠席している（古川隆久『大正天皇』吉川弘文館、2007年）。大正天皇の行幸碑と裕仁皇太子の行啓碑が10メートルほど離れて並ぶという珍しい景観は、こうした背景から生まれたのである。

2．旧制浪速高等学校奉安庫の発見

　阪大坂（はんだいさか）を登りきって出会う最初の建物が大阪大学会館である。大学会館は、元イ号館と称し、1928（昭和3）年10月27日に旧制浪速高等学校の本校舎として完成した由緒ある建築物で、国の登録有形文化財に指定されている。その階段の三階から四階に上がる踊り場の隅に、ひっそりと「奉安庫」が置かれている。
　「奉安庫」とは、戦前に天皇・皇后の「御真影」や教育勅語を納めていた金庫型の入れ物のことで、それが一個の独立した建物である場合には「奉安殿」と呼ぶ。浪速高等学校には、1928年8月3日に教育勅語が、10月12日に御真影が下賜されており、「奉安庫」は本校舎完成の当初からあったものと

推測される（旧制浪速高等学校同窓会資料収集委員会編『待兼山　青春の軌跡―旧制浪速高等学校創立70年記念誌』旧制浪速高等学校同窓会、1995年）。この奉安庫が、2010年9月に大阪大学80周年記念事業の一環として、イ号館を改修して大学会館とする工事を行った際、浪速高等学校の校長室として使われていた部屋の壁中から発見されたのである。発見時には『朝日新聞』2010年9月21日付夕刊などで報じられ、保存を求める声が挙がるなど、ちょっとした話題となった。

大阪大学大学会館から「発見」された奉安庫

　奉安庫の大きさは高さ94センチ、幅73センチで、発見された時には中は空であった。本来奉安庫や奉安殿は、連合国軍総司令部（GHQ）が1945年12月15日に発した国家と神道の分離指令により解体された筈である。それがこうして65年ぶりに姿を現すまで忘れられていたのは、部屋の壁に埋め込まれていた奉安庫の上にさらに壁を作り、GHQの目から隠そうとしたからと推測される。「御真影」や教育勅語は、学校が学生に天皇への忠誠心を教え込み、戦争へと動員していくにあたっての重要な装置であった。浪速高等学校の当事者たちは、高校と戦争との深い関係を示す奉安庫の存在を消したかったのだろう。

　同様の事例は他にもある。たとえば、浪速高等学校の奉安庫が発見される直前、『神戸新聞』8月13日付は「戦跡は語る―終戦65年」という記事の中で、関西学院大学の奉安庫を取り上げている。ただ、関西学院大学の場合は壁ではなく、奉安庫の前に書架を置くことで人の目に触れないようにした点が異なる（関西学院大学学院史編纂室『学院史編纂便り』32号、2010年）。これらの事例からすると、敗戦直後、多くの高等学校や大学が似たような対応をしたと見てよいだろう。

　大学会館には、もう一つ戦争遺物とも呼べるものがある。今では上がる人

Ⅰ　直接的暴力に抗う

もいないが、大学会館の屋上には、「宮城遥拝標」と「神宮遥拝標」が残っていて、屋上のどこかはわからないが、決められた一地点に立って「標」を眺め透かすと、「宮城遥拝標」の方向には皇居が、「神宮遥拝標」の方向には伊勢神宮があるのだという。土井晩翠が作詞した浪速高等学校校歌三番の歌詞には、次のようにこの二つの目標が詠まれていた。

　　屋の上二つの目標示す
　　祖国の尊き心にしむる
　　あゝわが青春数百の友よ
　　加へて正義の光を仰ぎ
　　親しみ睦みて無窮にゆかん

　ドイツ語の教授木村寿夫氏の日記によると、1935年12月4日に昭和天皇の第二皇子義宮（よしのみや）（常陸宮）が誕生した折に、全員が屋上に集まって式を挙げている。この例からみて、浪速高等学校の学生や教員たちは、祝日や式典などの際に、この屋上から皇居や伊勢神宮を遥拝し、校歌を歌うのが慣例だったのではないかと思われる。

旧制浪速高等学校における戦時下の軍事教練（『待兼山青春の軌跡―旧制浪速高等学校創立70年記念誌』より）

　1937年7月7日の盧溝橋事件をきっかけに日中全面戦争となると、高校生活にも軍事色が次第に増し、1939年7月には「興亜青年勤労報国隊」が結成され、浪速高等学校からも木村寿夫教授と学生5名が満洲に派遣された。式典や軍事教練

などに限られていた軍隊・戦争との接点が否応なく膨らんでいった。1940年6月には中部防空訓練に参加し、11月には校友会が解散して学内に報国団が結成された。1942年になると修身や国語、経済、法律、物理などの科目の名称が、道義、古典、経国、哲理、自然に変わり、1943年には軍事教練や特別体操の時間が増え、銃剣道が正科となり、教育勅語の謹写が加わった。

　1943年11月、従来26歳まで許されていた大学・高等学校・専門学校の文系学生に対する徴兵猶予が停止され、浪速高等学校からも18名の学生が兵営へと向かった。「学徒出陣」である。旧制高校の高等科は現在の高校2年から大学1年に当たり、年齢では通常17歳から19歳に該当するのだが、浪人生はすでに20歳に達していて徴兵の対象となったのである。高校に残った学生たちも、1938年に池田市に新工場を建てた大阪発動機（現ダイハツ工業）や大阪市此花区の住友金属工業（現新日鉄住金）、宝塚市仁川の川西航空機製作所（現明和工業）などへ勤労動員に駆りだされていった。1945年7月には扶桑（住友）金属工業の機械が浪速高等学校内に疎開し、学校自体が工場となって敗戦となる（前掲『待兼山　青春の軌跡――旧制浪速高等学校創立70年記念誌』）。

3．広がるケシ畑

　2001年に刊行された『大阪戦争遺跡歴史ガイドブック1』（日本機関紙出版センター）を見ると、「大阪外国語大学」のすぐ西に「ケシ栽培跡地」というとても気になる印がある。同書の「粟生間谷ケシ栽培跡地」という項目には、「今は箕面市だが元々、三島郡豊川村に属していた。戦前・戦中、三島郡は、和歌山県有田・日高地方と並ぶケシの栽培地だった。粟生間谷でも栽培されていたとみられる。（中略）一九四二年（昭和17）豊川村役場の統計によると、豊川村ではケシの栽培は九十町三反（約九〇ha）、一八一八kgの収穫だった。」とある。ケシは言うまでもなく著名な麻薬アヘンの原料である。また、アヘンに10％前後含まれるモルヒネは、医療用にもなるが依存性の強い麻薬の一種である。さらに、モルヒネからは代表的な麻薬であるヘ

ロインが生成される。そうした麻薬原料であるケシの栽培地があったというのである。これはいったい何を意味しているのだろうか。

　日本でも江戸時代、大坂などで医療用にケシが栽培されていた。幕末には、現在の茨木市やその周辺にも、薬種問屋が集まる大坂道修町（どしょうまち）から伝播したという。1858（安政5）年にアメリカと結んだ日米修好通商条約にアヘン輸入禁止条項が盛り込まれたように、清でのアヘンの蔓延とアヘン戦争での敗北を見て、江戸幕府がアヘン厳禁政策を採ったことはかなり知られている。明治政府もこうした政策を受け継いだが、国内での医療用ケシ栽培は認められていた。1879（明治12）年、明治政府は薬用阿片売買並製造規則を公布し、政府が薬用阿片を買い上げる価格を定め、モルヒネ含有量の調製を行い、粗製乱造の取り締まりに乗り出す。一定量以上のモルヒネを含むアヘンのみ買い上げることとして、品質保証を目指したのである（茨木市史編さん室編『新修茨木市史史料集17　図説地理近現代の茨木』、2013年）。

　国内向けの医療用ケシ栽培から大きく変わるのは、日清戦争の下関講和条約により台湾を領有するようになったからである。1898年に台湾総督府の民政長官として赴任した後藤新平は、アヘン漸禁政策を採用して台湾でのケシ栽培を禁止したが、他方で台湾でのアヘン常習者がアヘンを吸引することは認めて、必要なアヘン原料はインド・ペルシア・トルコ・中国から輸入することにした。その上でアヘン専売制をしき莫大な収入を確保する。日露戦争の前には、台湾での収入の3割をアヘン専売収入が占めたという（劉明修『台湾統治と阿片問題』山川出版社、1983年）。

　こうした状況に目をつけたのが、大阪府三島郡福井村（現茨木市）の農民二反長（にたんちょう）音蔵である。音蔵はアヘン原料を外国から輸入すると貴重な外貨が失われるとして、アヘンの国産化を提唱したのである。この意見は政府によって採用され、日本国内でのケシ栽培が三島郡福井村およびその周辺地域を中心に一気に広まっていく。その後栽培地は和歌山県でも拡大し、大阪府と和歌山県の二府県で、日本のケシ栽培の大半を占めるまでになる。1935年の国際連盟阿片委員会の統計によれば、日本のモルヒネ生産額は世界第4位、ヘロインは第1位で世界の生産額の4割弱を占め、コカインも第1位であった。

国内消費を遥かに超える生産量であったことから、中国への密輸を疑われ、国際条約違反ではないかとの厳しい非難を受けていたのである（劉明修前掲書、倉橋正直『阿片帝国・日本』共栄書房、2008年）。

日本から中国へのモルヒネやヘロインの密輸出については、二反長音蔵の遺族の手元に残された『大正年代　阿片密売事件始末』との表題を有する資料が、その一端を活写していて生々しい。1925年に作成されたこの資料は、祇園坊（ペンネーム）なるアヘン密売業者の代理人が、中国各地を回って集めた情報を「日本の密売買ボス」に送った報告書である。その著者の名前から通称「祇園坊レポート」と称されており、倉橋正直氏の編集によって1999年に『十五年戦争極秘資料集・補巻11　二反長音蔵・アヘン関係資料』（不二出版、1999年）として活字化されている。

この「祇園坊レポート」によると、日本から中国へ密輸出されるアヘン、モルヒネおよびヘロインは、年間１万ポンドと推定しても過大ではないだろうという。また、日本から中国各都市に渡った小商人の多くが、アヘン、モルヒネおよびヘロインを日常的に扱っていた実態も描き出していて、今更ながら驚かざるを得ない。

アヘンに関する国際条約は、①1912年のハーグ国際阿片条約、②1925年のジュネーブ第一阿片条約、③1931年の「麻薬の製造の制限および分配取締に関する条約」の３つあった。そのいずれの条約にも日本は調印・批准をしていたのだが、日本から中国への密輸出は止むことなく継続していたのである。

箕面キャンパスにある戦争遺跡としては、記念会館の裏にひっそりと佇む「烈士之碑」を忘れることができない。これは、大阪外国語大学の前身である大阪外国語学校の卒業生で、関東軍特務機関が行った内蒙古の中華民国からの独立を図る工作中（いわゆる「内蒙工作」、森久男『日本陸軍と内蒙工作─関東軍はなぜ独走したか』講談社、2009年参照）に戦死した卒業生３名と、同じく卒業後に満洲国の外交官として赴任し襲撃されて死亡した２名を祀るために、同窓会員や教職員・生徒の寄付によって1938年に建てられた碑である。1979年のキャンパス移転に伴い、上本町から箕面に移されたが、今では知る人も少ない。

I　直接的暴力に抗う

箕面市石丸の為那都比古神社に残る日露戦争時の砲弾

おわりに

　大阪大学の周りには、他にも有名な箕面忠魂碑（コラム参照）などの戦争遺跡がいくつもある。アジア・太平洋戦争の開戦に伴い、1942年春に民間輸送が杜絶して軍用飛行場となった伊丹飛行場（『伊丹市史』第三巻、伊丹市、1972年）があったため、その関連施設が点在しているのも見逃せない。たとえば、池田市中川原から東山にかけての五月山麓には、地下魚雷格納庫跡の陥没坑がある。この工事は1945年6月に完成し、敗戦までに115本の魚雷を格納したのだという（『新修池田市史』第3巻近代編、池田市、2009年）。箕面市箕面の箕面浄水場近くには、航空機燃料を保管するための壕の跡が残存している。池田市豊島南の駒の森十二神社境内には、伊丹飛行場への空襲が近隣に及ぶことを恐れて造られた防空壕跡もある（前掲『大阪戦争遺跡歴史ガイドブック1』）。

　箕面市石丸の為那都比古神社境内には、陸軍省から下賜された日露戦争時の旅順港攻撃で使われたという砲弾2発が、台座の上に据えられている。かつて日清戦争や日露戦争、第一次世界大戦の折には、銃器や砲弾、剣や軍衣といった戦利品や軍需品が神社や学校に配布され、それが戦勝記念物として展示されていたのである。1945年8月の敗戦とともに、こうした戦利品などの大半は一斉に人々の目から隠されていったが、その後の行き先は実のところよくわかっていない。為那都比古神社境内の砲弾は、神社や学校が軍隊と地域社会をつなぐ要の位置にあったことを示す貴重な戦争遺物なのである。

　皆さんも、機会を見つけて自分のまわりの戦争遺跡をめぐってみてはどうだろうか。

【参考文献】

大阪大学五十年史編集実行委員会編『大阪大学五十年史』通史、大阪大学、1983年

平和のための大阪の戦争展実行委員会・日本機関紙協会大阪府本部編著『大阪奈良戦争遺跡歴史ガイドブック』2・3、日本機関紙出版センター、2003・2004年

蜷川壽恵『学徒出陣―戦争と青春』吉川弘文館、1998年

菊池実『近代日本の戦争遺跡―戦跡考古学の調査と研究』青木書店、2005年

戦争遺跡保存全国ネットワーク編『戦争遺跡から学ぶ』岩波ジュニア新書、2003年

大西進『日常の中の戦争遺跡』アットワークス、2012年

茨木市史編さん委員会編『新修茨木市史』第三巻　通史Ⅲ、茨木市、2016年

（飯塚一幸）

忠魂碑って、ナニ？

　忠魂碑は今日も、箕面市立西小学校の正門前に3メートル道路を隔ててそびえ立つ。6.3メートルの高さで基壇の上に。碑の周りには木々が配され玉垣で囲われる。一見、忠魂碑神社の趣きである。そしてそこには、慰霊祭を行うための前庭が用意されている。

　忠魂碑は、当地へくるまでは箕面小学校の校庭（登記上は同校の隣接地だが、事実上校庭の一隅）にあったが、同校の施設拡張のため除去することとなった。"除去"自体よいことだったが、ナント！またもや教育と関わる場へくるのだ。1975年のことである。

　西小学校の近隣に住みその学校に子どもが通う私たち夫婦は、忠魂碑が移設されてくると知った時から、「忠魂碑はもう廃棄すべきものだ。廃棄しないのならば歴史的遺物として博物館へ」と箕面市へ申入れた。

　しかし、そもそも忠魂碑が当地へくるに至った経緯には市議会による容認があった。驚いた私たちの抗議に対し、教育長は「忠魂碑は今や"平和の碑"と読むべき」と強弁した。

　同年暮、忠魂碑は現在地へ移設再建された。

　私たちは兄二人が戦死した遺族や近隣住民とともに、翌76年2月、箕面市を相手どり、「"忠魂碑の移設再建"は違憲である」と提訴した。

　しかしその年の4月には碑前において、箕面市箕面地区《旧箕面村》戦没者遺族会（以下遺族会）の主催とは名ばかりの、箕面市挙げての神式慰霊祭が強行された。

　私たちはこの「碑前慰霊祭」についても翌77年違憲訴訟を起した。

[　"戦争に利用された"宗教施設　公費支出は"政教分離"に違反　]
[　　　──勝訴の大阪地裁判決──　　　]

　1982年3月24日大阪地方裁判所は箕面市長に対し、「遺族会に忠魂碑を除去し同土地を明渡させ、同土地をその所有者であった箕面市土地開発公社に引渡し、土地代七千八百万円を箕面市へ返還させよ。また市長らは工事費用等を箕面市へ弁償せよ」と命じた。

　そして、理由を次のようにいう。

(1)「忠魂」は国家・天皇に忠義を尽くして死んだ者の魂を意味し、戦争における死をたたえるもの。忠魂碑は天皇の統治、戦争の聖戦と

しての意義づけ、軍国主義教育に利用された。碑前では軍将校、遺族らが参列し、毎年祭祀を行い、軍国主義と皇国史観で教育された児童生徒、住民の多くが参拝した。
(2) 忠魂碑は、かつて国民に礼拝が強制された靖国・護国神社と同じ役割を担い、忠霊塔とともに忠霊顕彰運動の中に再編強化された。
(3) 本件忠魂碑もこのような礼拝の対象とされた施設である。霊璽を内蔵し、遺族会は毎年慰霊祭を神式または仏式で営む。これらから本件碑は宗教上の礼拝対象物であり、宗教上の行為に利用される宗教施設である。

箕面忠魂碑

　以上から、市の行為は憲法20条3項、89条の政教分離の原則に反し違憲である、と。
　ところで、このように碑の移設再建にかかる訴訟で82年私たちが勝訴したことによって、碑前でそれまで毎年行われてきた慰霊祭はその年から行われなくなった。
　翌83年、この碑前慰霊祭違憲訴訟についても、大阪地裁は「慰霊祭は宗教儀式そのものである。教育長の公務参列は違憲である」と、教育長に給与の返還を命じ、市の慰霊祭関与をあってはならないこととし、私たちは勝訴。
　しかしその後の上級審は、忠魂碑と慰霊祭について「単なる記念碑」「社会儀礼的なもの」とし、当忠魂碑のあり様を認めていった。

　戦後68年、平和憲法下戦争への道が加速する。忠魂碑・靖国神社がそこにある。私たちはこの戦争への道を断ち、憲法を守り生かし抜くことができるか、問われつづけている。
　　　　　　　　　　　神坂玲子（元箕面忠魂碑違憲訴訟原告）

連合国占領軍の事故・犯罪による人身被害

【キーワード】
占領軍　　戦後補償　　米軍基地　　米軍性暴力　　進駐軍被害者連盟

　はじめに

　1945年8月14日、日本政府は連合国のポツダム宣言を受諾し、翌15日正午の「玉音放送」で無条件降伏が国民に発表された。9月2日、米戦艦ミズーリ号上で降伏文書の調印が行われる。米国政府は、日本の降伏と同時に、主要連合国の了解のもとにマッカーサー元帥を連合軍最高司令官（SCAP）に任命し、その下に連合国最高司令官総司令部（GHQ）が構成された。以後、1952年4月28日にサンフランシスコ講和条約（調印は1951年9月8日）が発効するまでの約6年8ヶ月間、日本は連合国軍の占領下に置かれた。
　国際法上、正式に日本と連合国との間の「戦争状態」が終結したのは、この講和条約をもってのことである。しかし、占領期は一般に、戦争が終わった後の「混乱」の時代、高度経済成長が始まるまでの「復興」の時代、GHQが日本の「民主化」を推進した時代、というイメージで語られることが多い。占領軍を「進駐軍」と呼ぶ呼び方も、「戦争状態」の最終段階として外国軍による占領が行われた事実をぼやけさせるのに役だてられてきた。他方、占領軍の不法行為による人身被害者たちの経験はほとんど語られることがない。
　本稿は、ほとんど取り上げられることなく忘れられてきた占領軍被害という問題に光をあて、戦争の終わりとは何なのか、また戦争被害者に対する国家補償とはいかなる意味があるのかを考察するものである。

1．占領下の人身被害

　占領軍の人身被害者数として、1961年7月末の時点で政府が把握していた総数は9352名である。その内訳は「死亡」が3903人、「障碍」が2103人、「療養」が3346人、性別は男性6636人、女性1988人、不明220人であった（調達庁『調査時報』no. 35）。この数字は実数をはるかに下回ると考えられるが、概要を考えるための一つの目安になるだろう。

　占領下の国民生活は空襲被災、家族の喪失、引き揚げ、食糧難、インフレの昂進、失業と、未曾有の苦難にみまわれていた。占領軍の労務動員や事故・犯罪による被害は、廃墟の中から生活を再建しようとしていた人々にさらなる打撃を与えた。しかしGHQは占領下の人的・物的被害に関して、当初から一貫して占領軍の補償責任を認めなかったため、占領が継続している間、被害者は日本政府が支給する僅かな見舞金を受け取るか、もしくはそれさえ受け取ることができない泣き寝入り状態に置かれた。

　占領下には「（交通事故の場合でも）故意による事故が多く又不法射殺、暴行など刑事犯罪に属するものが多いところに戦争感情の余燼が強く伺われ、占領直後の混乱の中にあって生計の中心者を一瞬にして失い四散した遺族、被った被害のため引き続き療養中の者など敗戦の疵痕がこの時期に深く刻みつけられている」（『調査時報』no. 35）といわれている。以下、具体的にその諸相を見てみよう。

作業事故被害

　降伏文書が調印された9月2日、占領軍はSCAP指令第1号により、日本政府に占領軍への援助と協力を命令し、翌3日、同第2号により、占領軍の指示に従って占領軍が必要とする一切のもの（施設・物資・労務をふくむ）を占領軍の処分にゆだねなければならないと命令した。地方庁、市町村、警察署は労務供出を命じられ、市民が奉仕を要求された。報酬はまともに支給されず、逃げないようにと体に「マーク」を付けられる場合さえあったとい

Ⅰ　直接的暴力に抗う

う。

　占領の基本目的は日本軍の武装解除だから、占領軍が日本軍の兵器・弾薬類の処理に取り組んだのは当然である。だが、この作業は多大な危険を伴う。危険作業に要する配慮を欠いた結果、全国で犠牲者が続出した。日本軍の後始末のために多数の民間人が命を落としたのである。また、弾薬庫の周辺などにたまたま居合わせた市民が爆発や火災に巻き込まれることも多々あった。中でも規模が大きく、日本爆発史上に残る大事件が、1945年11月12日に福岡県田川郡で発生した二又トンネル爆発事故である。日本陸軍がトンネル内に貯蔵していた火薬処理を目的に占領軍人が点火して引き揚げた後、大爆発が起こり、山全体と多数の民家が吹き飛ばされて、死者147人、負傷者149人を出す大惨事となった（『添田町史』）。戦時下の陸軍はもとより、処理を指揮した占領軍、立ち会った警察官も地元に爆発の危険がないと伝えていたため、住民の警戒心は薄く、それが被害の拡大につながった。

　同じ1945年11月だけを見ても、たとえば鹿児島県鹿屋市では、海軍が残した爆薬物の集積所の爆発で郷之原の住民が被災した（『鹿屋市史』下巻）。80戸の農地や牛馬が焼かれ、おばあさんが逃げ遅れて炎にまかれたり、爆発で飛散した不発弾の破裂で通行人が即死するなど、死傷者が出た。兵庫県でも由良要塞にあった爆弾を海に棄てるために民間船が徴発され、作業に乗り込んだ人々が海上爆発事故で死亡した。大阪陸軍砲兵工廠でも事故は相次いだ。同廠播磨工場では、11月の爆弾箱破裂事故や爆薬沈下作業中の事故に続いて12月にも爆発事故があり、40数名の死傷者を出した（『高砂市史』）。

　旧日本軍の武器弾薬は占領初期に大部分の処理が終わる。また47年には占領軍が要求する施設・物資・労務の調達に責任を負う調達庁が発足する。しかし、残存する危険物による事故は各地で続いた。たとえば49年2月14日には、鹿児島県の山中で発見された不発油脂焼夷弾の処理作業が、占領軍2人、県警警官4人立ち会いのもとに行われたが、日当も支払われずに地元よりかりだされた7名の作業員が死傷している（全国調達庁職員労働組合所蔵「九州地区　被害実態調査票」1958年9月）。

車両事故被害

　占領下には、交通法規おかまいなしに疾走する占領軍の車両事故によって多数の死傷者が出た。前述した「9352人」は、その大部分が車両事故被害者である。飲酒・無灯火・無警笛・速度違反が横行し、事故の大半がひき逃げであったが、MPも警察も捜査せず、野放し状態が続いた。占領軍の車両事故には、過失ではなく故意に衝突したと疑われる事件が少なくない。多数の被害者は、暴走する占領軍車両に危険を感じて道の端や建物の軒下に待避していたのに占領軍車両が突進し、逃げようにも逃げられずに死傷した。たとえば広島県呉市では、猛スピードのジープに驚いて歩道から柵の向こうの緑地帯に逃げ込んだ男性が、緑地帯へ飛び込んできたジープに轢かれて圧死した。また、占領軍のトラックが人だかりのある場所で急にバックして、子どもがひき殺されるような事件も起きた。このような例は全国で発生しており、枚挙にいとまがない。

　大阪大学の学生にも被害者が出ている。1945年11月25日、米軍が占領した伊丹飛行場に近い阪急電車のガードの手前で、歩道の端を歩いていた理学部の学生（21歳）が米兵の大型車に接触され、路上に投げ出されたのである。警察は占領軍が来るまで日本人を寄せ付けず、その学生は3時間以上も路上に放置されて息をひきとったという。

無法な殺傷

　占領下には、占領軍人による刑法犯罪も頻発した。

　親兄弟が惨殺された福岡県小倉市の少女は後にこう綴っている。

　「昭和二五年七月四日、朝六時頃、お母さんが炊事の支度をしていました。兵隊さんが来て毛布か何かを買ってくれといって、断ったところが、いきなり後から抱きついてきたので、お母さんがびっくりして炊事場に飛びこんだ。その背中を五、六カ所突かれた。そのものごとを聞いてお父さんが炊事場に来たところ、胸を刺されて死亡、それから、二人の悲鳴を聞いて、二人の兄さんが炊事場に来たところ、それも数カ所さされて死にました」（全国進駐軍被害者連合会『忘れられた人々（第2集）――占領軍に殺傷された被害者、

I　直接的暴力に抗う

遺族の手記』1959年。平仮名は漢字に改めた）。

　占領軍が強盗や押し売り、女性や酒を目的に民家に侵入し、住民を死傷させる事件が全国各地で頻々と起きた。大阪府大東市では、目当ての女性がいない憂さ晴らしに米軍人が近隣の住民を草刈り鎌で殺害した事件、山口県山口市では占領軍人が民家を襲い、女性に対して殴る蹴る踏みつけ、脊髄を損傷させた事件も起きている。その女性の家族は着物その他を売って入院費にあてたが、11ヶ月の入院を経て死亡した。

　耕作中の畑で占領軍人に猟銃で撃たれたり、橋の欄干から川に投げ込まれたり、といった面白半分の犯行としか思われないような事件も多かった。大阪の道頓堀橋の上を通行中、一面識もない占領軍MP2名によって突然川に投げ込まれて死亡した人もいる。たまたま占領軍の兵営や施設の近くにいただけで殺害された事件も珍しくない。たとえば1946年3月10日、広島県の江田島で農家のおじいさんが、大根を船に積み込むために秋月旧海軍火薬庫・部隊正門に近い波止場に近づいたところ、占領軍警備兵に連行され、正座して手を合掌している背後から至近距離で小銃2発を発射されて即死した。

　軍用機からの機銃掃射さえあった。茨城県那阿湊市阿字浦町（現ひたちなか市）の近くでは、占領軍が旧日本陸軍水戸飛行場を接収し、射爆撃場にしていた。ある男性は、家族で畑の馬鈴薯の掘り取り作業中、超低空で飛んできた占領軍機が畑へ機銃掃射をしたため、頭に被弾して死亡した。また、阿字ヶ浦小学校が学校行事の海水浴を行ったところ、軍用機が生徒たちや売店などがみえる海水浴場に向かって機銃掃射し、海水からあがって塩を落としていた女子児童が被弾し、まもなく死亡した。

占領軍性暴力

　占領軍性暴力にも言及しておく。

　日本政府は降伏直後、占領軍のための性的「慰安」施設の充実をはかるように全国に指令を出し、実際各地に「慰安」施設がつくられた。政府は戦時下に日本軍「慰安所」を設けたのと同様、敗戦するや占領軍「慰安所」を用意し、女性を占領軍人に提供したのである。その結果、占領軍性売買は全国

に蔓延し、敗戦後の生活難の中で困窮していた何万人もの女性が占領軍「慰安」にかりだされた。占領軍人による性犯罪も各地で頻発した。膨大な数の女性が被害に遭ったが、ほとんどは表に出ていない。占領軍の不法行為に関して警察が頼りにならないという一般的状況に加えて、人権意識が低い当時の日本では性被害が女性の恥とされたため、本人や家族が被害届を出さないのが普通であったからである。強姦致死事件の場合でさえ、女性の側を非難するような社会風潮もあった。

　たとえば、『宮城県警察史』第2巻（宮城県警察本部、1972年）には、性暴力被害者がどのような目で見られたかがよく表れている。同書は、宮城県が政府の通達に従って占領軍用「性的慰安」施設を強化したことについて、「一般婦女子に対する暴行事件はきわめて少なく押さえられた」、「婦女子に対する暴行事件は、早くからこの種事件の予防対策を進めたこと、婦女子の自身の自衛意識が徹底していたことなどから最小限度にとどめ得られた」と言明する一方、48年に20歳の女性が殺されて便槽に死体が遺棄された事件、翌49年に21歳の女性が旧常磐木学園敷地内で米兵に強姦されたうえ絞殺された事件に言及し、「いずれも意識的に米兵に近づき、心を許し過ぎた結果によるものとの当時の風評であった」と、被害者側に問題があったかのような書き方をしている。軍隊の性暴力は不可避だが、「慰安施設」を作れば一般女性は被害を受けない、受けるとすれば本人に問題があるからだ。そのような貞操防波堤論・人権感覚の欠如した思考様式が、戦時下には日本軍「慰安所」を続出させ、敗戦後には占領軍性暴力に対する許容と迎合を導いた。こうした思考や言説は日本社会に根強く、その後も長く引き継がれ、2013年5月に波紋を広げた大阪市長の「慰安婦」や米軍の風俗利用をめぐる発言にも続いている。

打ち切られた戦時災害保護法
　以上に概観した占領下の人身被害は、日本国が行った戦争の結果である連合国軍占領の被害者であり、占領軍人による命令や不法行為によって損害を被った人々である。では、その被害者に対する損害賠償はどうなっていただ

Ⅰ　直接的暴力に抗う

ろうか。

　二又トンネル爆発に際しては戦時災害保護法が適用され、死者1人につき500円の支給が決められた（『添田町史』）。同法は太平洋戦争開戦翌年の1942年、軍人以外の国民をも戦争に動員する総力戦体制を法的に担保するために制定され、手厚い援護策を定めたものである。二又トンネル事件が示すように、占領下の被害者救済のために同法の適用も可能であった。各地で空襲被災者が困窮を極める上、占領軍による新たな被害が続出していた当時、政府は戦時災害保護法を適用するなど救済措置を早急に拡充すべきであった。

　だが実際には、戦時災害保護の施策は打ち切られ、空襲や占領の被害者は放置されることになった。広島にあった被爆者の救護所も45年10月上旬には閉鎖される（椎名麻紗枝『原爆犯罪──被害者はなぜ放置されたか』大月書店、1985年）。46年9月には戦時災害保護法が廃止され、戦災者に対する援護制度は消滅した。これは、当時の被災者が置かれていた悲惨な実情を顧みない冷酷な仕打ちであった。国民を戦争に協力させるために制定された法律は、日本軍が降伏するや廃棄されてしまったのである。

行政措置による見舞金の支給

　爆発事故などが多発する中で、日本政府が占領軍に賠償責任（使用者責任）をとるよう求めたところ、**GHQ**は46年9月11日「日本帝国政府に対し連合国最高司令官は、損害賠償請求権に関する責任に対しては何等法的根拠を認めず、且つこれが判定並びに支払に対し、何等責任を負わざることを通達す」と、その責任を否認する旨を通知してきたという。

　戦時災害保護法は打ち切り・占領軍は賠償責任を否認という状況のもと、日本政府がかろうじて被害者救済のために行ったのは、行政措置による見舞金支給であった。まず46年5月31日、「進駐軍による爆破作業及びこれに類する事故に因り危害を受けた者に対する援護に関する件」が閣議決定された。その後、占領軍の交通事故や犯罪が頻発する中で救済範囲が拡大され、47年1月4日、「進駐軍の事故のため被害を受けた者に対する見舞金に関する件」が閣議決定される。見舞金支給は厚生省が所管し、都道府県の委託業務とし

て処理された。

しかし見舞金の支給は周知されず、何も知らず一銭も受け取れない被害者が多かった。占領軍の不法行為はプレスコードで報道が阻まれており、国民を守るはずの警察が占領軍犯罪の捜査権をもたず、占領軍の顔色を窺い、被害者に諦めるよう説得するような実情であったから、被害者が公の救済を求めるのは難しかった。また見舞金支給手続きがあまりに煩雑で、しかも金額があまりに少ないため、あえて手続きしようとしない被害者もいた。後の国会で社会党の茜ケ久保重光議員は「どう考えても、当時のつかみ銭の金額を考えますと、これは人を馬鹿にしたものなんです。中には癪にさわって受け取っておらぬ者もある」と指摘している（1958年7月31日、衆議院内閣委員会）。

かくして占領軍被害者の救済や補償という問題は、講和条約発効以後に積み残された。

2．講和条約発効後の占領軍被害補償問題

講和と安保——賠償請求権放棄と駐留米軍被害補償

講和条約第19条（a）項は、講和までの連合国と日本の戦争期間に生じた「日本国及びその国民」のすべての請求権を放棄するとした。連合国軍はこの一条をもって、占領下のありとあらゆる無法行為に関しても、日本政府が一切賠償を請求しないように約束させたわけである。空襲や占領軍の不法行為の被害者たちにとっては、何の相談も合意もなく日米両政府が日本の賠償請求権放棄に合意してしまったということであった。

だが、日本の降伏で終わった戦争と占領に関してはそれができても、日米安全保障条約に基づく駐留軍人の不法行為に対する賠償請求権までもなしに済ませることはできない。当然、安保条約に基づく行政協定では第18条に駐留米軍の賠償に関する条文も盛り込まれ、講和・安保・行政協定が同時に発効する52年4月28日、行政協定の実施に伴う民事特別法も公布され、さらに5月16日、「日本国トアメリカ合衆国トノ間ノ安全保障条約ニ基キ駐留スルアメリカ合衆国軍隊ニヨリ損害ヲ受ケタ者ニ対スル補償金並ビニ見舞金ノ支

Ⅰ　直接的暴力に抗う

給ニ関スル件」が閣議決定される。

　このような安保がらみの法的整備が、占領軍被害者に対する措置を再考させる契機となった。政府は占領下の見舞金が行政協定に基づく補償金に比べて過小と認め、52年5月27日に「進駐軍による事故のため被害を受けたものに対する見舞金の取扱に関する件」を閣議了解、見舞金の追求措置を決めた。占領下には厚生省が見舞金支給を所管したが、講和と安保の両条約発効後、厚生省にかわって、行政協定に基づく補償業務を所管する調達庁が占領下被害者への見舞金支給の所管官庁となった。52年・53年の両年に占領軍被害者への追給措置および未受給者への支給措置として8998人に約3億1670万円が支給され、これをもって見舞金支給は打ち切られた（『調査時報』No35）。だがこの措置も被害者の損害を償うにはあまりに貧弱で、行政協定に基づく被害補償に比べてもあまりに低額であった。たとえば被害者死亡の場合、53年度の占領軍被害の見舞金は最高50万円が上限だったが、行政協定に基づく補償は150万円が上限であった（1958年7月3日、衆議院内閣委員会）。

補償請求運動の始まり

　占領軍被害者たちは講和条約締結に際して、日本政府が連合国より賠償をとるか日本政府の責任において損害を補償するものと期待していた。だが、政府は連合国に対する賠償請求権を放棄したのみならず、政府としても何らの補償措置をとろうとしない。これに憤慨して被害者たちは被害者連盟を結成して、国に対して損害賠償訴訟を提起したり、救済・補償のための法律制定を求めて運動を展開するようになった。

　補償請求運動は広島県呉市から始まった。米第八軍の中国・広島軍政部と英連邦軍の司令部があった呉には占領軍人の数も多く、講和後も英連邦軍が朝鮮戦争に出動するため、「占領英連邦軍」から「朝鮮派遣英連邦軍」と名を替えて駐留を続けており、米英の駐留軍の犯罪や買春、暴力で街は荒廃した。占領下の被害が償われていないことに加え、講和後にも発生率はむしろ増加している有様であった。

　この事態に呉から怒りの声があがり、国会でも呉の留軍犯罪問題は大きく

とりあげられた。こうした状況の中、53年5月、全国に先駆けて呉進駐軍被害者連盟が発足した。この連盟の会長になった中安甚五郎弁護士の呼びかけで、広島弁護士会は損害賠償請求に関する特別委員会を組織し、呉市と警察の協力も得て調査を行った。長らく泣寝入りしていた被害者も運動に立ち上がり、同10月、国に対して死亡者につき各50万円の損害賠償訴訟を提起した。この間、呉出身の宮原幸三郎議員は国会において、連合国への賠償請求権を政府が独断で放棄した以上、政府に補償義務があり、「見舞金というがごとき恩恵的措置で処理することは基本的人権擁護の精神に背反する」とし、「見舞金という被害者無視の独断一方的の恩恵」で糊塗しようとする政府を「パンを求めているのに石を与えている」と厳しく批判している（1953年7月20日、衆議院内閣委員会）。

進駐軍被害者団体を呉で立ち上げた故中安甚五郎さん

全国進駐軍被害者連合会の事務局を務めた斉藤直喜さん（2013年12月）

進駐軍被害者連合会のデモの写真、1960年
（東京合同法律事務所編集発行『東京合同法律事務所の歩みと活動　1951～1972年』1972年より）

　呉で始まった運動はしだいに各地に波及した。広島弁護士会からの建議を受けて、日本弁護士連合会もこの問題をとりあげるようになる。54年には東京に被害者連盟が結成され、自由法曹団の応援を得て25名の遺族が国に対す

る損害賠償請求訴松を提起した（『日本労働年鑑』第28集、1956年版）。やがて運動は全国に広がり、59年1月には19県の連盟が団結して「全国進駐軍被害者連合会」が発足する。

「安保改定より被害者に正当な補償を」

　国を相手取って提起された二又トンネル訴訟は、1956年に原告勝訴が最高裁で確定した。だが政府は当初、二千件といわれる他の占領軍被害者に国家の補償責任が「飛び火」することを恐れ、田中内閣副官房長官が国会で二又トンネル事件だけを切り離す趣旨の答弁をし、保守系の議員からも「なぜ類似の問題に波及してはいけないのか。国家が責任を負うべきものなら、二千件あろうが三千件あろうが責任を負うのは当然じゃないか。これを例外としてネコババをきめていこうという根性がいけない」と非難の声が上がる場面もあった（1954年2月6日、衆議院予算委員会）。

　政府の消極姿勢に対抗して、自由法曹団、社会党、調達庁の職員組合などが占領軍被害者の補償請求運動を支持し、実態調査や世論喚起に協力した（「小澤茂を語る」記念出版実行委員会編『小澤茂を語る』三恒出版印刷、1976年）。各地で被害者たちは裁判の一方、立法的解決を求めて国会にも働きかけ、社会党や地元議員らの応援を得て何度も陳情・請願を行った。

　占領軍被害補償運動が展開した講和以降の50年代は、内灘闘争や砂川闘争など、米軍基地の接収・拡張や使用延長に抵抗する基地反対闘争が高揚した時期でもあった。そして占領が終わってもなお、安保条約のために市民生活が危険にさらされている事実を国民が痛感する事件が各地に相次いだ。特に国民の反米感情を刺激した事件が、57年1月30日、米軍演習地がある群馬県の相馬村（現・榛東村）で、生活の足しにと薬莢を拾いに来た主婦を米兵が射殺したジラード事件である。「ママさん、大丈夫」と声をかけて安心させて至近距離から発砲した事件であり、国民に大きな衝撃を与えた。

　続いて同年8月、占領下に民間人が軍用機からの銃撃で殺された記憶のある茨城県阿字ケ浦で、県道を地上すれすれに飛ぶ米軍機に自転車で通行中の女性が前車輪にひっかけられ、首と胴体を切断されて即死、その息子は腹部

に重傷を負うという事件（ゴードン事件）が起きた。米軍機はそのまま空に舞い戻り、米軍側は過失だと主張したが、その軍機が事故直前に海水浴客でにぎわう阿字ケ浦海岸上空を高度５、６メートルで飛ぶのが目撃されている。地元住民には、人を人とも思わぬ米軍人の悪ふざけの結果としか思えなかった。この事件が同地の射爆場返還運動に火をつけたゆえんである。

また58年９月にはジョンソン基地（現、入間航空自衛隊基地）のロングブリー三等空兵が電車に向けて発砲し、宮村祥之さん（21歳）を死亡させた。宮村さんは熊本で母子家庭に育ち、３年前に上京し、音楽家になる夢を抱いて武蔵野音大に通っていた。故郷の母親を気遣い、「バイトが見つかったから仕送りはしないでいいよ」という手紙を送った矢先の事件だったという。

これらの事件は占領軍時代と大差ない米軍の実態を露呈し、国民感情をいたく傷つけ、米軍基地返還・安保反対の世論はますます高まった。当時東京進駐軍被害者連盟の事務局長だった斉藤直喜さんによれば、ジラード事件やゴードン事件、ロングブリー事件に対する国民の激しい抗議の世論の中で、占領軍被害補償運動は関東各県や北海道、九州にも広がり、59年１月の全国進駐軍被害者連合会の結成にいたった。斉藤氏は、「1960年５月、安保条約改定に反対するデモが連日くり広げられていた頃、私たちもまた、『安保改定より占領軍被害者に正当な補償を』と訴えて歩いた」と回想している。

国家補償でない給付金支給法の制定

占領軍被害補償運動を背景に、50年代末には国会の場で幾度も補償問題がとりあげられるようになった。政府は調達庁をこの問題に対応する主務官庁と決め、59年度には400万円の予算措置を講じて被害実態調査を実施する。その結果をふまえて61年５月の第38回国会に内閣は「連合国占領軍等の行為等による被害者等に対する給付金の支給に関する法律案」を提出する（社会党も同名で内容もほぼ同じ法案を提出）。同年秋の第39臨時国会で内閣提案の法案が審議され、自民・社会・民社三党の議員28名から給付金を増額する修正案をふくめて採択・可決された。

しかし、成立した「連合国占領軍等の行為等による被害者等に対する給付

金の支給に関する法律」は、それまでの行政措置より前進したとはいえ、定められた給付金は死亡者遺族に20万円（他に葬儀給付金5000円）であり、当初被害者たちが要求していた「少なくとも50万」の半分にも満たない金額であった。また、法の適用範囲は「日本国籍を有する者」に限られた。「見舞金ではなく補償を」という被害者の願いに反して、この法律は「給付金」を支給するための法律にすぎず、「給付金」はそれまでの見舞金の延長にすぎなかった。国が始めた戦争の結果である占領下、占領軍の命令や不法行為で損害を受けたにもかかわらず、被害者たちはついに国家補償を認められなかったのである。

　社会党の中には「見舞金でなく補償を」と訴える議員もいたが、全体としては国家補償の理念を擁護するよりも、悲惨な被害実態を強調して救済を求め、政府と自民党を味方につけて法律を作ることを重視したように思われる。政府と自民党は、社会党と調整して給付金支給法をつくることで国家補償を遠ざけるとともに、日米安保や政府に対する国民の反感が強まる材料をひとつ減らすことができた。給付金支給法はこのような政治の産物であり、被害者が心から納得できるものではなかった。

　「安保改定より占領軍被害者に補償を」という呼びかけには、被害体験をふまえて被害者をこれ以上生み出さないという平和への希求があった。が、60年に新安保条約が成立し、池田内閣が発足すると、安保・戦争や米軍駐留の問題に対する国民の関心は急速に薄れていった。結局、国は61年の法律制定を以て占領軍被害補償は基本的に解決されたものとし、その後この問題は大きく社会的注目を集めることなく、忘れられていった。呉の中安甚五郎らは給付金支給法に納得できず、あくまでも国家補償を求め、補償請求裁判を提起していたが、69年、最高裁は原告の主張を退けた高裁判決を支持し、「講和条約19条の規定により損害賠償請求権を喪失した者は、国に対しその喪失による損害について補償を請求することは許されない」として訴えを棄却している。当時から今日にいたるまで、日本政府は原爆被爆者や空襲被害者など民間の戦災者に対する国家補償の責任を否定し続けているが、本稿でみた占領軍被害者の国家補償請求に対する国の拒絶はその始まりだったのである。

終わりに

　多くの人が終戦というと8月15日を想起する。だが、本稿で見たように、15日はポツダム宣言受諾が国民に告げられた日にすぎず、「戦闘」が終わり「降伏」文書が調印された後には「占領」が行われ、いかなる無法行為にも損害賠償責任は負わないと宣言する占領軍の支配下で多数の市民が人身被害を受けた。講和条約がその発効までの時期を対象に日本の賠償請求権放棄を規定したことにも表出する通り、占領は軍事行為であり、その意味で戦争は占領下に継続している。

　占領が終わってからすでに60年以上たつ。大学生は「占領軍被害」と聞くと、遠い昔の話に聞こえるかもしれない。だがいかに長い歳月が流れようと、被害者たちには忘れることができない。福岡県の佐々木盛弘さんは、二又トンネル爆発事件の当時、11歳。下校中にトンネルから上がるキノコ雲を目撃し、友だちと様子を見に行った。トンネル入口から火炎が噴き出し、大爆発が起きて父は爆死。佐々木さんも重傷を負ったが、父にかばわれて一命をとりとめた。自宅は全壊し、姉も死亡した。友だちも失った。父の50回忌記念に、「あの地獄を思い出したくない」という気持ちを振り切って、命の大切さ、平和への思いをこめて体験記を絵本にしたという（『三発目の"原爆"』福岡人権研究所、2010年）。

　北海道の佐藤康子さんは、2013年8月に新聞連載「米軍がいた札幌」の記事を見て、新聞社に連絡した。兄弟二人を戦時下に失ったが、終戦後両親が荒れ地を開墾してようやく一家に希望の光がさしかけた矢先、家に侵入した米兵が父を射殺。半狂乱になった母親の姿を今も思い出す。事件の衝撃は消えていない。「沖縄で米兵の事件が起こるでしょ。沖縄の人の気持ちが分かる気がするんです。私にとって人ごとじゃないんです」と佐藤さんは語る（『北海道新聞』2013年8月15日）。

　平和な世界を築くために、このような生き証人の記憶に耳をすませ、被占領という「もうひとつの戦争」の体験を記録し継承することが必要である。

Ⅰ　直接的暴力に抗う

　占領軍被害は、絶大な権力をもつ占領軍人の命令や不法行為がもたらした損害であるだけに、占領下には誰一人被害の全貌を把握していなかった。講和後も、被害者に対する給付金支給法こそ制定されたものの、政府が実態調査の後に公にしたのは、死亡・傷害・療養と分類された人数と給付金額だけである。50年代に補償請求運動の一環として被害の一端が社会に伝えられたが、ほとんどの被害実態は公になっていない。空襲や安保体制下の米兵犯罪については学術研究も行われ、社会的に一定の認知がある。ところが、その間にあった占領軍被害は戦争体験のうちにも数えられず、そんなことは全然知らなかったという人が珍しくない。

　太平洋戦争の惨禍を経て平和憲法を制定しながら、一体何故、日本は日米安保体制に組み込まれてしまったのか。その答を得るには占領期に何が起きたかを知る必要があるが、そもそも占領下の市民の被害についてほとんど研究が行われていない。地域の平和活動の一部として、埋もれている占領軍被害の文書史料の探索も重要だが、当時を知る人々からの聞き取りを急ぎたい。記憶はその人々が生きている間に記録しなければ永遠に失われてしまう。大学は、占領下の記憶と証言を系統的に記録する公の事業に良い役割を果たせるだろう。平和の探求を、ここからも始めたいと思う。

【参考文献】
　藤目ゆき「広島県・山口県における占領軍被害」『アジア現代女性史』第6号、2010年12月
　『防衛施設庁史』防衛省、2007年
　宍戸伴久「戦後処理の残された課題―日本と欧米における一般市民の戦争被害の補償」『レファレンス』2008年12月号

（藤目ゆき）

朝鮮半島の戦争と平和

【キーワード】
朝鮮戦争　　休戦協定　　平和体制　　六者協議　　米韓軍事演習

1．東西冷戦と朝鮮半島の南北分断

　19世紀の半ば、徳川幕府が米・英・仏・露など列強の開国圧力に屈し不平等条約を強要された頃、同じく朝鮮王朝も欧米諸国の砲艦外交にさらされていた。ところが、朝鮮開国の尖兵になったのは上に挙げた列強ではなく、明治維新を機に後発の帝国主義国となった隣国、日本だった。

　ペリーの黒船に習った日本は1875年、朝鮮の首都に近い江華島(カンファド)を砲撃し、翌年には『日朝修好条規』を結ばせた。これは典型的な不平等条約で、関連して結ばれた「修好条規付録」などを総合すると、①日本人の治外法権を認め、②朝鮮の関税自主権を認めず（対日貿易に際して輸出入商品にはいっさいの関税をかけない）、③朝鮮国内で日本の諸貨幣の流通を認める、といった内容だった。加えて、条約の効力は「永遠におよぼす」とされていた（中塚明『これだけは知っておきたい日本と韓国・朝鮮の歴史』高文研）。

　しかし、有効期限すら明記されなかったこの条約が不要になるまで、そう長い歳月を必要とはしなかった。日清・日露戦争に勝利した日本は朝鮮半島の支配権を確立し、1910年に植民地として併合したからだ。江華島砲撃から35年後のことである。そして、同じく35年の期間を経た1945年、大日本帝国はアジア太平洋戦争に敗れ、朝鮮植民地統治は終焉を迎えた。

　だが、「朝鮮人民の奴隷状態に留意し朝鮮を自由かつ独立のものたらしむ

Ⅰ　直接的暴力に抗う

る決意を有す」としたカイロ宣言（1943年11月27日）も、「カイロ宣言の条項は履行せらるべく」と謳ったポツダム宣言（1945年7月26日）も、朝鮮民族に真の解放と独立を約束するものではなかった。朝鮮人民は決して、植民地奴隷の立場に甘んじていたわけではない。1919年の3．1独立運動を始め、内外で多様な抗日闘争を繰り広げた。だが、第二次世界大戦末期の複雑な国際情勢のもとで、自主独立を達成する民族力量を結集できなかったのだ。

　1945年8月、米国とソ連は日本軍の武装解除にあたり、北緯38度線を境界として朝鮮半島を分割占領することに合意した。朝鮮民族にとっては、予想もしない国土の分断だった。朝鮮民族の自主権は蹂躙されたまま、米・英・ソの三国外相会談や米ソ共同委員会が開かれたが、いずれも朝鮮半島に統一独立国家を建設することには無関心だった。それどころか、第二次大戦後に決定的となった米ソの対立により、朝鮮半島はアジアにおける東西冷戦の熾烈な戦場となった。

　1948年5月、国連は南だけの単独選挙を実施し、同年8月に大韓民国（韓国）の樹立が宣言された。それを受けて翌月には北でも選挙が実施され、朝鮮民主主義人民共和国（北朝鮮）が誕生した。こうして、一時的な措置であった国土の分断が3年後には、国家の分断となった。同一民族の内部に政治体制の異なる二つの国家が誕生したことは、激しい対立と流血の悲劇を予告するものだった。南北は互いに自らの民族的正統性を主張するだけでなく、あらゆる手段を動員して相手を打倒しようと試みた。内戦は必至だった。

　1950年6月25日に勃発した朝鮮戦争は、南北ともに武力統一を追求したことが原因だった。開戦後、南には米国主導の国連軍が、北にはソ連の意向を反映した中国人民志願軍が加担し、東西の両陣営による国際戦争へと拡大した。3年間に及んだ戦争はおびただしい死傷者を生み出し、53年7月27日、休戦協定が交わされた。新たな軍事境界線は南北2kmずつの非武装地帯を設けたものの、戦前の境界線と大差がないものだった。

　内戦により、南北双方には相手への癒しがたい敵意が形成された。数百万の離散家族が発生し、その苦痛は今も解消されていない。国家の分断はついに、同胞が互いに憎悪と敵意で対峙する民族の分断という最大の悲劇をもた

らすことになったのだ。

　休戦協定はその第4条で、双方の関係国政府に対し「協定発効から3カ月以内に、より高位レベルでの政治会議を開催してすべての外国軍隊の朝鮮からの撤退、朝鮮問題の平和的な解決」を勧告している。だが、期限の3カ月を前にした10月1日、米国は韓国と相互防衛条約を締結し、米軍が引き続き韓国に駐屯できる権限を確保した。

　同条約の第4条は「アメリカ合衆国の陸軍、空軍および海軍を、…大韓民国の領域内及びその付近に配備する権利を大韓民国は許与し、アメリカ合衆国は、これを受諾する」となっている。この類の表現はなじみ深いものだ。「大韓民国」を「日本国」に置き換えるだけで、1951年9月8日に締結された日米安全保障条約の第1条となる。米韓相互防衛条約のモデルは、日米安保条約だったのだ。

　両条約の本質を理解するために、日本が朝鮮半島を植民地にした韓国併合条約（1910年8月22日）を引用してみる。

　　第一条：韓国皇帝陛下は韓国全部に関する一切の維持権を完全かつ永久に日本国皇帝陛下に譲与す。
　　第二条：日本国皇帝陛下は前条に掲げたる譲与を受諾し、かつ全然韓国を日本帝国に併合することを承諾す。

　これらの条約に共通するキーワードは「譲与・許与」と「承諾・受諾」であり、強要された主権の喪失という意味で、本質的には同様の内容と言えるだろう。

　50年代初頭の東西冷戦期、米国は日韓両国を従属的な軍事同盟に取り込む

国連軍の仁川（インチョン）上陸（1950.9.15）

I 直接的暴力に抗う

ことで、極東における大規模な米軍基地網を構築した。それは今日に至るまで存続しており、東北アジアで米国の軍事的な優位を可能にする根拠となっている。

　休戦協定に明記された「高位レベルの政治会議」は決裂し、朝鮮問題の平和的解決は実現しなかった。協定締結から60年を経た今も、朝鮮半島では休戦状態が続いている。世界最長の戦争を継続することで、朝鮮半島は地球上で最も軍事密度（兵力の集約度）の高い地域となった。国際戦略研究所（IISS）の年報『ミリタリー・バランス』2012年度版によると、正規軍の規模が北119万人、南66万人で、合計185万人である。ちなみに、この数字は米国の正規軍、157万人を上回る規模だ。約3万人規模の在韓米軍を含めると、200万に迫る精鋭軍が、わずか22万平方kmの狭い半島に集結し、対峙しているわけだ。陸上と海上で南北の軍事衝突が絶えないのも、決して不思議なことではあるまい。まさに、朝鮮半島は"東北アジアの火薬庫"である。

2．朝鮮半島の戦争危機、その要因は何か？

　朝鮮戦争の休戦から60年の間、朝鮮半島では常に一触即発の軍事緊張が続いている。最近では、2010年11月23日に起きた延坪島に対する北からの砲撃が典型的な事例である。そして2013年は、2月に敢行された北の第3回核実験と国連安保理の制裁措置、3月から展開された米韓軍事演習とそれに対抗する北朝鮮の威嚇的な言動などで、朝鮮半島の緊張は例年になく激化した。この稿では戦争危機の背景を、構造的要因と直接的要因に区分して考察する。

　まず構造的な要因は、朝鮮戦争の終戦が宣言されていないことに由来する。休戦協定がもたらしたのは、戦争でもなく平和でもない、極めて不安定な状態である。本稿ではこれを「停戦体制」と規定する。赤信号で一旦停止する自動車がエンジンを切らずに次の発進に備えるように、南北は膨大な兵力で重装備し、常に戦闘再開に備えているからだ。停戦体制は、朝鮮戦争の休戦協定と、米韓相互防衛条約、中朝相互援助条約（1961年7月）などによって維持されてきた。

ただ、脱冷戦の影響が朝鮮半島には相反する形で及んだために、南北間の政治・軍事的な関係で著しい不均衡が生じている。韓国はソ連（1990年）・中国（1992年）と相次いで国交を樹立したが、北朝鮮は米国・日本との修好をまだ実現していない。朝鮮半島情勢の安定化に向け、米国務長官キッシンジャーが1975年に提唱したクロス承認案は、「南優北劣」という非対称的で不安定な状況を産み出すことになった。

　加えて、中国人民志願軍が1958年に撤収したのに対し、米軍は現在も2万8千人の規模（2013年3月21日付『ハンギョレ新聞』電子版は、米国防総省の報告書を引用して3万7千人と報道）で韓国への駐屯を続けている。それだけでなく、米韓は連合軍体制をとっており、戦時の韓国軍に対する作戦指揮権（事実上の統帥権）を在韓米軍司令官が掌握している。また、中朝相互援助条約第二条の「いずれか一方の締約国がいずれかの国又は同盟国家群から武力攻撃を受けて、それによって戦争状態に陥ったときは他方の締約国は、直ちに全力をあげて軍事上その他の援助を与える。」という参戦条項は、米中修好（1979年）と中韓修好を契機に、もはや死文化したと言えるだろう。中国にとって朝鮮戦争は、交戦国との関係正常化が達成された時点で、すでに終了した戦争なのだ。

　戦争危機の構造的要因である停戦体制は、このように南北間の非対称性を本質的な特徴としている。両国の年間軍事費を比較すれば、非対称性はより明確なものとなるだろう。2012年度の韓国軍事費は317億ドルである（ストックホルム国際平和研究所の2013年度版年鑑、表1を参照）。

　一方、北朝鮮の2013年度推定値は10億ドル（2013年11月7日、韓国国防長官の国会答弁）に過ぎない。その格差は30倍である。もっとも、北朝鮮当局が軍事費を公開しないことから、発表機関によって推定値の偏差は小さくない。最大値は韓国国防研究院が算出した89億ドル（2011年度）である。便宜上、最大値と最小値の中間値をとると約50億ドルであり、それでも韓国の16％に過ぎないことがわかる。

　さらに、北朝鮮が対峙しているのは米韓連合軍であるから、世界最強の軍事大国である米軍（2012年度の軍事費：6820億ドル、表1参照）の存在を考

I　直接的暴力に抗う

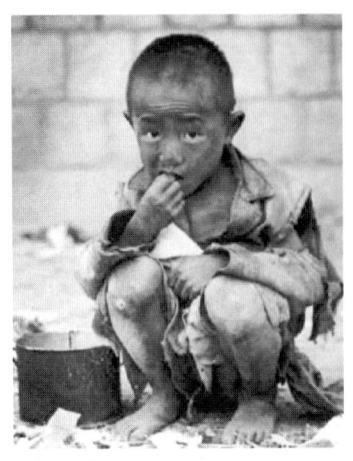

戦争孤児（1950.9.28　ソウル。デイビッド・ダンカン撮影）

慮せざるを得ないだろう。年間軍事費を基準にする限り、「米韓」対「北朝鮮」＝7137対50となり、ほとんど比較の意味を成さないほどの格差を見せる。"北朝鮮の脅威"が強調されているが、軍事力において140倍の優位を誇る米韓連合軍に対し、朝鮮人民軍が先制攻撃を仕掛けることは想定し難い。自殺行為に他ならないからだ。

次に、戦争危機の直接的な要因と指摘されるのが、米韓連合軍が毎年展開する大規模演習である。米韓両国は「北朝鮮の脅威に対処するための防御訓練」と主張するが、実質的には「敵地上陸」などを想定した極めて攻撃性の高い軍事演習である。

代表的な米韓軍事演習は、1976〜94年に実施された「チーム・スピリット」訓練であろう。当時、世界最大規模の演習と言われ、在韓米軍基地に配備された戦術核兵器の使用訓練も含まれていた。その後、「米韓連合戦時増員演習」となり、2002年から「フォール・イーグル」野外機動訓練が始まった。そして2008年からは、コンピュータによるシミュレーション訓練である「キー・リゾルブ」が統合訓練として展開されている。

2013年度の軍事演習は、「フォール・イーグル」が3月1〜4月30日、「キー・リゾルブ」は3月11〜21日に実施された。参加した兵力は韓国軍20万、在韓米軍3万、他の海外駐屯米軍1万3千である。米軍の投入した予算は32兆ウォン（約320億ドル）だった。これは韓国の年間軍事費に相当する巨額である。

動員された兵器も、原子力潜水艦やイージス艦だけでなく、核抑止戦略の「三種の神器」と呼ばれているB-52やB-2爆撃機（ともにステルス機能を備え核爆弾を搭載）、F-22最新鋭戦闘機なども参加した。実際に、平壌を始

(表１) 2012年の世界の軍事費１〜15位（単位：億ドル、斜体は推定値、韓国は12位で317億ドル）

順位	国名	軍事費(億ドル)	前年比（％）	GDP比（％）
1	米国	6820	−6.0	4.4
2	中国	*1660*	7.8	*2.0*
3	ロシア	*907*	16	*4.4*
4	英国	608	−0.8	2.5
5	日本	593	−0.6	1.0
6	フランス	589	−0.3	2.3
7	サウジアラビア	567	12	8.9
8	インド	461	−0.8	2.5
9	ドイツ	*458*	0.9	*1.4*
10	イタリア	*340*	−5.2	1.7
11	ブラジル	331	−0.5	*1.5*
12	韓国	317	1.9	2.7
13	オーストラリア	262	−4.0	1.7
14	カナダ	*225*	−3.9	*1.3*
15	トルコ	*182*	1.2	2.3
	総計	17530	−0.5	2.5

めとする主要都市への核爆撃演習が展開され、在韓米軍司令官は「北朝鮮を完全制圧するのに56日間で足りる」と豪語するほどだった（３月28日付韓国「SBSテレビ」）。現在、これほどの規模で長期にわたって展開される軍事演習を、世界の他地域で見ることはできないだろう。

　最近では米韓軍事演習が、ほぼ年間を通じての日常訓練として展開されている。2013年度も「ウルチ・フリーダム・ガーディアン」が８月19〜30日に実施された。このように軍事演習を執拗に展開するのは、その目的が防御よりも、圧倒的な軍事力による間断のない威嚇を加えることで、相手を消耗さ

I 直接的暴力に抗う

米韓軍事演習に投入されたB-52爆撃機
(U.S. Air Force photo 060202-F-6809H-100)

せることにあるからだ（米太平洋軍司令部が作成した「作戦計画5030」）。そして、米韓連合軍の究極目標は「北朝鮮の体制転換（レジーム・チェンジ）」と、「韓国による朝鮮半島統一」なのだろう（同「作戦計画5027」）。

当然ながら、米韓軍事演習の期間中、朝鮮人民軍も非常動員態勢に入る。特に、軍事境界線付近での爆撃訓練や、西側海域での合同演習は極めて挑発的であり、まさに一触即発の状況となる。2010年11月に起きた延坪島への砲撃事件は、こうした米韓軍事演習の渦中に発生した悲劇だった。

このように、"北朝鮮の局地侵攻に対応する"との名目で展開されているが、実際には、米韓連合軍の軍事演習は極めて挑発的で威圧的な内容である。それだけに、北朝鮮を攻撃目標とする現在の合同軍事演習は、実戦に転化しかねない危険性を内包している。停戦体制という構造的要因に加え、攻撃的な大規模演習の定例化という直接要因が作動することで、朝鮮半島は常に軍事衝突の危機にさらされているのだ。

3．朝鮮半島の非核化と北朝鮮の核放棄

「北朝鮮の脅威」は、朝鮮民主主義人民共和国の核兵器（および弾道ミサイル）開発に起因するものだ。言うまでもなく、いかなる国家であれ、大量破壊兵器の開発・保有を正当化することはできない。最初の核兵器保有国であり唯一の使用国である米国も、直近の保有国となった北朝鮮も、国際平和と人道の視点から批難されるべきは同様である。だが、国連の安全保障理事

会が制裁を課しているのは、常任理事国の米・露・英・仏・中など核保有大国でもなければ、インド・パキスタンのようにNPT（核拡散防止条約）に加入することなく核兵器を開発した国でもない。制裁の対象は、北朝鮮と、核開発疑惑を持たれているイランだけである。

　国連のダブル・スタンダードはさておき、北朝鮮に核放棄を決断させるには、開発に至った動機を解消するしかないだろう。大量破壊兵器を保有しなくても国家の安全が保障されると確信し、体制保全と主権尊重が外交条約で保証されてこそ、北朝鮮は核放棄を選択肢の一つと見なすようになるからだ。

　ところで、朝鮮半島核問題の起源は、北朝鮮の核開発疑惑が台頭した90年代前半にあるのではない。朝鮮戦争の時期にまで遡る必要がある。

　国連軍司令官マッカーサーだけでなくトルーマン米大統領も、中国人民志願軍の参戦を契機に戦局が悪化すると、核兵器の使用を積極的に検討し始めた（1950年11月30日付『ニューヨーク・タイムズ』）。核配備への第一歩は休戦から４年後の1957年５月22日、米国が「南北双方に国外から新たな武器の搬入を禁止」した休戦協定第２条12項の破棄を、休戦委員会に通知することで踏み出された。そして翌58年１月29日には、在韓米軍基地への"新兵器"導入を完了したと発表した（2006年10月13日付『東亜日報』）。

　朝鮮半島に最初の核兵器を持ち込んだのは、ソ連でも中国でもなく、米国だった。それから23年後の1991年９月27日、ジョージ・H・W・ブッシュ大統領は「すべての海外基地にある戦術核兵器を撤去する」と宣言し、同年12月８日、盧泰愚（ノ・テウ）大統領が「韓国内に核兵器がもはや存在しない」と確認した。しかし、いかなる国際機関もそれを検証していない。そして米韓相互防衛条約を根拠にして、韓国への「核の傘」は引き続き提供されている。北朝鮮の全域が米軍核ミサイルの射程圏内にあるという現実には、何の変化もないのである。

　さらに９.11同時多発テロ後、ジョージ・W・ブッシュ政権は「対テロ戦争」を掲げてアフガニスタンとイラクで体制転換を敢行した。イラン・イラクとともに「悪の枢軸国」と規定されていた北朝鮮は、米国の「自衛的先制攻撃」を思いとどまらせる最も確実な手段として、核抑止力を選択したのだろう。

　2005年２月10日、北朝鮮は外務省声明を通じて核兵器保有を宣言した。そ

I　直接的暴力に抗う

して、2006年10月9日、2009年5月25日、2013年2月12日と、3回にわたって地下核実験を実施している。しかし、北朝鮮が当初から核開発を国家目標にしていたとする資料は見当たらない。2002年までは米朝間の交渉で、北朝鮮の初歩的な核施設に対する凍結と監視が実施されていた。当時、北朝鮮の目標は核保有ではなく、米朝関係の改善だった。その間の経緯を把握するために、米朝合意の内容を確認してみる。

　1994年10月21日、ジュネーブで交わされた『米朝合意枠組み』は、北朝鮮が原子力施設を凍結し最終的に解体する見返りとして、米国は、①軽水炉を提供する、②核兵器を使用せず威嚇も加えない、③双方の首都に連絡事務所を開設する、という内容だった。2000年10月12日、ワシントンで発表された『米朝共同コミュニケ』も、①両国間の双務関係を根本的に改善する措置を取る、②両国間の関係は自主権に対する相互尊重と内政不干渉の原則に基づくべきである、③1953年の休戦協定を強固な平和保障体系に替え朝鮮戦争を公式に終熄させる、といった双方の意志が表明されている。

　さらに注目すべきなのは、2005年9月19日、北京の第4回六者協議で採択された共同声明である。要約すると、①北朝鮮は、すべての核兵器及び現存する核計画を放棄し、米国は、朝鮮半島において核兵器を保有せず、北朝鮮に対し核兵器又は通常兵器による攻撃や侵略の意図を有しないことを確認した。②米朝は相互の主権尊重と平和共存に基づき国交正常化への措置を取る。日朝は「平壌宣言」に従い国交正常化への措置を取る。③直接の当事国は、別途のフォーラムで朝鮮半島の平和体制について交渉する。④6カ国は、「約束対約束、行動対行動」の原則に従い、前記の合意事項を段階的に実施していく（詳細は日本政府外務省の「第4回六者会合に関する共同声明」を参照）。

　共同声明の最大の意義は、その第1項で六者協議の目標を「平和的な方法による、朝鮮半島の検証可能な非核化」であると確認したことだ。つまり、非核化の義務が北朝鮮だけでなく米韓両国にも課せられており、韓国に対する米国の「核の傘」も非核化の対象になるとの認識に基づいている。そして、合意内容の履行に際しては、「同時行動の原則」を明記した。

　これらの規定は、日本の政界やメディアが意図的に、もしくは無知の所産

として常用する「北朝鮮には核放棄を先行する義務がある」という主張が、いかに根拠のない誤認であるかを説明してくれる。六者協議は、「北朝鮮の非核化」ではなく、「朝鮮半島の非核化」を目標とする国際会議であり、その実現に向け特定の一国ではない、すべての参加国が「同時に行動」することを義務付けている。

この目標と原則が共有される限り、紆余曲折を経ながらも合意内容は履行されるだろう。しかし、「北朝鮮の核放棄先行」や「北朝鮮の改革開放」を前提に持ち出すなら、合意の履行はおろか、協議の継続すら不可能になる。

朝鮮半島の非核化に向け合理的なロード・マップを採択した六者協議は、2008年12月の第6回・3次会議を最後に休会中である。第4回六者協議の共同声明は画期的な合意内容だったが、関係国間（特に米朝）の根深い相互不信から、履行に際して「同時行動」の原則が守られなかったためだ。

現在、二期目のオバマ政権は「核・ミサイルの開発を続ける北朝鮮との交渉は無意味」との立場で、軍事的な圧迫と経済制裁を中心とする制圧政策を展開している。米政府はこれを「戦略的忍耐」と名づけたが、政策実行の手段が枯渇した"お手上げ"の状態と言えるだろう。一方、北朝鮮も「体制転換を目論む米国の戦争策動が続く限り核抑止力を堅持する」立場を変えておらず、課題である経済再建で足踏み状態が続いている。

現時点での、米朝双方の主張を整理しておこう。北朝鮮は2013年6月16日、国防委員会の談話を通じて次のように立場を表明した。①われわれの核保有は米国からの核威嚇に対する自衛的かつ戦略的な選択である。②朝鮮半島全域での非核化が実現され、外部からの核威嚇が終わるまで核保有国の地位を維持する。③非核化の実現に向け、いっさいの前提条件を付けずに米国との高位会談を提案する。

米国の立場は、ケリー国務長官の発言から明確なメッセージを読み取れる。2013年10月25日、ケリー国務長官は韓国のキム・ジャンス大統領府安保室長と会談し「これ以上、対話のための対話はしない。北朝鮮が非核化への明確な態勢を取ることが、対話の前提条件である」と強調した。

米朝両国の主張は相反しており、全く接点がないようにみえる。しかし、

Ⅰ　直接的暴力に抗う

北朝鮮に制裁圧力をかけ屈服を迫る「戦略的忍耐」は、何の成果も上げることができなかった。逆に、北朝鮮に核兵器開発を進展させる時間的余裕を与えただけだ。米・日・韓の三国にとって、国連安保理を通じた制裁政策は、期待した結果をもたらさなかったのだ。外交は「ギブ・アンド・テイク」であり、すべての意味ある合意は妥協の産物である。朝鮮半島の核問題を解決する道は、すでに六者協議の共同声明に記されていることを想起すべきであろう。

4．朝鮮半島の平和体制構築に向けて

　朝鮮半島における軍事緊張を緩和し戦争危機を解消するには、2節で分析した構造的要因と直接的要因を取り除くことである。だが、直接的要因である米韓の大規模軍事演習は、停戦体制という構造的要因から派生していると言えるだろう。よって、ここでは構造的要因に焦点を当てて考察する。
　停戦体制の核心は休戦協定である。朝鮮半島に平和をもたらすには、朝鮮戦争の終戦を宣言し、平和協定を締結することが課題となる。この問題に関しては、ジョージ・W・ブッシュ政権の二期目に重要な変化があった。
　2006年11月18日、ブッシュ大統領は対北朝鮮政策の転換を迫る盧武鉉（ノ ム ヒョン）大統領に、「北朝鮮が核を放棄すれば、私とあなたが金正日（キムジョンイル）総書記に会って朝鮮戦争の終戦宣言に署名する」と表明した（2006年11月30日付韓国『中央日報』電子版）。2007年9月7日の米韓首脳会談でもブッシュ大統領は、訪朝を控えた盧武鉉大統領に「金正日総書記に平和協定締結の意思を伝えて欲しい」と述べている（2013年8月25日付『プレシアン』、丁世鉉（チョンセヒョン）・元韓国統一部長官のインタビュー）。こうした経緯を踏まえて、2007年10月4日、第二回南北首脳会談の合意文第4条に「南と北は現在の停戦体制を終息させ、恒久的な平和体制を構築していくべきとの認識を同じくし、直接関連した3カ国または4カ国の首脳らが朝鮮半島地域で会い、終戦を宣言する問題を推進するため協力していくことにした」という内容が盛り込まれたのだ。
　しかし、2007年12月の韓国大統領選挙で保守勢力が執権すると、金大中（キムデジュン）・

盧武鉉政権が推進した南北の和解協力政策は、冷戦時代の対決政策へと後退した。2008年2月に出帆した李明博(イミョンバク)政権は、統一外交政策の前提として、北朝鮮の先行的な非核化措置を要求した。その結果、南北関係は悪化し朝鮮半島の緊張が激化

米韓軍事演習に反対する韓国市民(2013.3 ソウル)
(2013年3月10日付『民衆の声』)

した。米政府の対北朝鮮政策もその影響を受け、「朝鮮半島の平和体制に関する論議は、北朝鮮の核放棄を確認した後」という路線を採択するようになった。現オバマ政権も、この立場を踏襲している。言うまでもなく、六者協議で合意した「同時行動原則」からの逸脱である。

一方、対米交渉における北朝鮮の姿勢にも、深刻な問題点があることを指摘したい。オバマ政権が出帆した直後の2009年4月5日、北朝鮮は通信衛星のロケット発射実験を行った(日本政府は「弾道ミサイル」と規定しているが、4月13日付国連安保理の非難声明は「ロケット発射」と表現)。

金正日総書記との直接交渉にも言及していたオバマ政権が、どのような対北朝鮮政策を展開するか見守るべき時期だったが、北朝鮮は更に5月25日、二回目の核実験を敢行した。"機先を制す"攻勢にしては、極めて不適切な選択だったと言わざるをえない。「核のない世界」を掲げて登場したオバマ大統領を、挑発する結果しかもたらさなかったからだ。当時の雰囲気をアジア担当専任補佐官だったジェフリー・ベイダーは、「5月25日の核実験を機に、大統領官邸の全スタッフは北朝鮮に対するタカ派になった」と伝えている(2013年10月17日付『ハンギョレ新聞』のワシントン特派員コラム)。

オバマ政権も二期目に入り、米朝交渉の再開に向けた双方の模索が続いている。米国務省が議会に提出した『2014会計年度、対北朝鮮政策の戦略目標』は、「朝鮮半島の完全な非核化と北朝鮮の大量破壊兵器、ミサイル技術の輸

Ⅰ　直接的暴力に抗う

出遮断」を政策目標に掲げており、そのためにも「北朝鮮との交渉を拡大する」と記述されている（2013年5月20日付韓国『聯合ニュース』）。2014会計年度（2013年10月〜2014年9月）は、すでに始まっている。この報告書からは、米国政府のジレンマが読み取れる。「非核化の先行」を対話の絶対条件としているが、「核・ミサイル技術の拡散防止」という切迫した課題に直面していることから、北朝鮮との交渉を模索せざるをえないのだ。

　北朝鮮は2013年6月16日付の国防委員会談話を契機に、六者協議の速やかな再開をくり返し主張している。米国は北朝鮮の真意に対する疑念から、本格的な交渉再開には応じていない。しかし、スティーブン・ボズワース前国務省対北朝鮮政策特別代表が指摘するように、「非核化に関する北朝鮮の真意を判別するには、テーブルに着いて対話することが唯一の方法」である。ボズワースはまた、ロバート・ガルーチ（クリントン政権の国務次官補）と共同で、「オバマ政権が六者協議の再開に向けて政策を転換すべきだ」と有力紙に寄稿している（2013年10月30日付『ニューヨーク・タイムズ』）。

　六者協議に関しては、議長国である中国が最近、再開に向けて積極的な外交を展開している。2013年9月26日、王毅・中国外交部長は国連本部でケリー・米国務長官と会談し、「朝鮮半島の核問題に関し、……朝鮮の合理的な懸念についても解決が得られるべきだ。アメリカ側が朝鮮側とさらに直接接触することを希望する。各国が9.19共同声明に戻り、それぞれが負っている責任と義務を履行してのみ、朝鮮半島の核問題は真の解決が得られる」と述べた（2013年9月27日、中国外交部・洪磊報道官の定例記者会見。浅井基文コラム『21世紀の日本と国際社会』2013年10月7日付を参考）。

　中国が述べた「朝鮮の合理的な懸念」とは、「核兵器の保有は米国による先制攻撃への抑止手段であり、米国からの核脅威を同時に解消すべき」とする、北朝鮮の一貫した主張を指している。「北朝鮮の核開発には反対だが、非核化の先行措置を一方的に要求するだけでは、朝鮮半島の非核化は決して実現しない」という中国の立場を、再表明したものといえよう。

　国連安保理は経済制裁措置を強化してきたが、北朝鮮の核開発を阻止することができなかった。結論として述べるなら、非核化を含め朝鮮半島問題を

平和的に解決するには、外交の土俵を国連安保理から六者協議へと移動すべきであろう。北朝鮮の核開発は東北アジアの平和を脅かす深刻な「症状」だ。しかし、その根本的な「病因」は朝鮮半島の停戦体制にある。核問題の解決には、停戦体制を克服し平和体制を構築する「治療」が必要なのだ。

　朝鮮半島の平和体制は、①朝鮮戦争の終結と平和協定の締結、②米朝・日朝の国交樹立による東北アジア冷戦構造の解体、③南北政府間で交わされた諸合意の履行、などによって可能となるだろう。朝鮮半島の非核化は、こうした平和体制の構築過程に付随する一つのパーツに過ぎない。不安定な停戦体制をそのままにして、核問題だけを解決しようとしても、見果てぬ夢に終わるだろう。朝鮮半島の非核平和は、停戦体制という巨大な山を超えなければ到達できないからだ。

【参考文献】
　ブルース・カミングス（鄭敬謨、林哲、加地永都子、山岡由美訳）『朝鮮戦争の起源』Ⅰ・Ⅱ、明石書店、2012年
　金大中（波佐場清・康宗憲訳）『金大中自伝』Ⅰ・Ⅱ、岩波書店、2011年
　徐勝監修、康宗憲編『北朝鮮が核を放棄する日』晃洋書房、2008年
　中塚明『現代日本の歴史認識』高文研、2007年

（康　宗憲）

被爆体験を語りつぐ
―自分の価値を再発見するフィールドワーク―

　「フィールドワーク伊丹」という関西学院大学全学開講科目の講座で、Kさんという学生に出会った。講座が始まって1カ月ほど経った時に、休み時間にKさんが友達と話している会話が、私の耳に飛び込んできた。「関西の学生は、原爆のことほとんど知らんのよ！　広島では当たり前のことなのに！」という語気の強い言葉であった。そこで、私が「どこで、そう思ったの」と聞くと、「ある講座で自己紹介することがあって、広島の活動を紹介したのですが、わかる人がほとんどいなくて、これはどういうことなのかと思ったんです」ということだった。Kさんは、広島のミッション系の高校から進学してきており、高校生時代には広島平和記念公園で碑めぐりボランティアをしていた、かなり意識が高い生徒であった。広島と関西とのギャップに驚くとともに落胆したのだった。

　「フィールドワーク伊丹」の担当教員をしている私は、「兵庫県被爆二世の会」の会長をしていることを伝えると、Kさんは驚くとともに一緒に活動することを希望してくれた。私は二世の会を2010年に立ち上げたものの、二世はまだ現役世代ということもあり、いまさら何をするのかということで会員が集まらず、会の存続について悩んでいたところであった。会の規約に「平和活動に意欲のあるもの」と会員資格についてうたっており、早速会員になってもらって活動を始めた。会員資格を二世以外に広げた理由は、二世の活動は一世の活動とは違い、同じ方向を向いている多様な人との連携を如何に図っていくかが課題であるからだ。

　Kさんは、自分が出来ることとして、広島の母校の卒業生ネットワークを「兵庫県被爆二世の会」の活動につなげていこうと考えて活動を

始めた。ちょうど2012年8月6日の平和記念事業として、原爆投下を指示したトルーマン元大統領の孫を招く講演会が広島の母校の高校で開催され、私はKさんと参加した。

伊丹市立中央公民館で被爆の実相を伝える著者

　講演の後、講演を聞いていた高校生から「原爆を落としたことを、あなたはどう思われますか」というストレートな質問がなされた。しばしの沈黙の後、クリフトン・トルーマンは、「私は、祖父がその時のベストの決断をしたと思っている」と答えた。真摯に高校生に向き合った姿が印象的であった。しかし、平和の象徴である貞子像のモデルになった貞子さんのお兄さんが出席されており、大きなため息をついた。私のすぐ後ろの席だったので、いまだにそのため息が耳の奥に残っている。

　また、この高校から関西圏に進学している卒業生も多く、Kさんは「フィールドワーク伊丹」で学んだ「人のご縁をつなぎ、次なる動きを生み出す」ということをねらって活動している。しかし、簡単にはつながっていかない。時間はかかるが、ゆるい関係を多様につないでいくことが大切だと考え期待している。

　最後に私からのお願いがある。一人ひとりの学生が持っている人のご縁（ソーシャルキャピタル）の価値を見出し、それを社会の問題解決に使ってみることを、地域の方々とやってみてほしい。あなたはすごい価値あるものを持っているのですから！

　畑井克彦（兵庫県被爆二世の会・前会長、被ばく問題コーディネーター）

イスラエル／パレスチナ問題とは何か
──故郷からの追放と占領下の生活──

【キーワード】
シオニズム　難民化　占領　抵抗　和平

はじめに

　第二次世界大戦終了後、世界各地で地域紛争が起きるようになった。その一つが「イスラエル／パレスチナ紛争」である。ただし、紛争という言葉を安易に用いると、あたかもイスラエルとパレスチナが対等に争っているかのような印象を読者に与えかねないことから、本稿ではイスラエルとパレスチナをめぐる問題の発生原因を理解してもらうために、「イスラエル／パレスチナ問題」という言葉を使う。

　砂漠のイメージで語られがちな中東に属するイスラエル／パレスチナは、レバノンとエジプトのシナイ半島に挟まれた地中海沿岸にあり、オレンジやオリーブが実る豊かな土地である。世界三大宗教のユダヤ教、キリスト教、イスラームの聖地があることから、日本ではイスラエル／パレスチナ問題は宗教間の争いであると誤解している人も多い。

　イスラエル／パレスチナ問題は、1948年のイスラエルの誕生を祝う歓喜の声とは対照的に、その建国ゆえに故郷を追われ、難民化した人々の苦悩の涙が流されたことから始まっている。現在においても、これらの人々は故郷に帰る権利を拒まれたまま、異郷の地で暮らしている。一方、1967年にイスラエルは東エルサレムを含むヨルダン川西岸地区とガザ地区を占領し、これらの地区に住む人々を苛酷な支配下においた。故郷を追放された人々とイスラ

エルの占領下におかれている人々とは、過去何世代にもわたり、この地で生活を育んできた先住民のアラブ人である〈パレスチナ人〉(1)にほかならない。

本稿では、イスラエル／パレスチナ問題をパレスチナ人の難民化の問題と、1967年以降の東エルサレムを含むヨルダン川西岸地区とガザ地区におけるイスラエルの占領問題の2つに大別し、それぞれ個別に関連事項を概説する。その後、パレスチナ人による故郷奪還のための闘争や、占領に対する抵抗運動の歴史に触れる。最後にイスラエル／パレスチナ問題の公正な解決のために、国際社会に求められている論点を簡単に示す。

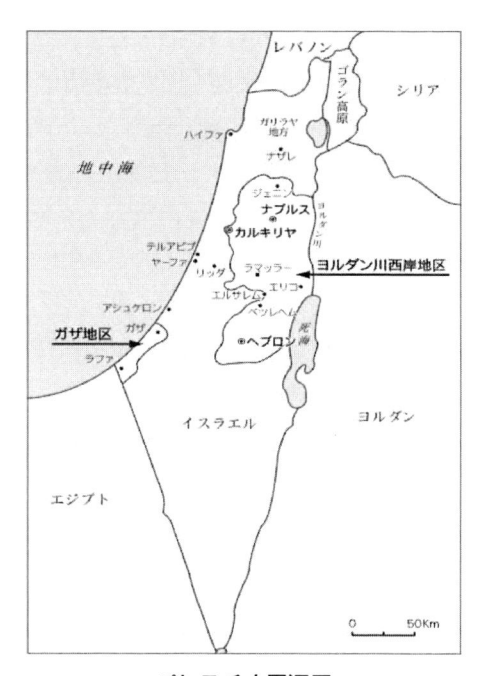

パレスチナ周辺図
(現代企画室『占領ノート』編集班／遠山なぎ／パレスチナ情報センターより)

1. パレスチナ難民の発生

イスラエルの建国理念

イスラエルは、1948年5月にユダヤ人のための国家として誕生した。建国理念のシオニズムは、ユダヤ人が「シオンの地」（イスラエル／パレスチナ）に戻り、ユダヤ人のための独立国家を樹立することを目指す思想である。ヨーロッパで近代反ユダヤ主義が吹き荒れた19世紀後半の1897年に、シオニズムの父と呼ばれるテオドール・ヘルツルの提唱で、スイスのバーゼルで第一回シオニスト世界会議が開催され、シオニスト機構が創設された。

I 直接的暴力に抗う

　シオニズムはヨーロッパにおける近代反ユダヤ主義や、高揚するナショナリズムの結果として生まれたものであるが、それだけでは語ることができない。ヨーロッパのユダヤ人をヨーロッパ以外の地に移住させるという観点があったこと、およびユダヤ人の独立国家をアジアにおけるヨーロッパの防波堤にするという目論見があったことを考えると、シオニズムは植民地主義と帝国主義の側面を併せ持つものとして理解されなければならないものである。
　シオニズムに基づいて建国されたイスラエルは、ユダヤ人国家という前提がある以上、ユダヤ人以外は不必要な存在であった。その差別的な発想がパレスチナ人の追放をもたらす原動力となった。

イギリスによるパレスチナの委任統治
　イスラエルの建国を理解するためには、1920年から1948年までパレスチナを委任統治したイギリス政府の動きもみていく必要がある。
　第一次世界大戦中の1915年から1916年の間に、エジプトに駐在していたイギリス高官のヘンリー・マクマホンと、イスラームの重要な聖地メッカで守護職を務めていたフサイン・イブン・アリーとの間で、アラブ人がオスマン帝国に対し反乱を起こす代わりに、アラブの独立国家の樹立を認める書簡（フサイン・マクマホン書簡）が交わされた。ほぼ同時期の1916年には、イギリス、フランス、イタリア、ロシアの間で複数の秘密協定（サイクス・ピコ秘密協定）が締結された。同協定は4か国協定でありながらも、実際にはイギリスとフランスによる地中海からペルシャ湾にいたる地域の分割に主眼が置かれていた。1917年には、イギリス外相アーサー・バルフォアがロンドン・ユダヤ人協会会長ライオネル・ロスチャイルド宛てに、イギリス政府はパレスチナの地にユダヤ人のための「ナショナル・ホーム」（民族郷土）が建設されることを望ましく思っていること、および閣議で同政府がそのための最善の努力をすることが承認された旨を示す公開書簡（バルフォア宣言）を送った。これらの一連の「約束」や列強間の協定は、同政府がアラブ地域における覇権を握るための「三枚舌外交」といえるものであった。
　第一次世界大戦終了後の1920年に、イタリアのサンレモで開催された会議

で、サイクス・ピコ秘密協定とバルフォア宣言の実施が確認されると同時に、パレスチナはトランスヨルダンとイラクとともにイギリスの委任統治領となった。イギリス委任統治時代のパレスチナ全域（現在のイスラエルと同国の占領下にある東エルサレムを含むヨルダン川西岸地区とガザ地区を併せた地域）を一般的に「歴史的パレスチナ」と呼ぶ。

委任統治の開始以降、ユダヤ移民による土地の買収やこれらの移民が委任統治領パレスチナの市民権を得るための法制度の整備がなされた。その下でユダヤ移民が1920年代に急増すると同時に、土地の買収にともなう立ち退きによりパレスチナ人の村々が消えていった。委任統治下でユダヤ移民に有利な政策をとり続けてきたイギリスであったが、1930年代後半に入ると、パレスチナ人による抵抗運動の影響もあり、それまでの政策を二転三転する方針を打ち出すようになった。

まず、1937年に出されたピール報告書では、パレスチナをユダヤ人国家とアラブ人国家、および委任統治領に分割する案が示された。ユダヤ人国家への肥沃な土地の割り当てがなされたほか、その地に住むパレスチナ人に移住が要求されたことから、パレスチナ人の抵抗を受けた。1939年に出されたマクドナルド白書は、パレスチナにおけるアラブ人国家の樹立と、ユダヤ移民や土地の買収の制限を示すものであったため、逆にユダヤ人の抵抗をもたらした。結果的に、イギリスによる委任統治政策の転換は、ユダヤ人とパレスチナ人の双方に同国に対する不信感を植え付けるものとなり、委任統治の失敗が明らかとなった。

イスラエルの建国とパレスチナ人の故郷からの追放

第二次世界大戦の終了後、ナチス・ドイツによる虐殺を生きのびたユダヤ人がヨーロッパで難民化していることを受け、パレスチナにユダヤ人国家を樹立することを求める声が国際的に高まった。アメリカ合衆国がパレスチナへのユダヤ難民の受け入れをイギリスに要請し、両国による調査委員会が設立された。同委員会が委任統治政府にユダヤ難民の受け入れ、ユダヤ移民および土地の買収の制限撤廃を求める勧告を出し、同政府が受け入れたため、

国家樹立に向けての国際的な動きが本格的に始まった。

1947年11月、委任統治領パレスチナを、①ユダヤ人国家（56％）、②アラブ人国家（43％）、③国際管理地区（1％）に分割することを認める国連総会決議181号（パレスチナ分割決議）が採択された。委任統治時代と第二次世界大戦以降のユダヤ移民の受け入れにより、ユダヤ人口が増加したとはいえ、パレスチナ人が全人口の約7割（約130万人）を占めていたことを考えると、同決議はパレスチナ人にとって差別的なものであった。

国連総会決議181号の採択直後に、シオニストの民兵組織ハガナ（後のイスラエル軍）、イルグン・ツヴァイ・レウミ、ロハメイ・ヘルート・イスラエル等のシオニスト軍が、ユダヤ人国家に割り当てられた土地の制圧、および同地に住むパレスチナ人追放のための軍事作戦を開始した。こうしてパレスチナ人の難民化が始まったのである。同地の制圧後、シオニスト軍は領土の拡大を目指し、アラブ人国家や国際管理地区に割り当てられた土地を征服するための軍事作戦（ダーレット計画）に着手した。同計画の下でパレスチナ人の町や村が次々と襲撃され、多数の住民が虐殺されると同時に住み慣れた地から追われた。同軍による他の町や村への襲撃を耳にし、身の安全のために故郷から避難した家族もいるが、これらの人々は一時避難と考えていたのであり、現在まで続く難民生活の始まりになるとは想像すらしていなかった。

1948年4月9日にエルサレム近郊のデイル・ヤシーン村で起きたイルグン・ツヴァイ・レウミによる住民虐殺事件は、パレスチナ人の間に瞬く間に知れ渡った。同事件を耳にした多数のパレスチナ人が、自分たちも殺害されると恐れてパニックに陥り、避難した。これはシオニスト軍の巧妙な心理作戦であった。自ら手を出さずに、パレスチナ人を追放できたからである。

1948年5月14日、イギリスがパレスチナにおける委任統治の終了宣言を行うと、それを受けてダヴィド・ベン＝グリオン（イスラエルの初代大統領）が独立宣言を行った。しかし、翌日には、パレスチナ人の追放によってなされたユダヤ人国家の建国を認めないとする周辺のアラブ諸国の連合軍がイスラエルに侵攻し、第一次中東戦争が始まった。1949年7月までにイスラエルとこれらのアラブ諸国は個別に休戦協定を結ぶが、結果的にイスラエルが歴

史的パレスチナの77％を占める土地を制圧し、東エルサレムを含むヨルダン川西岸地区はヨルダンに併合され、ガザ地区はエジプトの軍政下におかれた。

　第一次中東戦争の休戦までに難民化したパレスチナ人の数は70万とも80万ともいわれる。またパレスチナ人の約500の村と11の町が破壊された。パレスチナ人はこの出来事を「ナクバ」（大災厄）と呼び、苦難の歴史の始まりとして世代を超えて語り継いできた。

国際社会とイスラエルの見解

　パレスチナ人の難民化から70年近い月日が経過するなかで、4世代目が誕生し始めている。一方、故郷からの直接的な別離を経験した一世の多くが亡くなりつつある。国連総会決議302号（1949年12月）に基づいて創設された国連パレスチナ難民救済事業機関（UNRWA）の統計によると、同機関に登録している難民数（2017年1月1日現在）は約534万人であり、うち約217万人がヨルダン、約134万人がガザ地区、約80万人がヨルダン川西岸地区に住んでいる。それ以外の主な居住地はシリア、レバノン等のアラブ諸国である。また、UNRWAへの難民登録期間に、避難は一時的なものであり、状況が落ち着いたら故郷に帰ることができる、あるいは難民登録自体が屈辱的である等の理由から登録をしなかった家族もいる。そのため、登録難民以外の難民を合わせるとその数はさらに増える。

　難民化した当初はその多くが難民キャンプ（大多数はUNRWAによる運営）で避難生活を送っていたが、難民生活の長期化にともない、現在ではキャンプ外に家を構えている家族もいる。特にヨルダンでは、多くがヨルダン国籍を付与されていることもあり、その傾向が強い。一方、国籍の付与がなされず、就業制限もあるレバノンでは、難民は人口密度が高いキャンプでひしめき合うように暮らしている。

　1948年12月に採択された国連総会決議194号は、帰還を望むパレスチナ難民に対してはそうする権利を、また帰還を望まない難民に対しては、被った財産上の損害に対する賠償を受ける権利を認めた。同決議は現在も有効であり、同難民の帰還権が議論される際には国際的承認を示す重要な根拠文書と

して用いられる。しかし、イスラエルは難民の発生原因はアラブ諸国が国連総会決議181号を認めず、第一次中東戦争を引き起こしたことにあり、パレスチナ人はアラブの指導者からの要請により、または同戦争の戦火から逃れるため、もしくはユダヤ人の支配下に暮らすことを望まなかったため、自ら故郷を去ったと主張し、その責任と難民の帰還権を現在まで認めていない。[4]

2．1967年以降のパレスチナ

ヨルダン川西岸地区とガザ地区の占領

1967年の第三次中東戦争の結果、東エルサレムを含むヨルダン川西岸地区とガザ地区がイスラエルの占領下におかれた。日本を含む国際社会は両地区を指して、一般的に「被占領地」と表現する。また、通常、現在的な文脈でパレスチナという場合は両地区を、占領という場合は両地区でのイスラエルの支配を指す。パレスチナ人の先住民としての立場と難民化の歴史を考えると、両地区のみを被占領地あるいはパレスチナと表現することが的確であるかどうかについては、議論の余地がある。しかし、便宜上、本稿ではこれ以降、通常の意味に基づいてこれらの用語を使うことにする。

1967年11月、第三次中東戦争によりイスラエルが占領した地域から、同軍の撤退を求める国連安全保障理事会決議242号が採択された。イスラエルは、「地域」（territories）という言葉の前に特定の地域を示す定冠詞（the）がついていないこと、および「地域」の前に「すべての」（all）という言葉が入っていないことを理由に、1970年8月にいたるまで同決議を受け入れなかった。受け入れ時も、すべての地域からの撤退が求められているわけではないとの従来の見解を堅持した。また、被占領地に対しても、国際的に帰属先が承認されていない「係争地」であるため、帰属先が決まるまで同国が管理しているにすぎず、占領国ではないという立場をとり続けている。[5] この立場に基づき、同国も批准している国際条約の一つであるジュネーヴ第4条約（戦時における文民の保護に関する1949年8月12日のジュネーヴ条約）は、被占領地（同国にとっては係争地）には適用されないと主張している。しかし、この

ような見解には国際的に批判が寄せられており、被占領地のパレスチナ人の取扱いに対して、同国は同条約の遵守を強く求められてきた。

イスラエルは東エルサレムの占領後すぐに同地を併合し、東西エルサレムからなる「拡大エルサレム」を首都と宣言してきた。しかし、国連総会決議2253号(1967年7月)や国連安全保障理事会決議476号（1980年6月）等で、エルサレムの地位を変更する措置が無効であることが確認され、現在でも同併合を国際的に認める国は極めて少ない。

ヨルダンのヒッティーン難民キャンプ
当初はテント生活であったが、難民生活が長期化し、難民たちは各家族に割り当てられた土地（所有権はない）に、家を建てて暮らしている（2005年8月、著者撮影）

イスラエルは、1968年から各種の軍令やヨルダン併合時代の土地の収用に関する法律等を利用しながら、被占領地内のパレスチナ人の土地を次々と接収し、入植地の建設を始めた。ジュネーヴ第4条約第49条は、占領国が自国の文民を、占領している地へ追放または移送することを禁止している。したがって、被占領地に建設された入植地にイスラエル人を居住させる行為は同条に違反する。また、国連安全保障理事会は入植地が国際法上無効であることを認め、入植地の解体、建設計画の中止を求める複数の決議(第452号、465号等)を採択してきた。しかし、現在でも入植地の建設は続いている。

土地の接収という場合、その土地には、たとえば人の生活に欠かすことができない水の資源も含まれる。土地の収用により、特に農業で生計を立ててきたパレスチナ人は生活手段そのものを失った。占領以降、これらの者を含む被占領地のパレスチナ人の多くが、生活の糧を得るために、イスラエルの労働市場で安い労働力として働かざるを得なくなった。イスラエルにとってパレスチナ人は、自国民がやりたがらない仕事を担う人材であると同時に、

Ⅰ　直接的暴力に抗う

同国の商品の消費者であった。また、パレスチナ人は市民としての権利を何一つ認められないにもかかわらず、納税の義務が課せられて利用された。

　一方、イスラエルへの抵抗者は弾圧対象となり、特に1980年代半ば以降、その手段は極めて抑圧的なものとなった（逮捕、連行先での拷問、行政拘束〔起訴手続や裁判を経ずに、行政命令で拘留できる制度。延長により長期拘留が可能〕、抵抗者を出した家族が居住する家屋の破壊、追放等）。これらの行為はいうまでもなく重大な人権侵害であり、たとえば、拷問や抵抗者を出した家族が居住する家屋の破壊は、被保護者に対する残虐行為（第32条）や連座刑（第33条）を禁止しているジュネーヴ第4条約に抵触する。

オスロ合意と占領の継続

　1990年代に入り、イスラエルとパレスチナ解放機構（PLO）との間でパレスチナ暫定自治に関する原則宣言(1993年)、ガザ・エリコ先行自治協定(1994年)、パレスチナ拡大自治合意（1995年）が締結された。これらの一連の合意は「オスロ合意」と呼ばれている。各国政府やメディアは同合意をたびたび「和平合意」と評してきたが、実際はどうなのであろうか。

　オスロ合意により被占領地の一部がパレスチナ自治区となり、パレスチナ自治政府と選挙に基づく立法評議会（立法府のこと）が設置された。また、同合意に基づき、ヨルダン川西岸地区はA地区（自治政府が行政権と警察権を有する）、B地区（自治政府が行政権を、イスラエルが警察権を有する）、C地区（イスラエル政府が行政権・警察権を有する）に分けられた。ヨルダン川西岸地区内の自治区とはA・B地区を合わせたものを指す（西岸地区の41％）。残りはすべてC地区であり、入植地、イスラエル軍の基地、軍事封鎖地区等のほか、イスラエルの完全支配下で劣悪な生活を強いられているパレスチナ人の村々が含まれる。A・B・C地区は分散しており、その間にパレスチナ人の移動の自由を妨げる同軍の検問所や同軍設置の道路ブロックが多数存在する。イスラエル人専用道路やイスラエル人とパレスチナ人の通行を分けるためのトンネルもあるため、ヨルダン川西岸地区のパレスチナ人は、小さく分断されたコミュニティに隔離されるように生活している。

2002年3月、イスラエル軍はヨルダン川西岸地区のA地区へ大規模侵攻（守りの盾作戦）を開始した。各町や村が攻撃され、多数のパレスチナ人が「テロリスト」容疑者として逮捕された。同作戦のなかで、2002年4月、北部のジェニーン難民キャンプで住民虐殺事件が起きた。2002年6月、イスラエル政府は、自国とヨルダン川西岸地区との境界線から西岸地区に大きく食い込む形で分離壁の建設を始めた。壁はパレスチナ人の肥沃な土地や入植地をイスラエル側に取り込むように建設されており、完成すると全長700キロメートルを超える。

ヨルダン川沿いに南北に広がるヨルダン渓谷（西岸地区の約28.5％）は、温暖な気候と豊かな水源に恵まれ、かつヨルダンと国境を接しているという安全保障上の理由から、イスラエルが手の中に入れておきたい土地である。そのため、同渓谷の約95％がC地区に指定されており、そこに住むパレスチナ人は水や電気へのアクセスが著しく妨げられている。C地区のパレスチナ人は、イスラエルの許可なしに家屋の建築等を行うことが認められていない。許可取得の可能性がほぼ皆無であるため、人々は許可なしに建築せざるを得ないが、そうすると違法建築として破壊される。したがって、C地区が圧倒

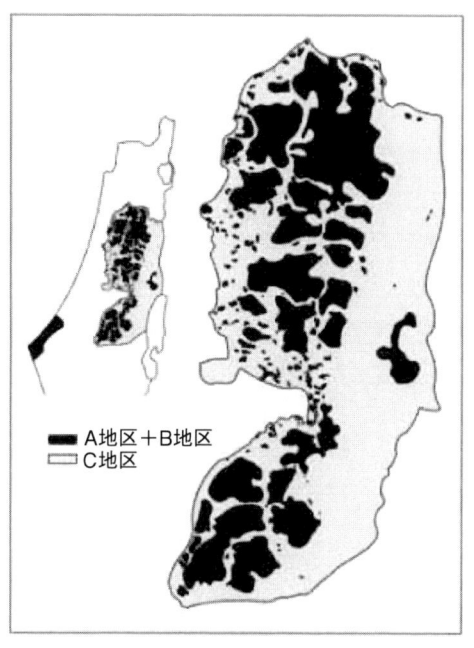

ヨルダン川西岸の現状

A地区：行政権、警察権ともにパレスチナ（ヨルダン川西岸の17.2％）
B地区：行政権がパレスチナ、警察権がイスラエル（同23.8％）
C地区：行政権、警察権ともにイスラエル（59％）
（オスロ合意に基づく区分け。割合は2000年のデータによる。現代企画室『占領ノート』編集班／遠山なぎ／パレスチナ情報センターより）

Ⅰ　直接的暴力に抗う

的に多い同渓谷は、被占領地全体で家屋破壊が最も深刻な地となっている。

　ガザ地区は1993年にイスラエルによりフェンスで囲まれて以来、段階的に封鎖されてきた。2005年の同軍の撤退時に入植地も解体されたが、封鎖は継続された。2006年のパレスチナ立法評議会選挙でガザを本拠地とするハマース主導の政権が誕生したことにより、封鎖は依然に増して厳しいものとなり、2008年には完全封鎖にいたった。正規のゲートからの生活必需品を含む物資の搬送が認められないため、エジプト側に向けて掘られた地下トンネルを通して搬送を行う「トンネル経済」（2013年7月以降、エジプトは多くのトンネルを破壊）が発達するという異常事態が生まれた。封鎖にともなう経済の停滞が高い失業率をもたらし、住民の生活は窮迫している。また、同軍による大規模攻撃（2008年末から2009年初頭の燻られた鉛作戦等）により、多数のガザ住民が命を落としてきた。

　国際社会の後押しで締結されたオスロ合意は、パレスチナ国家の将来像、エルサレムの地位、難民問題、入植地問題等の重要課題を先送りする形で始まったことから、真の和平につながるものではないことは最初から明らかであった。同合意以降、ヨルダン川西岸地区内の分断やガザの封鎖が行われてきた。これらの状況からみると、同合意はイスラエルの占領の継続を促し、パレスチナ人をさらに追い込むものとして機能してきたといえよう。

3．パレスチナ解放闘争の歴史

伝統的な解放闘争

　第三次中東戦争でのアラブ軍の敗北を受け、アラブ諸国にこれ以上頼り続けていても、故郷の奪還がかなわないことを悟ったパレスチナ人は、ヨルダンの難民キャンプを拠点に本格的なパレスチナ解放闘争を開始した。同時に〈パレスチナ人〉としての確固たるアイデンティティを持つようになった。

　解放闘争の中心となったのがファタハというグループであった。1968年にイスラエル軍が解放闘争の拠点の一つであるカラーメ難民キャンプに攻撃を始めると、ファタハのメンバーが中心となり猛反撃を浴びせた。これにより、

ファタハはパレスチナ人から大きな支持を得ることに成功し、1964年に創設されたパレスチナ解放機構の主要グループへと発展する。解放闘争の拡大にともない、パレスチナ解放勢力を一掃するためにイスラエルが国境を越えてヨルダン側に入る可能性があること、および解放勢力がヨルダン王制に批判的になってきたことから、1970年9月、ヨルダン軍が難民キャンプに対し、解放勢力を追放するための攻撃を行った。多数のパレスチナ人が犠牲になり、パレスチナ解放機構は拠点をレバノンに移さざるを得なくなった。

　パレスチナ解放勢力はレバノンでも次第に力を伸ばすようになったが、イスラエルがその状態を黙ってみているはずはなかった。1978年以降、イスラエルとパレスチナ解放勢力との間で衝突が起きるようになったが、1982年6月のイスラエル軍によるレバノン大侵攻により、同年9月、パレスチナ解放機構は同国から撤退せざるを得なくなり、拠点をチュニジアに移した。同撤退から約2週間後の9月16日、イスラエルに後押しされたレバノンのキリスト教右派民兵ファランジストが、イスラエル軍の支配下にある西ベイルートのサブラ・シャティーラ両パレスチナ難民キャンプに押し入り、2700人以上もの住民を虐殺する事件が起きた。この事件も、パレスチナ人の苦難の歴史を描く出来事として、パレスチナ人の間で記憶され続けている。

被占領地における抵抗運動

　1987年12月に起きたガザ地区でのイスラエル軍のトラックによるパレスチナ人の殺害事件をきっかけに、被占領地全体で占領に対する大規模な抵抗運動である第一次インティファーダ（民衆蜂起）が始まった。これ以降、抵抗運動の中心舞台は、パレスチナの外から被占領地における闘争へと移った。

　パレスチナ人の子どもによるイスラエル軍への投石が世界的な注目を浴びたことから、第一次インティファーダはしばしば「石の革命」と呼ばれる。しかし、実際には非暴力の抵抗運動としての特徴を有し、地下組織の民衆蜂起統一指導部の指揮の下で、被占領地の全住民が参加するものであった。人々は、デモ、イスラエル商品のボイコット、税金の不払い、イスラエル発行の身分証明書の返却等、さまざまな手段で占領への不服従を示した。イスラエ

Ⅰ　直接的暴力に抗う

ル軍の鎮圧により、多数の負傷者や逮捕者が出たが、人々は抵抗の手を緩めなかった。町や村、難民キャンプのなかに食糧配給委員会、医療委員会、教育委員会等、各種の役割が付与された人民委員会が組織され、負傷者の手当て、外出禁止令下にある地域の住民への食糧の配布、閉鎖された学校の代わりに個人宅を用いた教育活動等が行われた。

　第一次インティファーダは、イスラエルとパレスチナの間で何らかの〈和平〉がなされるべきとする気運を国際的に盛り上げ、内容的にはパレスチナ側の完全敗北ではあったが、オスロ合意の締結をもたらす一つの原動力となった。しかし、同合意がイスラエルへの従属を強化するものであることが徐々にパレスチナ人に認識されるようになり、第二次インティファーダへとつながった。

　第二次インティファーダの直接的なきっかけは、2000年9月にイスラエルの政治家アリエル・シャロン（2001年から2006年まで首相）が、東エルサレムのイスラームの聖地ハラム・シャリーフに入ったことにあった。この挑発的な行為がハラム・シャリーフ内のアル・アクサ・モスクで礼拝をしていたパレスチナ人の怒りを呼び、イスラエル警察との間で衝突が起きた。同事件が被占領地のパレスチナ人に伝わり、第二次インティファーダが始まった。

　第二次インティファーダは武装闘争が前面に出たため、イスラエル軍による鎮圧方法もより強圧的なものとなった。一方、第一次インティファーダの精神を受け継ぎ、非暴力による抵抗運動も地道に行われた。そのような運動にパレスチナに関心を寄せる外国人の活動家が参加するようになった。この共闘は、第二次インティファーダが終了した現在でも続いている。2000年代半ば以降、パレスチナの多数の市民団体が共同でイスラエル商品のボイコットを求める訴えを海外に呼びかけるようになった。それに応え、各国でボイコット運動が展開されるようになった。

　最後にイスラエルの平和運動を紹介する。すべてのイスラエル人が占領政策を無批判に支持しているわけではない。割合的には少数であるが、それに反対する平和団体が複数存在している。これらの平和団体や平和活動家は、国内での抗議行動のみならず、ときにはパレスチナ人の非暴力の抵抗運動と

共闘しながら活動を続けている。また、徴兵制があるイスラエルでは、兵役を終わらせないと社会生活上、さまざまな権利を行使できず、就職活動も不利になることが多い。しかし、占領への反対から兵役を拒否し、投獄される若者もいる。これらの人々の声がイスラエル社会で広く受け入れられると、イスラエル／パレスチナ問題の解決に一定の前進がみられるだろう。

おわりに

　主にはパレスチナ人の難民化と、1967年以降のイスラエルの占領という２つの問題からなるイスラエル／パレスチナ問題は、両者の力関係に大きな差がある以上、国際社会の仲介なくして解決しえない状況にある。これまで主にアメリカ合衆国が和平の「仲介者」として動いてきた。しかし、同国はイスラエルに同盟国として莫大な軍事援助等の支援を行ってきた上に、国連安全保障理事会では拒否権を発動し、イスラエルに不利な決議の採択を妨げてきた実績があることを考えると、仲介者として適切な立場にあるとはいえない。国際社会はまずこの点から考え直す必要がある。

　難民の帰還権に関しては、国連総会決議194号の内容に基づき、イスラエルが帰還を望む難民を段階的にでも受け入れるようにならなければ、何の解決にも向かわない。国際社会は難民創出の責任を同国に認めさせるための交渉を行い、その受入れ方法を協議する必要がある。

　さらには、国際社会は、被占領地パレスチナ人のコミュニティの分断と占領の継続をもたらしたオスロ合意を推進してきた自らの責任に向き合い、オスロ合意体制とは異なる、イスラエルの占領の完全終結を導くための行程表を両者に提示することが求められている。

【注】
(1) 本来、パレスチナ人とは宗教にかかわりなくパレスチナに住み続けてきたアラブ人のことを意味する。しかし、イスラエルの建国にともない、ユダヤ系アラブ人がイスラエル人の範疇に入れられたため、現在、パレスチナ人と

は一般的にパレスチナにルーツを持つムスリムとキリスト教徒のアラブ人を指す。また、イスラエル国籍者には、偶然にも故郷に留まることができたパレスチナ人や、故郷から追放されたものの、イスラエル内に留まることができたパレスチナ人も含まれている。同国で「イスラエル・アラブ」と呼ばれるこれらの人々は、制度上の差別と社会的差別により二級市民扱いをされている。

(2)　イラン・パペ（ミーダーン〈パレスチナ・対話のための広場〉編訳）『イラン・パペ、パレスチナを語る―「民族浄化」から「橋渡しのナラティブ」へ』（つげ書房新社、2008年）

(3)　UNRWA, *UNRWA in Figures*, https://www.unrwa.org/sites/default/files/content/resources/unrwa_in_figures_2017_english.pdf（2017年10月7日アクセス）

(4)　パレスチナ難民に関するイスラエルの見解は、同外務省のウェブサイトの次のページが参考となる。Israel Ministry of Foreign Affairs, *Israel, the Conflict and Peace : Answers to Frequently Asked Questions*, http://www.mfa.gov.il/mfa/foreignpolicy/issues/pages/faq_peace_process_with_palestinians_dec_2009.aspx（2017年10月7日アクセス）

(5)　国連安全保障理事会決議第242号や、被占領地に関するイスラエルの見解についても、前掲のウェブサイトのページが参考となる。

【参考文献】
奈良本英佑『パレスチナの歴史』明石書店、2005年
清末愛砂『母と子でみる　パレスチナ―非暴力で占領に立ち向かう』草の根出版会、2006年
サラ・ロイ（岡真理・小田切拓・早尾貴紀編訳）『ホロコーストからガザへ―パレスチナの政治経済学』青土社、2009年

（清末愛砂）

ドイツに見る「過去の克服」と歴史和解

【キーワード】
「過去の克服」　　共通歴史教科書　　「ヴァイマルの三角形」　　信頼醸成
地域統合

1．はじめに—対等なパートナーのいない日本

　2013年7月11日、米世論調査機関ピュー・リサーチ・センターは、アジア太平洋地域での対日意識調査の結果を発表した。それによれば、マレーシアでは80％、インドネシアでは79％、オーストラリア・フィリピンでは78％が日本に好感を抱いているのに対し、韓国では77％、中国では実に90％が反感を抱いている。こうした感情が、かつての日本の軍国主義・侵略戦争に多分に起因していることは、言うまでもなかろう。

　日本人が、自分たちは過去の過ちを反省していると主観的に思っていても、その「謝罪」は、戦後68年を経てもなお相手諸国民には届いていない(表1)。まして、過去の日本の侵略戦争を「自存自衛の戦争、アジア解放の聖戦」と正当化するのでは、国際社会の信頼を失うだけである。実際、2013年12月26日、安倍晋三首相が、かつての日本軍国主義の精神的支柱である靖国神社を突如参拝したことに対し、中韓のみならず、米国、EU、ロシア、オーストラリア、タイ、シンガポール、台湾等々の諸国からも批判の声が上がり、日本は孤立したのである。

　さらに、日本が周囲に対等なパートナーを持っていないことを示した象徴的事例は、2005年7月、日本・ドイツ・インド・ブラジルの4カ国（G4）

表1　日本は、1930〜40年代の軍事行動について十分に謝罪してきたか？

	十分に謝罪していない	十分に謝罪してきた	謝罪の必要はない
韓国	98（％）	1（％）	1（％）
中国	78	4	2
フィリピン	47	29	19
インドネシア	40	29	6
マレーシア	30	22	10
オーストラリア	30	29	26
日本	28	48	15

が国連安全保障理事会の常任理事国入りを目指した際の近隣諸国の冷たい反応である。このG4案の共同提案国として賛成を表明した23カ国中、アジアの国はブータンとモルディヴだけだったという事実は、ヘルムート・シュミット元西独首相の言う「日本の友人は、世界にわずかしかいない」（『大国の明日』朝日新聞社、2006年）ことを裏付けてしまった。

彼の言を借りれば、「日本人が〔帝国主義時代の〕征服や犯罪行為をあったこととして認め、それを遺憾に思うことができない」ことと、「アメリカ合衆国との一方的な結合」に固執することとは、分かちがたい関係にある。「日米同盟」という語は、二国間の主従関係を隠蔽し、あたかも両国が対等であるかのような錯覚を抱かせる。しかし、いかに目新しい形容を施そうと、それは、冷戦期の平和研究が「自由なコミュニケーションと適切な現実評価とを断ち切り、また敵意の土壌をたえまなく醸成して、自閉症的構造を発展させる」（ディーター・ゼングハース『軍事化の構造と平和』中央大学出版部、1986年）と批判した軍拡・威嚇政策と質的に大差ないのである。

2．日独比較の視座

近現代における日独の歩みは、非常によく似ている。両国は、英仏に比べ

遅れて近代国家を樹立、富国強兵路線で急速に台頭した。1930年代にはファシズムを選択し、第二次大戦を引き起こしたが無条件降伏、しかし戦後再び目覚ましい経済復興を遂げ、冷戦後の国際社会で新たな役割を模索している。

この歴史的相似性は、偶然の産物ではない。1871年末からほぼ2年間、米欧諸国を見学した岩倉使節団は、ドイツ滞在中特に強烈な衝撃を受けた。ドイツは1871年、「鉄血宰相」オットー・フォン・ビスマルク率いるプロイセンが主導して、小国分立を克服した新興国家であった。1873年3月、日本からの一行は、ドイツ皇帝ヴィルヘルム1世やビスマルクと会見、特にビスマルクの招宴では、大国は「万国公法」(国際法)を守るのは自分に利益がある時だけで、それが不利となればたちまち軍事力にものを言わせると思い知らされ、「国権と自主を重んじる我がドイツこそ、日本にとって最も親しむべき国」だと呼びかけられた。久米邦武の『米欧回覧実記』には、岩倉使節団の帰国後の1874年2月、ヘルムート・カール・ベルンハルト・フォン・モルトケ参謀総長が帝国議会で、40万1000人もの膨大な常備兵を置くことを求める軍拡演説も長々と引用されており、マキャベリスティックな権力政治に向かう近代日本の姿が暗示されている。

今日のドイツで、ビスマルク流の弱肉強食外交が行われる、あるいはヒトラーのような独裁者が登場して、市民的権利を否定し戦争政策を進めると予測する者は皆無であろう。翻って、政権・与党の中枢から侵略戦争を美化する発言が相次ぐ日本は、周辺諸国のみならず欧米からも不信の眼を向けられている。

1861年1月、日本とプロイセンの間で修好通商条約が締結されて150年目の2011年、両国議会はそれぞれ日独交流150周年決議を行った。1月27日のドイツ連邦議会決議は、「ドイツと日本は侵略・征服戦争を行い、被害を受けた近隣諸国の人々に破滅的な結果をもたらした」と簡明直截な表現をとっている。他方、4月22日衆議院本会議の決議は、「両国が同盟国となって各国と戦争状態に入り、多大な迷惑を掛けるに至り、両国も多くの犠牲を払った」と、意図的に「侵略」の語を外し、責任の所在を曖昧にしている(15年に及ぶアジア・太平洋戦争を「聖戦」と信じてやまない勢力にとっては、そ

I 直接的暴力に抗う

れすら受け入れられなかった)。

　この日独の落差には、両国の時間的・空間的な客観的条件の違いも関係している。ドイツの場合、1933年から45年までは「ナチスの時代」という明確な歴史区分が存在する。ところが日本については、1945年に至る時代の起点をどこに求めるべきか——真珠湾攻撃により日米戦争が始まった1941年か、柳条湖事件でアジア・太平洋戦争が始まった1931年か、以後ほぼ恒常的に軍隊を国外に駐留させる契機となった日清戦争開戦の1894年か、はたまた明治維新の1868年なのか——判然としない。

　またドイツは戦後、米英仏ソの直接・分割占領下に置かれた。分断国家成立後、東西ドイツは、それぞれの陣営で地歩を占めるのに、過去の清算を行う必要があった。日本は米国による単独・間接占領の下、天皇は実質的に無傷で、中央政府も存続した。加えて周辺諸国は、(軍事)独裁国家がほとんどで、日本が対等なパートナーシップを結ぶ国際環境もなかった。

　しかし、だからと言って、そのような歴史的条件をもって、戦後日本が主体的な外交的努力を怠ってきたことを正当化することはできない。今日、日独の立ち位置は、①第二次大戦で損害を与えた諸国との和解、②地域統合の推進、③覇権国家・米国に対する姿勢、において決定的に異なっている。この三者が相互に密接に関係していることは、言を俟たない。

　よく知られているように、欧州統合の根幹は、独仏和解にあった。1950年5月9日、ロベール・シューマン仏外相は、フランスと西ドイツが石炭・鉄鋼産業を共同管理することをまとめた政府声明で、「欧州は一撃によっても、単純な結集によってもつくることはできない。それはまず、行動の連帯が生み出す具体的な事実を通して生まれるであろう。欧州諸民族の統合は、数世紀に及ぶ独仏対立が解消されることを求めている。この始まった事業は、まず独仏を巻き込む必要がある」と述べた。

　もとよりドイツは、フランスとのみ和解を達成したわけではない。そこには、「過去の克服」と呼ばれる、息の長い取り組みがあったのである。

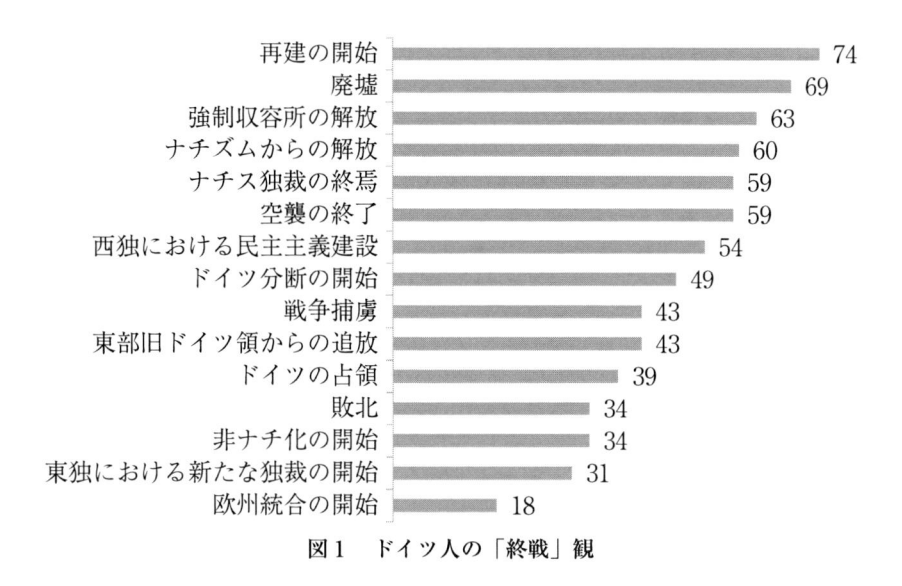

```
再建の開始                   74
廃墟                         69
強制収容所の解放               63
ナチズムからの解放             60
ナチス独裁の終焉               59
空襲の終了                   59
西独における民主主義建設         54
ドイツ分断の開始               49
戦争捕虜                     43
東部旧ドイツ領からの追放         43
ドイツの占領                 39
敗北                         34
非ナチ化の開始               34
東独における新たな独裁の開始     31
欧州統合の開始               18
```

図1　ドイツ人の「終戦」観

3．「過去の克服」の諸相

　戦後60年を機にアレンスバッハ世論研究所が行った世論調査によると、今日のドイツ人はおおむね、第二次大戦の終結を、民主主義否定・人間蔑視のナチスの支配からの解放と積極的に結びつけている（図1）。要するに彼らは、ありとあらゆる悲惨な出来事にもかかわらず、「ドイツが負けてよかった」と考えているのである。

　オーダー＝ナイセ線による国境変更で領土の4分の1を喪失し、米英仏ソによる直接分割占領を経験したドイツ人にとって、1945年は、破局の終点であると同時に、新たな出発の好機でもあった。もとより、戦後のドイツ人が、最初から戦争責任意識を共有していたわけではない。東独では1966年まで、ドイツが降伏した5月8日を、戦勝国ソ連と一体化する意味で「ヒトラー＝ファシズムからの解放の日」として祝っていたのに対し、西独では、敗戦によってすべてを失ったとする「崩壊」観が長らく主流であった。

　ところが、1968年の学生反乱で父親世代の過去に対する糾弾が起こって以

Ⅰ　直接的暴力に抗う

降、西独の政治文化は大きく変化した。そして1985年、「過去に目を閉ざす者は結局のところ現在にも盲目となる」という名言で知られるリヒャルト・フォン・ヴァイツゼッカー大統領の終戦40周年記念演説は、「1945年5月8日がドイツ史の誤った流れの終点であり、ここによりよい未来への希望の芽がかくされていた」と、この日が、ナチズムの暴力支配からのドイツ人が解放された日であることを明確に表明した。

　「過去の克服」の政策以前に重要なのは、過去における自国の過ちを認め、隣国に不信感を与えないように努める政治家の姿勢である。最も有名なのは、1970年12月7日、ドイツ人が多分に民族的な偏見を持っていた時期に、しかも当時共産主義国だったポーランドのワルシャワ・ゲットー記念碑前でひざまずいたヴィリー・ブラント首相であろう（ただし、それをめぐり当時の西独世論は評価が二分していた）。「統一」後も、ローマン・ヘルツォーク大統領は1996年、アウシュヴィッツ強制収容所が1945年に解放された1月27日を「ナチズム犠牲者追悼の日」と制定した。またヨアヒム・ガウク大統領は、2012年3月の就任後、ナチスによる虐殺が行われたチェコのリディツェ村、イタリアのサンタンナ・ディ・スタツェーマ村、フランスのオラドゥール村を、いずれもドイツ元首として戦後初めて公式訪問し、犠牲者を追悼している。

　そのような国家的な意思を示す施設として、「戦争と暴力支配の犠牲者のためのドイツ連邦共和国中央追悼所」（1993年11月開設）、「欧州で殺害されたユダヤ人のための記念碑（ホロコースト警鐘碑）」（2005年5月）、「ナチズムにおいて迫害された同性愛者のための記念碑」（2008年5月）、「ナチズムにおいて殺害された欧州シンティ・ロマのための記念碑」（2012年10月）などが、ナチズム暴力支配の「記憶の場」となっている。

　市民社会の主体的な取り組みも看過できない。ドイツ福音主義教会の常議員、ローター・クライスィヒは1958年、若者たちが旧敵国やイスラエルに赴いて奉仕活動を行う「償いの証」行動を呼びかけた。1987年、ベルリン建都750周年のお祭り騒ぎをよそに、西ベルリンの有志たちは、かつての国家秘密警察（ゲシュタポ）跡地に、ナチの苛烈な暴力支配の実態を示す展示会「テロの地誌学」を挙行した。ケルンのアーチスト、グンター・デムニヒは1992

ドイツのガウク大統領が訪問したチェコのリディツェ村にある子どもたちの碑

年から、虐殺される以前にユダヤ人が住んでいた住居前の歩道に「躓きの石」を埋め込むパフォーマンスを展開している。

　このように官民挙げて、人権抑圧と戦争犯罪の過去に対し、引き続き責任を負おうとする姿勢にこそ、「過去の克服」の本質が示されている。「過去の克服」の具体的政策には、①加害者の処罰、②被害者への補償、③再発防止がある。

　加害者の処罰としてはまず、被告24名のうち12名に死刑、3名に無期懲役を宣告したニュルンベルク国際軍事法廷の存在が挙げられる。当初はドイツでも「勝者の裁き」に対するわだかまりがあった。なるほどニュルンベルクでも東京でも、連合国の戦争犯罪が不問に付された点は、批判を免れない。しかし、罪刑法定主義を掲げて、「平和に対する罪」や「人道に対する罪」を否認しようとしても、国家権力者による国際法上の犯罪の処罰を妨げることにはならないし、そもそも1920年の国際連盟規約、1928年の不戦条約により、戦争違法化の潮流は明らかに存在していた。そして、国際軍事法廷が、初めて政治家・軍人個人の罪を調査・処罰したことを通じて、ナチス犯罪の解明に寄与し、国際法の新地平を開いた意義はやはり計り知れない。

　加害者の処罰は、日本では天皇免責を前提とした極東軍事裁判で終わった

I 直接的暴力に抗う

表2 2012年までに支払われた公的補償 (単位：10億ユーロ)

	2012年の支出	支出累計
連邦補償法（BEG）	282	47,008
連邦返済法（BRüG）	—	2,023
補償年金法（ERG）	—	0,813
ナチ被迫害者補償法（NS-VEntschG）	124	2,052
イスラエル条約	—	1,764
一括条約（対西欧諸国および米国）	—	1,489
その他の給付（人体実験被害者など）	177	5,688
連邦補償法外の州による給付	39	1,798
非ユダヤ系出自の被迫害者への補償（州を除く）	389	4,859
「記憶・責任・未来」財団	—	2,556
合　計	1,011	70,050

　のに対し、ドイツでは、アメリカ占領当局が、医師・法律家・ナチ親衛隊・外交官・産業界・国防軍の関係者を対象に、12件の後継裁判を行った。さらには1958年、ルードヴィヒスブルクに「ナチス犯罪解明のための州司法行政中央本部」が設置され、ドイツ人の罪をドイツ人の手で裁く態勢が整えられた。同本部のクルト・シュリム所長は2013年8月、ホロコースト（ユダヤ人大虐殺）の舞台となったアウシュヴィッツ強制収容所の元看守40人以上が法の裁きを受けないまま生存していることを突き止め、訴追に向け、翌月から資料を検察に提供することを明らかにした。ナチス時代の犯罪の中で謀殺罪は、1965年、69年に時効が延長され、1979年に最終的に時効が停止された。そのため、2013年9月の時点でも、アウシュヴィッツの看守だった93歳の男が、1万人以上の殺人幇助の罪で、シュトゥットガルト検察当局に訴追されている。

　「過去の克服」の第二の柱である被害者への補償の額は、ドイツ連邦財務省の統計によると、2012年末までに累計約700億ユーロ（同年末のレートで

単純計算すると8兆円余）に達している（表2）。金額の大きさもさることながら、「補償」は過去の国家的な過ちに対する反省の意を含んでおり、当局のいわば温情による「援護」とは根本的に性格が異なる点も留意したい。

　紙幅の関係で、補償の各項目について解説する余裕がないが、このうち「記憶・責任・未来」財団は、第三帝国下、強制収容所・民間企業・農場などで強制労働に従事させられた、とりわけ中東欧の被害者を救済するため、ドイツ政府と、フォルクスヴァーゲン、バイエルなど約6500の企業とが折半出資して、2000年8月に設立されたものである。補償活動は2007年6月、166万5000人に総額44億ユーロを支払って終了したが、その後も同財団は、①ナチスによる強制労働の事実を持続的に想起させ、欧州におけるさまざまな歴史像への理解を深める、②民主主義と人権意識を育み、極右に反対する、③ナチズムの犠牲者のための人道的な取り組みを行う、というさまざまなプロジェクトに助成を行っている。

　また、ルクセンブルク条約は、ホロコースト生存者への補償やナチス＝ドイツが強奪した資産の弁済を目的に、1952年9月10日、西ドイツ政府とイスラエルおよびユダヤ人請求権会議（JCC）との間で調印された条約で、その後も補償対象者の拡大や金額増について協議が行われてきた。ドイツ政府は2013年5月、翌年から2017年にかけて、被害者に対し7億7200万ユーロの追加補償を行うことを決定、46カ国約5万6000人（うち3分の1はイスラエル在住）がその対象となった。

　「過去の克服」の第三の柱である再発防止策には、懲罰と教育の両面がある。前者は民衆扇動罪（刑法130条）で、「アウシュヴィッツにガス室はなかった」といった歴史的虚偽の公言やナチス礼賛は、処罰の対象となる。

　後者には青少年交流を初め実に多様な形態がある。なかでも、全国およびすべての州レベルで設置されている政治教育センターが果たす役割は大きい。政治教育は、民主主義の主人公として青少年を育成することを眼目としており、特定の党派的傾向への教化を意味しない。政治教育センターが多様な副教材の発行や講演会・プロジェクトの主催・助成を通じて目指しているのは、政治的判断能力、政治的行為能力、方法的能力の涵養・向上である。

そこに貫かれている精神は、形式主義的な「中立」ではなく、政治教育が「弱者、貧者、虐げられた人びと一人ひとりの利益と必要のための存在だ」とする使命感である。したがって、ナチ時代を称賛して独善的な不寛容をひけらかし、容易に暴力に訴える極右勢力との対決は、政治教育の重要課題である。

　隣国の歴史についてよりよく知り、寛容で開かれた歴史認識を育む意味では、ドイツがフランスおよびポーランドとそれぞれ進めている共通歴史教科書プロジェクトが特筆に値する。独仏、ドイツ・ポーランドの教科書対話は1930年代から試みられていたが、21世紀に入りそれが実現したのは、第二次大戦の破局、冷戦の終焉、欧州統合の進展を背景に、「対話」の価値の重要性が改めて認識されたためである。

4．不倶戴天の敵からパートナーへ

　文豪ゲーテの『ファウスト』に「生粋のドイツ人はフランス人を好きになれない」とあるように、近現代を通じ独仏は、文字どおり不倶戴天の敵の間柄にあった。そもそもドイツ・ナショナリズムが高揚したきっかけは、ナポレオン戦争であった。1807〜08年、哲学者のヨハン・ゴットリープ・フィヒテが、占領下のベルリンで「独立を失った者は、同時に、時代の流れに働きかけ、その内容を自由に決定する能力をも失ってしまっている」と訴えたことはよく知られている（『ドイツ国民に告ぐ』）。

　その後、普仏戦争に勝利したプロイセンが1871年1月18日、ヴェルサイユ宮殿でドイツ帝国の樹立を宣言すれば、報復主義を温めていたフランスは、対独懲罰的なヴェルサイユ条約では飽き足らず、1923年1月、ドイツ最大の工業地帯にして炭鉱地帯であるルール地方を占領した。さらに、電撃戦に勝利したヒトラーは1940年6月、かつてドイツが第一次大戦の降伏文書に調印したコンピエーニュの森で、休戦協定を締結させた。

　このような憎悪の連鎖に終止符を打とうとする試みは、人類史上初の総力戦である第一次大戦の後に顕著に見られた。ベルリンには1925年、無政府主義的平和主義者のエルンスト・フリードリヒが反戦博物館を設け、大戦の凄

惨な場面や生き残った兵士の酷い姿など、数々の写真を展示し、戦争の廃絶を訴えた（『戦争に反対する戦争』龍渓書舎、1988年）。第二次大戦中フリードリヒは、フランスの対独レジスタンス運動に参加、戦後はフランスで平和活動を行った。

同じ1925年、欧州の平和的安定を目指すロカルノ条約が締結

ストラスブールの戦士記念碑

された。独仏の相互不可侵やラインラント非武装などを盛り込んだこの条約の立役者だった、グスタフ・シュトレーゼマン独外相とアリスティード・ブリアン仏外相は、翌年揃ってノーベル平和賞を受賞した。

ライン川左岸のストラスブールでは1936年、中心街の「共和国広場」（ドイツ時代は「皇帝広場」）に戦士記念碑が建てられた（写真）。これは、第一次世界大戦の戦死者を顕彰するのではなく、追悼するための碑である。中央に母なるアルザス／エルザスがいて、片方にはフランスの兵士、もう片方にはドイツの兵士が崩れ落ちている。お互いに憎しみ傷つけ、息絶える間際に手を取り合っている。それは、浅薄なナショナリズムに踊らされて武器をとることの虚しさを後世に伝えている。

第二次大戦後の1963年1月22日、コンラート・アデナウアー西独首相とシャルル・ドゴール仏大統領が署名した独仏友好条約（エリゼー条約）は、両国の和解を揺ぎのないものとして示し、両国民間、特に若者間に真の友好関係を築き、「両国民が目指す統一欧州」の創設を促進した。ドゴールは前年9月9日、ルードヴィヒスブルク城前に集まったドイツの若者たちに、「私はみなさんをお祝いします！　まず若いこと、さらに若いドイツ人、つまり偉大な民族の子どもであることをお祝いします！　そうです！　偉大な民族の…」とドイツ語で語りかけ、大きな反響を呼んでいた。

エリゼー条約締結から半世紀が過ぎた今日、独仏間では政府だけでなく、

Ⅰ　直接的暴力に抗う

学校・幼稚園、姉妹都市、事業所、大学・研究機関同士で活発な交流が進んでいる。実際、独仏友好の緊密さと深さは、国際的に見ても比類のないものと言える。世論調査でも、「フランス好き」は常に「フランス嫌い」を大きく上回り、ドイツの「親友」として「フランス」を挙げる人は最も多い。

　独仏の首脳は、ヘルムート・シュミットとヴァレリー・ジスカールデスタン、ヘルムート・コールとフランソワ・ミッテラン、ゲアハルト・シュレーダーとジャック・シラクというように、お互いに気脈を通じた個人的パートナー関係を築いている。事実、シュミットとジスカールデスタンが1977年7月、アルザスのブレスハイムで私的会談を行って以降、両国の首脳会議は定例化・常設化し（いわゆる「ブレスハイム会合」）、とりわけ欧州政策でのすり合わせが図られている。また、両国の外務省にはそれぞれ独仏協力担当官が置かれ、政治的レベルでの協力を調整している。彼らは、政府間委員会の座長として、通常年２回の独仏閣僚理事会の準備も行っている。

　軍事面では、独仏安保防衛評議会が、欧州に対する共通の責任を負っている。1989年に設立された独仏旅団は、ドイツのミュールハイム（バーデン＝ヴュルテンベルク州）に位置し、2800人のドイツ兵、2300人のフランス兵で構成されている。それは、EU・NATOの枠内での出動に用いられ、欧州共通安保防衛政策の実践に貢献している。

　フランス革命の発端となったパリ民衆蜂起を記念する1994年７月14日、ユーロコール（欧州合同軍）のドイツ兵が、シャンゼリゼ大通りの軍隊パレードに初めて参加した。軍服姿のドイツ兵が出現したのは、ナチス＝ドイツによる占領以来であったが、フランス国内で反発する声はあまりなかった。また独仏旅団では、従来、フランスの部隊がドイツに駐留するのみであったが、2010年12月、ドイツの歩兵大隊がフランスのストラスブール郊外で駐留を開始した。ドイツ軍の部隊がフランスに常駐するのも、第二次大戦以来のことである。

　エリゼー条約が結ばれた1963年、早くも両国の交流機関として「独仏青少年行動」が設立された。その目的は、相互の関心を喚起し、文化間の学習を促すことにあり、発足以来、約800万人の両国青少年が、約30万件の語学習

得・文化交流のための交換プログラムに参加した。「独仏青少年行動」は、スポーツ団体・語学センター・職業訓練所などの交流をコーディネートし、年間20万人、1万1000件の助成を行っている。

　学校教育に目を向けると、数多くのバイリンガルの幼稚園・学校で、相互の言語の習得だけでなく、スポーツや遊戯を通じた相互理解が進められている。1999年、ドイツのザールブリュッケン（ザールラント州）に設立された独仏大学は、パートナー大学180校の連合体で、両国間の大学・研究分野での機動性を促進している。

　また、独仏間には共同の公共放送「アルテ」が存在する。「ドイツ統一」前日の1990年10月2日、フランスと西独11州の間で設立協定が締結され、翌々年5月20日に放送が始まった。アルテの番組は、すべてドイツ語とフランス語で放送され、すぐれて文化的・国際的な特徴をもっている。

　独仏間には、1950年のルードヴィヒスブルクとモンベリアルを皮切りに、ハンブルクとマルセイユ、ミュンヒェンとボルドーなど、2200以上の姉妹都市関係がある。都市以外の行政単位も含め、さまざまな地域レベルで言語・文化交流、生徒交換、職業上の交換が行われている。

　そのような重層的な協力関係の結晶として、独仏共通歴史教科書全3巻がある。もともと共通歴史教科書のアイディアは、2003年1月、ベルリンでの独仏青少年議会に集まった若者から提起された。その後専門家の委員会が立ち上げられ、2006年に第3巻（1945年以降）、2008年に第2巻（ナポレオン戦争から1945年まで）、2011年に第1巻（ナポレオン戦争以前）が発行された。

　最初に刊行された第3巻の序文には、「独仏間では何十年も前から、学校教育を含むあらゆる領域にわたって、それ以前の欧州には類例がないほどの幅広い協力の試みがなされてきた。このような協力は、両国家・両社会間の理解・接近・和解への努力がなければ可能とはならなかったであろう」と共通歴史教科書が生まれた背景が記されている。「本書は、複雑で多面的な世界の中で生きる生徒や教師に役立つことを第一義としている。こうした世界を理解するためには、とりわけ多元的な歴史認識が必要である。昨今のヨー

Ⅰ　直接的暴力に抗う

ロッパ統合計画、ライン川をはさむ両国の教育制度の変革、両国の政府間協力の強化によって、両国の教育課程も接近が図られるようになった」とあるように、教科書対話、そして共通教科書が強調する「多元的な歴史認識」とは、関係国の歴史認識の単純な平準化を意味しないことは銘記しておく必要がある。

　独仏と同様、ドイツと東の隣国ポーランドとの間でも、共通歴史教科書の作成が進んでいる。そこでは、約40年に及ぶ両国間の教科書対話で培われた作業モデルが、重要な役割を果たした。1972年に始まった両国の教科書対話は、4年後、第二次大戦を含む歴史記述に関する26項目の勧告書となって結実した。「ドイツ・ポーランド共同教科書委員会」のこの勧告は当初、西独国内の反共主義者から「民族的マゾヒスト」などと激しい反発も受けたが、10年をかけてすべての州で受け入れられた。

　ドイツ・ポーランド共通歴史教科書は、2006年秋ドイツ外相の提唱を機に、翌々年5月、両国にまたがる「ドイツ・ポーランド歴史教科書」プロジェクト・グループが発足した。同グループは2010年12月1日ワルシャワで、120頁に及ぶ、教科書づくりのための勧告を発表した。そこでは、ドイツ人とポーランド人にユダヤ人を加えた相互関係も目配りされている。ドイツ・ポーランド共通歴史教科書は、2016年6月に第1巻（先史時代から中世まで）が刊行され、その後第2巻（近世）、第3巻（19世紀）、第4巻（20世紀）と続刊される予定である。

　独仏、ドイツ・ポーランドの相互信頼の深化には、1991年8月28日、ドイツのヴァイマルで開かれたドイツ・フランス・ポーランド3国非公式外相会談を機に生まれた「独仏ポーランド協力促進委員会」（いわゆる「ヴァイマルの三角形」）が重要な役割を演じた。これは3カ国による緩やかな審議機関で、対話の深化はもちろん、欧州の発展に3国の共通利益を一致させることにも役立っている。

　「ヴァイマルの三角形」は、当初の3カ国外相による年次会合から発展して、1998年以来首脳会談や他の閣僚会合も積み重ね、経済・文化などさまざまな分野で共同事業を行っている。ポーランド国会で民族保守派の「法と正

義」が第一党だった2005年9月から2007年10月にかけて、ドイツ・ポーランド関係が冷え込んだことはもとより、「ヴァイマルの三角形」の活動も停滞したが、ポーランドの政権交代と、それ以上に2004年5月以来ポーランドがEU加盟国である事実の重みを通じて、偏狭な国益中心主義が幅を利かせる余地は決定的に狭まった。

「ヴァイマルの三角形」は、自前の事務局をもった機関ではなく、エリゼー条約後の独仏協力関係を雛型に、非公式の審議体として発展している。これに呼応して、従来独仏交流に携わっていたさまざまなNGOや財団も、ポーランドを活動の視野に入れるようになった。さらには、3国間の対話を、たとえばイスラエル・アラブの対話促進に活かそうといった取り組みもある。

「ヴァイマルの三角形」が誕生して15年目の2006年以来、欧州における3国協力への功績を記念する「アダム・ミツキェヴィチ賞」が各国関係者に授与されている。2009年の受賞者には、ステファン・エセルの名も見られる。

1917年ベルリンに生まれたエセルは、7歳の頃パリに移住、その後フランス国籍を取得した。第二次大戦中ナチス＝ドイツと戦う自由フランス軍に参加した彼は、1944年7月、ゲシュタポに逮捕され、拷問の上、ヴァイマル近郊のブーヘンヴァルト強制収容所に送られた。彼が辛くも死刑を免れたのは、既に死亡した囚人（その人は死刑宣告を受けていなかった）の身元に変えることに成功したからである。ドイツ敗戦直前、エセルは、ベルゲン＝ベルゼン強制収容所に向かう列車から、逃亡に成功した。

このサスペンス映画さながらの経験をもつ元レジスタンス闘士は、戦後、外交官として世界人権宣言の起草に立ち会った。その後国連やフランス外務省の委託を受けて、脱植民地化や紛争調停に関わったエセルは、移民労働者の人権擁護やパレスチナの自由のためにも力を尽くした。

日本で彼の名を有名にしたのは、2010年に著した『怒れ！憤れ！』（村井章子訳、日経BP社、2011年）である。「金融市場が世界を支配し平和と民主主義を脅かす」現状にあって、エセルは特に若者に向け、「創造は抵抗であり、抵抗は創造である」と、「大量消費、弱者の切り捨て、文化の軽視、快楽、行き過ぎた競争」への誘導に抗うことを訴える。ただしその抵抗は、

I　直接的暴力に抗う

あくまでも非暴力でなければならない。「暴力は希望に背を向ける。だから暴力でなく希望を、非暴力の希望を選ばねばならない」と語るエセルは、ナチズムの暴力支配に抗して守ろうとした自由・平等・正義・人権・民主主義といった価値への確信に満ちている。その価値は、フランス・独仏・欧州のみならず、世界における相互理解と和解の礎と言えるのである。

おわりに

　カリブ海に浮かぶフランス領マルティニーク島出身の作家にして政治家のエメ・セゼールは、『植民地主義論』（平凡社ライブラリー、2004年、原著1955年）において、欧州人が「ヒトラーを罵倒するのは筋が通らない。結局のところ、彼が許さないのは、ヒトラーの犯した罪自体、つまり人間に対する罪、人間に対する辱めそれ自体ではなく、……植民地主義的やり方をヨーロッパに適用したことなのだ」と喝破した。

　実は、ヒトラーを総統に仰いだナチス＝ドイツの代名詞というべき「強制収容所」や「絶滅（戦争）」は、彼らが考案した概念ではない。それらは、1884年以来ドイツ領南西アフリカで搾取され飢餓に追いやられたヘレロ人・ナマ人が、1904年と08年に蜂起したことに対し、1900年義和団戦争で第一東アジア歩兵旅団長だったローター・フォン・トロタが、南西アフリカ植民地軍司令官として徹底的な弾圧政策を展開した中で編み出されたものなのである。1990年3月に独立したナミビアに「特別の歴史的責任」を負うドイツは、対外経済協力相が2004年8月、かつての植民地支配と虐殺への謝罪を行った。

　これは、ドイツが第二次大戦の敗者ゆえに実現したわけではない。支配者が被支配者に構造的暴力を行使し、そのアイデンティティや世界観を破壊する植民地主義的・帝国主義的な「力こそ正義」の原理は、大きな歴史の流れの中で、紆余曲折を孕みながらも否定されているのである。

　フランスでは1990年7月、ホロコースト否定論を禁止するゲソ法が制定される一方、かつての奴隷制と奴隷貿易を人道に対する罪と規定するトビラ法（2001年5月）を経て、2006年1月30日の大統領演説により、5月30日が「奴

隷制・奴隷売買廃止記念日」と定められた。イギリスでは2006年11月に首相が、かつての奴隷制に対する「深い悲しみ」を表明、翌年３月には官邸で「奴隷貿易禁止法制定200周年」を記念する行事を催した。

　国連総会は、第二次大戦終結60周年を控えた2004年11月22日、５月８日と９日を、アジアでの戦争を含め第二次世界大戦終結の「記憶と和解の日」と宣言した。いうまでもなく国連は、第二次大戦の連合国が、「二度まで言語に絶する悲哀を人類に与えた戦争の惨害から将来の世代を救」（国連憲章）うために創設した。すなわち、ファシズム・軍国主義の否定こそ、今日の国際社会における和解、国際的・地域的協力、民主的価値・人権・基本的自由を促す大前提なのである。

【注】
(1) ちなみに、ドイツの常任理事国入りは、既に常任理事国の構成がヨーロッパ偏重であること、また欧州連合（EU）の枠組の中で共通外交・安保政策が追求されていることを考慮すると、屋上屋を架す行動に思われる。
(2) ポーランドにおけるナショナリスト台頭の背景には、ドイツの「被追放民連盟」が、ベルリンに「反追放センター」を建設する意向を貫いたことも与っている。

【参考文献】
粟屋憲太郎他『戦争責任・戦後責任―日本とドイツはどう違うか』朝日新聞社、1994年
石田勇治『過去の克服―ヒトラー後のドイツ』白水社、2002年
近藤孝弘『ドイツの政治教育―成熟した民主社会への課題』岩波書店、2005年
ペーター・ガイス／ギヨーム・ル・カントレック監修（福井憲彦・近藤孝弘監訳）『ドイツ・フランス共通歴史教科書　現代史』明石書店、2008年
佐藤健生／ノルベルト・フライ『過ぎ去らぬ過去との取り組み―日本とドイツ』岩波書店、2011年

（木戸衛一）

大阪砲兵工廠跡―加害と被害の歴史を伝える―

　大阪城ホールや大阪城公園、大阪ビジネスパークなどがある大阪城東側一帯に日本陸軍の軍需工場・大阪砲兵工廠があった。工員は、太平洋戦争末期、男性女性の一般工員だけでなく、女子挺身隊や学徒、さらには朝鮮半島からの徴用工員（中には強制連行されてきた人もいたと考えられている）で、総数は６万4000人と驚くほどの人数だった。

　大阪砲兵工廠は、市民にとって秘密の工場であった。工場は城東線（現 JR 環状線）の京橋駅から森ノ宮駅までの区間の両側にあったが、この区間は黒い塀でかこまれ、目隠し同然の姿で鉄道が通っていた。工場は秘密のベールに包まれていた。

　工場の歴史は古く、明治時代に遡る。明治政府が富国強兵をスローガンに、軍事力の拡大に力を注ぎ、陸軍創設とともに大阪砲兵工廠は1870（明治３）年に開設した。その後の日清戦争、日露戦争、日中戦争、太平洋戦争と続く戦争中、工場は稼働し、兵器はアジア諸国への侵略に使用された。大阪は商業の町とか工業の町とか言われるが、「軍都」であったと言ってもおかしくはない。

　東洋一の軍需工場・大阪砲兵工廠は、終戦の前日、1945年８月14日、米軍の空爆を受けて壊滅。75年の歴史が終わり、翌日には終戦となった。

　大阪砲兵工廠の象徴である本館は全壊をまぬがれた。終戦から35年が経った1981年５月、本館の保存を求める多くの市民の声を押し切って、大阪市当局が抜き打ち的に取り壊した。加害の史実を後世に伝える工場建物は、大阪城京橋口付近にある化学分析場跡だけとなってしまった（写真）。新兵器の開発や研究、化学実験が行われていた。

　終戦前日の空襲で、隣接する国鉄京橋駅に爆弾が落ち、大惨事となった。朝から米軍の B29 が来襲を繰り返し、城東線（現 JR 環状線）の電車の運転停止が繰り返された。空爆の直前、京橋駅ホームには上り下りの電車が止まっていて、いずれも４両編成で客は満員状態であった。そこを１トン爆弾が直撃した。四発が命中し、そのうちあの一発が線路を突き抜けて炸裂した。停車中の電車が破壊され、線路が飴の

ように曲がり、壁が崩れ、乗客がその下敷きになり、あるいは吹っ飛んだ。駅は石垣を積んだ上に築かれていて、直撃弾で石垣が崩れ、石の下敷きになって絶命した人も多くいた。体験者の話によると、石の下から「助けて」と虫の息で助けを求めていたという。さらには、爆風で大きな肉のかたまりが吹っ飛んできて、石垣に貼りつき、血潮が流れていた。犠牲者は、この一帯だけでも200人以上だった。

大阪砲兵工廠・化学分析場跡

京橋駅爆撃被災者慰霊碑

　天皇の玉音放送で太平洋戦争が終結した。国体護持にこだわり、戦争指導者のポツダム宣言受諾の決定の遅延が、京橋駅悲劇をもたらしたのだ。終戦がもう一日早ければ、失わなくてもいい命だった。

　1947年8月14日、市民の私費で京橋駅爆撃被災者慰霊碑が国鉄京橋駅南口に建立された。1955年から毎年8月14日には、遺族の方々やJR、近隣自治体などにより慰霊祭が行われ、参列者は100人以上にのぼる。慰霊祭の日に限らず、慰霊碑には新しい花が供えられ、近くの人々によって慰霊碑が守られている。また慰霊碑の前で母親が娘に説明している姿があった。京橋の悲劇が語り継がれているのだろう。

　戦後72年経った時点でも、国は空襲被害者に何らの補償も謝罪も行っていない。被害者は立法運動を続けている。

　　　　　　　　　　　　文箭祥人（全国空襲被害者連絡協議会）

Ⅱ
構造的暴力の洞察

第Ⅱ部の各論に進んでもらう前に、共通のテーマである構造的暴力の基本的性質を、平和研究の流れ［①暴力の発見（認識）、②暴力の分析（原因究明）、③暴力の除去から平和の構築へ］に沿って検討しておこう。

　普通暴力と言えば、暴力をふるう者が目に見えて存在するわけだが、構造的暴力ではそれを発見できない。なぜならば、暴力をふるっているものは、人間ではなく、例えば原子力ムラのような、容易に想像することのできない、それもしばしば巨大な構造を成しているからである。したがって、ハンセン病の例のように、人間らしい生存を妨げている原因の緻密な分析を経て、やっと暴力であることが発見されるのである。

　構造的暴力は、構造（システム）によってもたらされる。誰かが悪意をもって、その構造を操っているわけではない。例えば産業廃棄物処理場周辺の環境破壊は、我々が享受している大量消費社会がもたらしているのであるから、普通に生活している我々も皆加害者である。その解決には、大量消費社会というシステムの転換が必要なのである。格差・貧困を生み出す新自由主義というイデオロギーも、グローバル化した経済社会システムの運動様式の表象に過ぎず、新自由主義者をやっつければ格差・貧困が解決すると考えてはいけない。

　そもそも平和学では、敵を作り出して、それを殲滅すれば解決という方法を取らない。とりわけ構造的暴力の廃絶は、システムの転換によってのみ成し得るのであるから、それは被害者にも加害者にも共有されるべき課題なのである。人間は課題を共有する能力を持っている。課題の共有のためには、暴力の構造についての徹底した科学的分析が求められる。そして、安易に多数決を振り回してはならない。対立を残したままの多数決は、必ず弱者の排除、新たな暴力を生み出してしまう。

　今日人間は、国境を越え地球規模に巨大化した社会経済システムに束縛されて生活せざるを得ない。それによってもたらされる暴力の廃絶は、まさに現代の課題なのである。　　　　　　　　（長野八久）

平和を脅かす
格差・貧困社会化

【キーワード】
平和的生存権　　福祉国家　　文化的その日暮らし・ひとり暮らし
新自由主義　　グローバル競争国家

1．はじめに——平和的生存権の思想

　現代に生きる者、特に日本人が平和を追求するときに欠かせないのは、日本国憲法の前文にある次の一文である。「われらは、全世界の国民が、ひとしく恐怖と欠乏から免かれ、平和のうちに生存する権利を有することを確認する」。ここで謳われた権利とは、一般に平和的生存権と呼ばれるものである。憲法前文のこの平和的生存権は、やや細かくみると、全世界のすべての人々が、①恐怖から解放されること、②欠乏から解放されること、これによって、③平和のうちに生存する権利が保障される、という三点の内容を含むことがわかる。
　ここでまず注目しておかなければならない点は、「恐怖からの解放」と「欠乏からの解放」の二つが「平和のうちに生存する権利」の前提条件ないし要件とされていることである。「恐怖からの解放（freedom from fear）」と「欠乏からの解放（freedom from want）」という言葉自体は、1941年、当時のアメリカの大統領ルーズベルトが議会にあてた年頭教書で主張した「4つの自由」に遡り、また同年の英米間大西洋憲章第6項に盛り込まれたものであるが、その意味は、「恐怖からの解放」は侵略戦争の廃絶、「欠乏からの解放」は経済的貧困の解消をさしていた（ちなみにルーズベルトの残り二つの自由

とは「言論の自由」「信仰の自由」である)。

　世界大戦突入前後において、「恐怖」と「欠乏」の二つからの解放が特別に強調されたのは、言うまでもなく、1930年代が「恐慌と戦争の時代」だったからである。日本に引き寄せていうと、大戦前夜の30年代は天皇制ファシズム、軍国主義、対中侵略戦争、警察国家が本格的に進行・台頭する時期、また不況、貧困、窮乏、飢餓が蔓延した時期であった。このような歴史的背景を考慮していえば、「恐怖から解放(自由)」とはファシズム、軍国主義、独裁的専制、恐怖政治等から解放された平和国家を、「欠乏からの解放(自由)」とは貧困、剥奪、飢餓、失業、病苦等から解放された福祉国家を志向したものであった、といってよい。

　憲法前文に謳われた平和的生存権が、戦後世界に平和国家と福祉国家をさし示すものであったとすれば、憲法本文では、特に戦争の放棄、戦力の不保持・交戦権の否認を明記した第9条、および、国民の生存権を保障した第25条が、それぞれ平和国家と福祉国家を担うものとしてもっとも注目されなければならない。端的にいって、「憲法9条プラス25条」の平和・福祉国家が平和的生存権を保障する関係になるわけである。

　問題なのは、一方での平和と他方での福祉はどのような関係にあるか、裏返していうと、戦争と貧困とはいかなる関係にあるか、ということである。もっとも、ごく常識的にいえば、平和と福祉の関係はいまさら改めて検討しなければならないほどの重大事ではないように見える。なぜなら、平和的環境は福祉の前提であり、逆に、福祉に欠ける所には争いが絶えないという関係、つまり両者の相互依存関係はおよそ自明のことだからである。平和と福祉の相互依存・前提関係が自明のことであれば、両者の関係などはこと改めて考えてみなければならないほどのことではあるまい。

　だが、素直な目で現代の世界・日本を見つめると、一方での平和を破壊する戦争・暴力・恐怖と、他方での福祉とは正反対の貧困・格差・欠乏とが、同時にはびこり、深刻化するという現実にぶつかる。21世紀を迎えた世界は今なお戦争から解放されておらず、貧困からも自由にはなっていない。それどころか、現代日本では、憲法第9条をめぐる改憲の動きはかつてなく強ま

り、この15年ばかりのあいだに、格差・貧困社会化はさらに深刻化しつつある。そこで本稿では、平和と福祉、戦争と貧困の相互関係を、21世紀の世界・日本の現実に注目しつつ、あらためて考えてみることにしたい[(1)]。

2．貧困・戦争と福祉・平和の相互関係

「大砲かバターか」に含まれる三つの意味

「戦争・貧困の世界」と「平和・福祉の世界」の関係をズバリと語った言葉に、古来、「大砲かバターか」の俚諺がある。大砲（軍事・武力）を優先するのか、それともバター（生活・福祉）を優先するのか、そのどちらに政治的・財政的選択を振り向けるかを問うた言葉である。この「軍事優先か、福祉優先か」の選択は、21世紀に入った世界各国においても、なお重要な意味をもつ。このことは指摘するまでもあるまい。

問題なのは、「大砲かバターか」の選択肢には、三つの意味が含まれているということである。

第一は、「大砲」と「バター」とが対立関係にある、ということである。軍事と福祉のこの対立関係は、詳しく説明するまでもないことだろう。たとえば、軍事予算が増加すれば、逆に福祉予算が削られるという対立関係は、古今東西、どこにも見られたことである。

第二は、大砲とバターの対立関係のなかから、大砲を抑え込み、圧縮し、局限化すれば、その力でバターを増やし、膨らませ、豊かにできる、ということである。大砲（軍事）をギリギリまで削減する力を憲法第9条の平和条項に求めるとすれば、この関係は、9条の力で25条のバター（福祉）を豊かにする方向とみなすことができる。つまり、「9条の力で25条を生かす関係」である。

これはただし、逆の関係も同時に成立することを意味する。すなわち、9条の力が弱くなると25条の力も衰弱していく関係、平和の力が危うくなると福祉も衰退する関係が生まれる。いわば「平和と貧困の反比例関係」が成立するわけである。反比例というのは、平和状態が向上すると貧困状態が改善され、逆に、平和水準が低下すると貧困が更に悪化するからである。

Ⅱ　構造的暴力の洞察

　第三は、同じ大砲とバターの対立関係のなかから、「25条の力で９条を生かす関係」が生まれる、ということである。ここで25条の力とは、生存権の保障によって貧困を一掃する力のことである。憲法第25条は、「すべて国民は、健康で文化的な最低限度の生活を営む権利を有する」と高らかに宣言し、生存権の保障によって貧困・窮乏を撲滅することを誓約した。この25条の力が高まると、同時に９条の平和主義の力も生きてくる関係、これが「25条の力で９条を生かす関係」の意味である。

　もちろん、ここでも逆の関係、つまり25条と９条の間の負の連動関係が考えられる。負の連動とは、25条の力が弱くなると、９条の力も弱まるという関係のことである。25条の力が弱くなることは、貧困がのさばることにほかならない。したがって、これは貧困が平和を破壊し、暴力を呼び起こす関係、へたをすると紛争・戦争に行き着きかねない関係とみることができる。

　このような「大砲かバターか」の三つの意味のなかで、ここで特にとりあげなければならない問題は、第三番目の「貧困→暴力・戦争」関係である。先に使った言葉でいうと、これは「平和と貧困の反比例関係」を貧困の側からみたときの表現でもある。憲法前文の言葉を使っていえば、「欠乏→恐怖」の関係のことである。「貧困→暴力・戦争」の関係が作動し始めると、戦前の「欠乏→恐怖」の関係が再来し、現代風の言い方をすれば、「貧困大国化→軍事大国化」のモメントが働いて「格差・貧困社会化→戦争国家化」の時勢が生まれる。

　もちろん、「欠乏→恐怖」の関係は一直線の短絡的なものではなく、「貧困→暴力・戦争」のルートも一筋縄のものではない。貧困・欠乏と暴力・戦争の関係には多様な回路がある。たとえば、貧困が蔓延化した社会では、とかく喧嘩、争い、紛糾、暴力、窃盗、略奪等が多く発生する。貧困のうえに格差が拡大すれば、そうした紛争や衝突、犯罪もそれだけ多くなる。国家レベルでみても、貧困がのさばる社会では、近隣窮乏化政策や植民地獲得競争、侵略戦争等の火種がおこりやすい。ただ、ここは、「貧困→暴力・戦争」の多様なルートのすべてを一つひとつ検討する場ではない。

　いまここで関心を集中しなければならないことは、市民社会次元での格

差・貧困社会化と、国家次元での戦争国家化ないし軍事大国化との相互関係である。それも、ここでは、「格差・貧困社会化→戦争国家化」の趨勢が、大筋においてどのような回路を通じて生まれるのかという一点に絞って考えてみることにしよう。

格差・貧困社会化が呼び起こす軍事国家化の趨勢

　まず格差・貧困社会化のなかで、どのような気運が生まれるか、比較的わかりやすい事例をとりあげて考えてみよう。世間には「貧乏暇なし」の言葉がある。暇なしとは、断るまでもなく、時間に追われること、生活にせかされて忙しい、気ぜわしいといったことである。そこで「忙しい」の漢字に目を向けてみる。この字は「心（立心偏）」に「亡」を付けたもの、つまり「心が亡びる」と書いたものである。実にうまくできた漢字で、端的に「忙しいとは心が亡びること」を表している。心が亡びるとは、心に隙間や穴があいて、空洞化していく様のことだと理解すればよい。とすれば、「貧乏暇なし」とは「貧乏は心を亡ぼす」「貧乏は心を空洞化する」ことを語ったものと解釈することができる。

　では、貧乏が亡ぼす心とは、いったい何を意味するか。これをここでは、さしあたり、社会に向かう心としておくことにしよう。なぜなら、貧乏な生活にせかされて忙しい日々を送る者にとって、何よりの関心は目の前にある課題に向けられ、それも自分の貧しい生活に直接かかわる身近な事柄、身辺些事、私事に集中せざるをえないからである。貧乏暇なしの生活が奪い取る心とは、その意味で、社会に向かい、広がる関心のことである。

　このことは、貧困のなかでも最たる貧困、「３つの間抜け」を取り出してみれば、よりわかりやすくなる。「３つの間抜け」とは、「時間・空間・人間」の「３つの間」が貧しくなり、抜け落ちることを表した言葉である。まず「時間」の間が抜けるとは、先述の忙しいこと、ゆとりをもった自由な時間が欠落することである。次に「空間」の間が抜けるとは、住宅を始め居住空間が貧しくなること、さらに生活空間の自然的・社会的環境が悪化することである。最後の「人間」の間が抜けるとは、人と人の関係が希薄化し、社会的紐

帯が欠落することである。したがって、「3つの間抜け」とは、「時間・空間・仲間」の「3つの間抜け」を表す、とも言いかえられる。

　この「3つの間抜け」が大衆的現象として呼び起こすことは何か。それは、まず「精神的・文化的その日暮らし」である。なぜなら、「時間」の間が抜けることとは、忙しくて目の前のことしか考えられず、日々の生活がその日暮らしになってしまうことを意味するからである。目先のことしか考えられない生活は「精神的・文化的なその日暮らし」と呼ぶほかはあるまい。次に、「3つの間抜け」は「精神的・文化的ひとり暮らし」を引き起こす。というのは、「空間」の間が抜けることによる自然的・社会的空間の貧しさ、「仲間」の間が抜けることによる人間関係の希薄化は、大衆的規模で「精神的・文化的ひとり暮らし」を呼び起こさずにはおかないからである。

　その日暮らしの生活から欠落するのは歴史的関心である。その日暮らしとは、「ただ今・現在」を生きることであり、そこでは、過去・現在・未来の時間軸にそって「現在」をとらえる歴史的関心は脱落しがちとなる。それに続いて、ひとり暮らしの生活から欠落するのは社会的関心である。ひとり暮らしが自然的・社会的空間において広がると、各人のアトム化、孤立・孤独化、無縁化が進み、大衆的規模で社会的関心の希薄化が進む。そこで、「精神的・文化的なその日暮らしプラスひとり暮らし」のもとでは、一言でいって「歴史的・社会的関心の欠乏」が深まることになるのである。先に、貧乏は社会に向かう心を亡ぼすと指摘したが、それはこの「歴史的・社会的関心の欠乏」のことを先取りして述べたものにほかならない。

　貧困が「歴史的・社会的関心の欠乏」を呼び起こすとすれば、「貧困→暴力・戦争」のルートを媒介するのは、まさにこの意味での「欠乏」ということになるだろう。ただし、市民社会のなかの大衆的な「歴史的・社会的関心の欠如」が、ただちに暴力や戦争を呼び起こすというわけではない。「歴史的・社会的関心の欠如」それ自体が呼び起こすことは、さしあたり、貧困社会における貧困層の受動市民化である。歴史・社会に関心を持たない人々は、世の中の動きに対して受け身に立たざるをえない。貧困が広がれば、この受動市民化は大衆化する。なぜなら、歴史的・社会的関心が希薄化し、広汎な

人々の間で政治にたいする関心・関与が弱くなっていき、いわゆる脱政治化が進むと、大衆的規模での受動市民化が進行するからである。

　受動化した大量の市民によって構成される市民社会は、戦争国家に向けて動員されやすい貧困社会、上からの軍事的動員に巻き込まれやすい社会である。受動市民化した大衆は自ら進んで積極的に戦争を待望するというものではないが、政治・社会の動向にたいする受動性のゆえに、権力を握る側の操作や煽動に身を委ねる傾向に陥る。社会の大勢にたいして受動市民のとる選択は、適応ないし追随の道でしかない。「格差・貧困社会化→歴史的・社会的関心の欠如」の関係は、このような権力的な操作・煽動・動員に脆い市民社会の構造をまず作りだすのである。ことに日本のように伝統的に大勢追随・順応主義の強い社会では、その危険性が強いといわなければならない。(4)

　いま注意しなければならないことは、それと同時に、今度は、権力側の「歴史的・社会的関心の欠如→戦争国家化」に向けた意識的働きかけが進行することである。戦前の日本やドイツにおける領土拡張、植民地獲得に向けた国民の動員はその典型例であった。戦後アメリカのベトナム侵略戦争、イラク戦争もその例であるといってよい。社会内の貧困の深化・拡大は、大衆的規模での歴史的・社会的関心の欠如を媒介にして、戦争国家化に向けた政治的趨勢を呼び起こすのである。ここに、「欠乏→恐怖」の関係、つまり「格差・貧困社会化→歴史的・社会的関心の欠如→戦争国家化」の関係が生まれるとみなければならない。

　ただし、これまでに述べてきたことは、「欠乏→恐怖」の一般的関係、それも大筋をみたものにすぎない。現代の貧困と平和の関係をとらえるためには、より現実的な21世紀の貧困と軍事の関係に目を移して検討することが必要である。

3．新自由主義のもとでの貧困大国化と軍事大国化

富裕国家・貧困大国・軍事大国の三面相を持つアメリカ

　世界の現在において、軍事大国でもあり貧困大国でもある国は、どこか。

Ⅱ　構造的暴力の洞察

　言うまでもなく、その代表はアメリカ合衆国である。アメリカは、世界で最も豊かな国ではあるが、同時に貧困大国でもある。世界最大の富裕国家であると同時に貧困大国でもあるという謎——それを解く鍵は、アメリカが社会内に不平等を拡大し、いわば格差大国化の道を歩んできたことに求められる。富裕化のスピード以上の速さで社会内の格差が拡大していけば、富裕国家が同時に貧困大国にもなるのである。富裕国家が同時に貧困大国になるのは、富裕対貧困の対立・格差が拡大するときである(5)。

　では、アメリカが富裕国家、軍事大国、貧困大国の３つの顔を持つようになったのは、なぜか。この問いにここで全面的に答えることは到底できないし、またその必要もない。貧困・福祉・平和・軍事・暴力の相互関係を問う本稿の課題にそくしていうと、３つの顔を持つようになった理由のなかで、さしあたり重要な点は二つ指摘できる。

　第一は、アメリカの憲法には、日本の憲法の第９条（平和条項）と第25条（生存権保障条項）が欠如している、ということである。日本では、軍事大国化への歯止めとして憲法第９条が、また貧困大国化への歯止めとして第25条が、決定的な意義を有する。だが、この二つの条項を持たない国アメリカは、なんらかの理由で、ひとたび貧困＝軍事大国化の道に入りこんでしまうと、簡単には後戻りができなくなる。これが第一の理由である。

　第二は、３つの顔を同時に生み出す路線をアメリカの歴代政権が選択してきたことである。富裕国家、貧困大国、軍事大国の三面相を持つ国にアメリカを向かわせた路線とは、何か。一言でいえば、それは新自由主義である。とはいっても、もちろん、３つの顔それぞれの生みの親のすべてを新自由主義に求めることはできないし、いささかこじつけとなる。富裕国家化にはICT（情報通信技術）を始めとする各種の技術革新が貢献したし、軍事大国化にはテロ対策やイラク・アフガン戦争等の政治的要因が働いた。３つの顔を作りだしたアメリカ固有の歴史的事情も無視できない。たとえば、貧困大国化の背景には、アメリカに特徴的な人種問題や移民問題が存在した。

　この点を押さえたうえで、なお３つの顔が生まれた主たる理由を新自由主義に求めるのは、新自由主義こそが富裕国家、貧困大国、軍事大国の三面相

を同時に呼び起こす力を発揮したからである。三面相の国家をあたかも三つ子のように同時に生みおとしたのは、新自由主義にほかならなかった。

　ただ、新自由主義が「富裕＝貧困＝軍事大国」の三つ子の親になるからくりは、いささか複雑であり、ここでその詳細を説明することはできない。要点のみを指摘しておくとすれば、そのからくりは、①新自由主義が格差・貧困社会化を進めざるをえないこと、②新自由主義が社会にたいする権力的・軍事的介入を随伴すること、この二つから把握することができる。

グローバル化を背景にした新自由主義起点の格差・貧困社会化

　まず、新自由主義とは、世間一般では、しばしば市場原理主義と呼ばれるイデオロギーである。つまり、新自由主義は資源配分や所得分配等の一切合切を市場競争に委ねて決着をはかろうとする。市場における自由競争を至上の原理に奉る新自由主義は、そこで、競争万能主義（または競争至上主義）とも呼ばれる。この世は万事競争次第、市場の自由競争が万事を決する――これが新自由主義のテーゼである。

　競争は、市場の世界であれスポーツの世界であれ、一般に、優勝劣敗の結果を呼びおこすから、強者と弱者、勝者と敗者のあいだの格差を生みだす。したがって、ここでまず「新自由主義→格差社会化」の関係が生まれる。だが、この自由市場が呼び起こす格差社会化は新自由主義の限られた一面を物語るものでしかない。というのは、新自由主義の依拠する市場原理は、単に自由競争を推進するのみならず、労働力を商品化し、労働力の売買にもとづく労資関係、つまり資本主義的搾取関係を生みだすからである。

　市場原理に立脚する資本主義は、市場一般からは生まれない資本主義固有の格差を呼び起こす。それは労資間の階級的格差である。この階級的格差は、市場が単純な自由競争を通じて生みだす格差・不平等とは異質なものである。市場は等価交換を原則にしているから、そこで生まれる格差は所与の価値の配分に根ざす不平等に起因するものであるが、労資間の階級的格差は、労働が生み出す新たな価値の資本による搾取に根ざした格差である。市場原理それ自体は、なんら新たな価値を生み出すものではない。したがって、市

場が引き起こす格差は一定の価値に対する分配上の格差となる。だが、労資間の格差は、労働が新しく創造する価値に対する分配上の格差であり、資本の分け前が多くなる分だけ、労働の取り分は少なくなり、両者間の格差が広がれば、働く側は貧困化する。労働者は「働けど働けど、なほ我が暮らし楽にならざり、じっと手を見る」（石川啄木）の憂き目を見ることになるわけである。働く者のこの貧困は、労資間の階級的格差の帰結であり、資本主義に固有の産物である(6)。

　こうして資本主義は、①市場の自由競争に根ざす格差社会化、②労資間の搾取にもとづく階級的格差・貧困社会化、の二つを呼び起こす。新自由主義が推進しようとするのは、他ならぬこの二重の意味での格差・貧困社会化である。というのは、新自由主義は市場原理主義の名のとおり、まず市場一般における自由競争の徹底によって「市場に根ざす格差社会化」を推し進め、続いて、労資関係が成立する労働市場に市場原理を適用し、「階級関係に根ざす格差・貧困社会化」を推し進めるものだからである。

　新自由主義という場合の「自由主義」とは、市民社会に対する国家の規制・介入を解除し、市場社会を可能な限り自由化することを意味する。自由市場を国家から解放することである。これに対して新自由主義の「新」は、過去の古い国家的規制ではなく、新しい現代的な国家規制・介入を取り除き、市場をできるだけ自由化しようとすることを表したものである。新たな国家規制・介入のうち、新自由主義がもっとも目の敵にするのは、言うまでもなく福祉国家型の規制・介入である。福祉国家型規制・介入の代表は、労働市場に対する規制、たとえば労働時間の制限、雇用規制、最低賃金、労働安全・衛生規制等である。このような労働市場に対する国家的規制を取り払い、そこに自由競争の市場原理を適用すれば、労資の階級関係に根ざす階級的格差・貧困社会化に拍車がかかることはおよそ自明だろう。

　現代の新自由主義に特徴的なことは、20世紀後半期から本格化する経済のグローバル化を新たな条件・背景として、「市場に根ざす格差社会化」および「階級関係に根ざす格差・貧困社会化」を世界的スケールに広げ、深化したことである。1990年代に本格化した経済のグローバル化は、①世界中を自由市場の

ネットワークのもとに包摂すること、②少数の多国籍企業が世界市場に君臨すること、③多国籍企業のグローバルな競争手段としてICTを始めとする技術革新が急速に進んだこと、これら三点を内容にしたものであった。[7]

　このようなグローバル化を背景にした新自由主義の台頭がアメリカの三面相国家を呼び起こしたのである。すなわちまず第一に、グローバル市場におけるアメリカ系多国籍企業が優位を占める限り、アメリカは全体として世界トップの富裕国家に向かう。だが同時に第二に、国内にあってはグローバルな市場化に根ざす格差社会化と階級関係に根ざす格差・貧困社会化の進展の結果、貧困大国化の傾向もまた強まらざるをえない。そして第三に、アメリカが経済のグローバル化の先頭に立つ限り、グローバル市場の秩序維持のための政治力および軍事力の強化、つまり軍事大国化の道に向かわざるをえない。

　ただし、この第三点目の軍事大国化の道は、新自由主義が市場社会にたいする権力的・軍事的介入を誘発する点にかかわる論点である。したがって、ここでは現代の新自由主義が格差・貧困社会化を推し進め、アメリカでは、富裕国家であると同時に貧困大国でもある国家を作りだした、という点を確かめておいて、軍事大国化の方は、格差・貧困社会化に対する国家の側の反作用の過程で進行するということを、いま少し立ち入って見ておかなければならない。

新自由主義のもとでの軍事＝戦争国家化

　新自由主義の論理と軍事国家の論理とは、一見すると矛盾するようにみえる。市場原理の徹底を第一にした新自由主義は、市場を貫く自由契約の論理を社会全体に適用しようとするが、軍事国家は権力・暴力・強制によって社会の秩序を図ろうするものである。前者は自由意思、合意、非暴力・平和、双方向的関係の世界であるが、後者は強制、統制、暴力、一方的関係の世界に属する。その意味で、新自由主義のロジックと軍事国家のそれは、対照的なまでに異質なものであり、両者は互いに矛盾する。

　だが、いまここで注意しなければならないのは、この矛盾は形式的なものにすぎない、ということである。この形式的な矛盾は、新自由主義が、他な

Ⅱ　構造的暴力の洞察

らぬ市場原理の敵対者に直面した瞬間に、突破される。市場原理にそむき、抵抗し、刃向かう原理とは、言うまでもなく、市場の外からやってくるものである。この市場の外に立つ原理が新自由主義の前に立ちふさがったとき、これを突破するには、新自由主義自身が市場の外にある力に頼らざるをえなくなる。では、市場外の力で、新自由主義がもっとも頼りにできるのはなにか。それは、国家権力にほかならない。国家権力が持つ最高の強制力、統制力、暴力、パワーを使って新自由主義が市場原理の貫徹をはかろうとするとき、先の形式的矛盾は突破されることになるわけである。[8]

　とはいえ、ここであらためて考えてみなければならないことは、そもそも市場原理の敵対者とは何か、ということである。実は、市場原理の最大・最強の敵対者は、他でもない、国家（権力）なのである。現代のグローバル市場に引き寄せていえば、グローバルな市場原理に対抗し、敵対する主要な力は、国際的には各国の国家主権、国内的には人権であるといってよい。たとえば、自由貿易や資本の自由化を阻むものは各国民国家の主権であり、資本主義的市場原理の徹底の前に立ちふさがるのは生存権や労働権、環境権等の人権であった。第二次大戦後の世界では、国際的には独立した民族国家（Nation）の国家主権（Sovereignty）が、国内的には福祉国家（Welfare State）が、市場原理の貫徹を妨害したのである。

　そうすると、新自由主義にとってはいかにも奇妙な事態があらわれる。それは、市場原理にとって最大の敵対者は国家であるが、同時に、市場原理を貫徹するための最強の武器も国家である、という事態である。この場面に遭遇した新自由主義が選び取る道は、一つに絞られる。それは、国家を新自由主義のヘゲモニーのもとにおいて、権力の構造を改造すること、つまり平和国家を軍事国家に、福祉国家を競争国家に作りかえることである。

　ここから対外的には戦争国家化の道がまず切り開かれる。これは、力づくで各国をグローバル市場に包摂することである。グローバル市場に組み入れられるのに抵抗し、反逆する国々には、政治力、軍事力　政治的・軍事的パワーが行使されるだろう。グローバル市場に反逆する国は、市場原理に根ざす自由民主主義に背く国家であり、アメリカからみれば「ならず者国家」「悪

の枢軸」にほかならない。ドルの流通を制限し、資本の自由化を拒否したイラクの政権が武力をもって打倒されたのは、このためにほかならない。

こうして新自由主義が対外的には平和国家の戦争国家化を誘発するとすれば、今ひとつ、各国国内では、先に一言しておいたように、福祉国家の競争国家への転換が進められる。

そこで、ここでは最後に、競争国家と格差・貧困社会との関係を検討して本論の締めくくりとしよう。

4．おわりに―グローバル競争国家化のもとでの格差・貧困社会化

1990年代、経済のグローバル化が新たな局面を迎えたとき、「大競争＝メガ・コンペティション（Mega-competition）時代の到来」が口にされるようになった。それは、グローバル市場において繰り広げられる大競争において、勝者となるには何が必要か、という問いかけから発したものであった。

日々膨れあがる世界市場において企業がそのシェアを高めるためには、たとえば先端の技術が必要である。市場における自由競争を勝ち抜くには、価格面での競争力も欠かせない。他企業に対する差別化戦略も進めなければならない。グローバル化に対応する人材の確保、資金力、組織力も不可欠となる。さらに、国家や自治体の支援・サポートも重要課題である。こうした課題は、まとめていうと、「グローバル化に対応した競争力の強化」に要約されることになった。

人、資源、教育・研究、技術、企業、地域、インフラ、制度等をグローバル市場における競争力の強化に向けて動員しようとする国家を、ここでは「グローバル競争国家」と呼んでおこう。経済のグローバル化を背景にした新自由主義は、大競争時代を迎えて、この意味でのグローバル競争国家化をめざし始めたのである。だが、この新自由主義の前には、強力な難敵が立ちふさがる。その強敵とは、先にふれたように、生存権・労働権保障を基軸にした福祉国家であった。福祉国家が「グローバル化に対応した競争力の強化」にとって邪魔者になるのは、人権原理で市場原理を制限し、労働市場の自由化

を妨げ、公的規制で営業の自由を妨害し、租税公課で企業利潤を侵害し、総じて多国籍企業等のグローバルな競争力に足かせをはめるからである。

こうして、新自由主義は世界各地において、戦後福祉国家の清算・解体に取り組み始めた。これが先進諸国において本格化するのは、1990年代以降のことである(9)。日本では、欧米に一足遅れて、新自由主義による福祉国家の解体・再編が本格化するのは小泉政権の構造改革期からであった。

問題なのは、「戦後福祉国家からグローバル競争国家への転換」が何を呼び起こしたかである。その帰結とは、もはや言うまでもない、格差・貧困社会化の進行である。福祉国家の背骨である生存権や労働権保障の社会制度ががたつくと、社会は格差・貧困の拡大・深化に見舞われる。しかも、この格差・貧困社会化は、いまやグローバル化した資本主義的市場のなかで進む趨勢である。格差はグローバルなスケールに広がり、貧困に陥れられた人々は国境を超えたメガ・コンペティションに巻き込まれる。それに追い打ちをかけるように、グローバル競争国家は「底辺に向かう競争」の組織化に乗りだす。

ここで話は、振り出しに戻る。グローバルな規模での「底辺に向かう競争」が格差・貧困社会化を加速化するとすれば、社会内では、「精神的・文化的なその日暮らし・ひとり暮らし」の殺風景が蔓延することになるだろう。貧困にせきたてられ、生活に追われ、競争にせまられた忙しさが「心を亡ぼす」とすれば、「福祉国家から競争国家への転換」「平和国家から軍事国家への転換」を進める新自由主義にとっては、つけこむのにまことに好都合な「心の隙間」が生まれることを意味する。

貧困と戦争に代表される「欠乏と恐怖」の惨事（disaster）に見舞われた人々は、混乱のあまりに何が自分にとって利益なのかすらわからなくなってしまうものである。新自由主義と軍事的専制主義の睦み合いを暴き出したナオミ・クラインは、その著『ショック・ドクトリン』（幾島幸子・村上由見子訳、岩波書店、2011年）において、こう述べた。何が自分にとっての利益すらわからなくなるほどの「欠乏と恐怖」が、現代でもなお平和を脅かす——これがここでの一結論である。

【注】
(1) 憲法第9条と25条の関連については、二宮厚美『憲法25条＋9条の新福祉国家』（かもがわ出版、2005年）、渡辺治『憲法9条と25条・その力と可能性』（かもがわ出版、2009年）を参照。
(2) かつてベストセラーになった暉峻淑子『豊かさとは何か』（岩波新書、1989年）は、内容からみれば、この「3つの間抜け」をとりあげたものであった。
(3) 現代の貧困と「精神的・文化的その日暮らし」「精神的・文化的ひとり暮らし」の関係は、やや古くなるが、二宮厚美「生活と地域をつくりかえる」（労働旬報社、1985年）で論じた。
(4) いまは亡き加藤周一が、「いま・ここ主義」（現在中心主義、部分中心主義）の名前で論じた、日本に伝統的な大勢順応主義の問題点については、たとえば加藤『現代日本私注』（岩波書店、1987年）、同『日本文化における時間と空間』（岩波書店、2007年）参照。
(5) アメリカにおける富裕と貧困については、さしあたり堤未果『ルポ貧困大国アメリカ』（岩波新書、2008年）、同『ルポ貧困大国アメリカⅡ』（岩波新書、2010年）、スーザン・ジョージ（荒井雅子訳）『これは誰の危機か、未来は誰のものか』（岩波書店、2011年）、ポール・クルーグマン（三上義一訳）『格差はつくられた』（早川書房　2008年）を参照。
(6) 現代社会における貧困と格差の関係について、より詳しくは、二宮厚美『格差社会の克服』（山吹書店、2007年）を参照。
(7) 経済のグローバル化と新自由主義の相互関係については、二宮厚美『新自由主義からの脱出』（新日本出版社、2012年）、デヴィット・ハーヴェイ（渡辺治監訳）『新自由主義』（作品社、2007年）を参照。
(8) 資本主義市場と国家の一般的関係に関しては、エレン・メイクシンズ・ウッド（石堂清倫監訳）『民主主義対資本主義』（論創社、1999年）、同『資本の帝国』（紀伊國屋書店、2004年）を参照。
(9) 新自由主義による福祉国家解体を論じたものでは、アズビヨン・ヴォール（渡辺雅男訳）『福祉国家の興亡』（こぶし書房、2013年）が優れている。

【参考文献】
二宮厚美『憲法25条＋9条の新福祉国家』かもがわ出版、2005年
堤未果『ルポ貧困大国アメリカ』岩波新書、2008年
渡辺治『憲法9条と25条・その力と可能性』かもがわ出版、2009年
ナオミ・クライン（幾島幸子・村上由見子訳）『ショック・ドクトリン』上・下、岩波書店、2011年

（二宮厚美）

寄せ場はどこにあるか

「寄せ場」と呼ぶ場所は世界中にあります。ニューヨークにもパリにもあります。この日本でも、東京の山谷（東京都台東区日本堤）、大阪の釜ヶ崎（大阪市西成区萩之茶屋）に代表される「寄せ場」は、横浜の寿町、名古屋の笹島、京都、神戸、広島、福岡、沖縄などにもあります。

しかし、それらの「寄せ場」は一般的に知られていませんし、まず何よりもそのような場所は存在しないことになっています。東京の山谷、大阪の釜ヶ崎と書きましたが、地図には載っていません。というのは、山谷も釜ヶ崎も1960年代に地図から抹消された、つまり日本にそのような場所は存在しないことになっているからです。なぜなら、戦後の民主主義社会において、前近代的な暴力がむき出しの法外な場所があり、その収奪によって資本が成り立っていることなど絶対にあってはならないのですから。しかし同時に、高度成長期をひた走る資本にとって、その時その時の景気の変動にあわせて労働力を調整することは極めて重要であり、それなくして日本の高度成長はありえなかったのです。

1970年、釜ヶ崎に「あいりん労働公共職業安定所」が開設しましたが——1960年代以降、釜ヶ崎という地名は「あいりん地区」（人は等しく慈しみ、情け深くお互いに愛情を持って社会生活を営みましょうという意味）に変わった——、実際にはそれまで通りの日雇労働者と建設産業、港湾産業の末端の手配師、人夫出し業者に丸投げし、開設このかた、いまだに求人を紹介したことがありません。このような劣悪な労働環境は、労働条件のごまかし（建設現場のかたづけのはずが実際はコンクリート打ちであったり、最近では福島の震災のかたづけのはずが福島第一原発事故のがれき撤去作業であったためトラブルが起きています）、賃金のピンハネ・不払い、飯場（これは建設会社の寮

のことです）での食事代・部屋代等々のボッタクリ、労災のもみ消し、暴力ざた、殺人（2003年、山梨県の都留市で賃金の不払いによって業者と労働者の間でトラブルが起き、3人の労働者が殺される事件が起きました）を生んでいます。当然ながらこのような労働環境ではわたしたちが当たり前のように考える社会保障制度も不十分な状態です。このような問題に対して国会でも追及されてきましたが、今なお改善されていません。

　このような寄せ場はわたしたちとはほど遠い、理解できない場所のようにみえますが、スポーツ新聞の求人欄にはこのような業者が求人募集をしています。大阪に本社のあるA社は札幌から沖縄まで支社、募集所を拡げて首都圏で9支社を持ち、4000人の労働者をプールしている日本最大手の業者です。暴力団排除条例成立以降、社会のあらゆる場面から暴力団の排除がすすめられていますが、実際にはこのような所で法外な労働が行われています。とりわけ、東日本大震災の復興、復旧工事にこのような形での労働力がなければ何もできないと言われています。

　スポーツやギャンブル、ゴシップが中心とおもわれるスポーツ新聞ですが、そのなかの求人欄とは（「除染」の求人の有無や給与の違いなど、地域差があることに注目しなければなりません）、わたしたちの社会構造を考える極めて重要なものではないでしょうか。

　　　　　　　　　　　　　金羽木徳志（釜ヶ崎パトロールの会）

ハンセン病の歴史と近代大阪

【キーワード】
ハンセン病　感染症　隔離　通院治療

はじめに

　世界の少なくない地域で、ハンセン病は未だ克服されていない感染症のひとつであり、近年では対策の不十分なNTD（Neglected Tropical Diseases, 顧みられない熱帯病）のひとつにも数えられている。一方、現在の日本において、ハンセン病の新規発病者は年間に数名出ることがあるという程度であり、すでに制圧された感染症であるといってよい。この点で、ハンセン病とその歴史について学ぶことは、結核やHIV/AIDSなど、現在においても罹患する可能性がある疾患について学ぶこととは異なる意味合いがある。現在でも罹患者やかつて罹患した人が多く存在する病気には、現実問題として「自分が罹るかもしれない」というある種の切迫感をもつことができるだろう。しかし、ハンセン病の場合はそうではない。かつてハンセン病に罹患した人たちの多くは高齢になり、その体験を直接聞くことも年々困難を増している。ならば、ハンセン病とその歴史について学ぶことの意味はどこにあるのか。
　それは第一に、個々の病者の経験やそれをとりまく地域や社会、それに影響を及ぼした科学や法制度の変化などへの理解を通じて、疾病のもつ歴史性を知ることである。時代や地域が異なれば、同じ病気・同じ病気の患者であっても、その持つ社会的・政治的な意味はさまざまに異なる。第二に、誤った医療・公衆衛生政策による被害を知り、今日の社会の疾病や人権に関連する

諸問題を考える手がかりとすることができる。そして第三に、ハンセン病を患った人が歴史の主体として生きた軌跡から見えてくる、歴史的存在としての人間の普遍性に接近することである。単にかれらを「被差別者」や政策の「被害者」として客体化し、他方の「加害者」を断罪して事足れりとしてしまうのではなく、病者が非常な制限を強いられた環境の下でなお、よりよく生きるための模索をしていたことに着目すれば、歴史の別の一面も見えてくるだろう。極限的な状況下で人がどのように「生存」を模索することができるのかは、人文学の普遍的な課題でもある。このような観点から、近代大阪という地域に即して、ハンセン病という病気の歴史を振り返ってみたい。

1．近代日本のハンセン病の歴史

ハンセン病とは

ハンセン病（かつて日本では「癩」とよばれた）とは、どのような病なのか。ハンセン病は、らい菌による慢性の感染症で、菌により末梢神経や皮膚に病変が起こる。知覚神経が冒された場合、痛みを感じないために創傷の手当てが遅れ、手足の欠損などが起こる。神経まひにより手足の弛緩や拘縮が起こったり、角膜の損傷により失明に至る場合もある。近年、菌の感染力はそれほど微弱ではないことが判明しつつあるが、正常な免疫応答能のある人では発病に至ることはない。発病した場合でも、多剤併用療法による治療法が確立されている。しかし適切な治療を受けられなかった場合には、治癒しても後遺症が残ることがあるため、患者のみならず元患者、そしてその家族への差別や偏見が歴史的に根強く、問題を複雑にしてきた。感染経路については現在も完全に明らかにはなっていないが、感染予防のための患者の隔離は全く必要ないことがわかっている。

日本には現在13ヶ所の国立ハンセン病療養所が存在し、2000名弱の入所者が生活しているが、入園者のほぼ全員が、何十年も前にハンセン病は治癒している。かれらの多くは90年に及んだ国の隔離政策によって故郷や外部社会とのつながりを絶たれ、療養所で長い年月を過ごし、2013年現在で平均年齢

Ⅱ　構造的暴力の洞察

約83歳の高齢者となるにいたっている。ハンセン病の治癒後、療養所を退所した人の数も数千名にのぼるが、大半は病歴を隠して生きており、その実態は明らかではない。

らい菌の発見とハンセン病医学

　1873年、ノルウェーの医師アルマウェル・ハンセンがらい菌を発見し、ハンセン病が感染症であることが明らかになった。この発見は、世界的な移民と帝国主義の席巻する19世紀の世界における、ヨーロッパ人の間でのハンセン病問題への危機感の高まり、そしてコッホやパスツールの研究成果に代表される「細菌学革命」とよばれる医学の著しい進歩を背景としていた。1889年、ハンセン病が流行するハワイのモロカイ島でハンセン病者救済に従事していた、ベルギー人のカトリック神父ダミエンがハンセン病に罹患して死亡したことは、ヨーロッパにおけるハンセン病パンデミックへの恐怖とパニックを引き起こした。19世紀末の欧米諸国では、ハンセン病問題は、もはや単なる医学上の問題ではなく、広く人々の注目を集める社会問題に発展していた（廣川『近代日本のハンセン病問題と地域社会』大阪大学出版会、2011年）。

　1897年にベルリンで開かれた第１回国際らい会議では、ノルウェーで実践された隔離方式の推奨を含む、ハンセン病についての医学的な統一見解が作成された。日本でもこうした動向を受けて、国家的なハンセン病対策の必要性が認識されはじめた。日本におけるハンセン病観は、流行状況に応じて時代により変化したが、江戸時代中期以降は、流行の沈静化もあり、同一家族内に多発するハンセン病は「遺伝病」であると考えられるようになっていった。発病者は家族の受難を避けるため、しばしば自宅を立ち去って各地を遍歴することを余儀なくされ、中には勧進などにより生計を立てる身分的なハンセン病者集団（「物吉」などとよばれた）を形成する者もあった。

　明治維新後、近世的な身分秩序が解体されてゆく過程で、ハンセン病者の身分集団も解体され、ハンセン病者の「生きていく場所」は過渡的な状況にあった（もっとも近世以来、多くの患者は発病後も自宅にとどまったとみられる。参照：鈴木則子「近世癩病観の形成と展開」藤野豊編『歴史のなかの

「癩者」』ゆみる出版、1996年所収)。しかし明治政府の疾病対策は、まず緊急を要するコレラやチフスなど急性感染症対策から着手され、慢性感染症であるハンセン病に注意が向けられるのは、明治後期になってからである。それに先立って、欧米のキリスト教宣教師たちが日本のハンセン病者救済事業に乗り出した。ハンセン病者救済は、日本へのキリスト教伝道の有望な一手段ととらえられていたのである。

日本におけるハンセン病法制の変遷

　日本の国家によるハンセン病政策は、明治40年法律第11号「癩予防ニ関スル件」（以後、1907年法とよぶ）とその施行規則等の関連法制をもって開始された。この法の骨子は、全国の府県を５つのブロック（連合府県）に分け、それぞれのブロックごとに１ヶ所、全国に計５ヶ所の連合府県立療養所を設立し、そこへ「癩患者ニシテ療養ノ途ヲ有セス且救護者ナキモノ」を収容するというものである。ここでいう「療養ノ途…ナキモノ」とは、実質的には神社仏閣や路傍に徘徊する「浮浪患者」を指しており、こうした患者たちに対する救護法的性格をもつものであった（猪飼隆明『「性の隔離」と隔離政策―ハンナ・リデルと日本の選択』熊本出版文化会館、2005年）。収容対象となる「浮浪患者」以外の大部分の病者は、医師による警察への届出の上、自宅で療養生活を送るものとされていた。このとき大阪は全国５ブロックのうち第三区に属し、大阪に第三区連合府県立療養所外島保養院が設置された。

　1907年法は、昭和６年法律第58号「癩予防法」（同前、1931年法）へと大幅に改正され、名称も変更される。この法の下では「行政官庁ハ癩予防上必要ト認ムルトキ」に「癩患者ニシテ病毒伝播ノ虞アルモノ」を入所させることができることになり、入所の基準は「資力」の有無から、周囲に感染させるおそれ（病型や症状）に変更された。つまり、ある病者が自宅で療養生活を継続できるだけの経済的条件を備えているかどうかではなく、その患者のハンセン病の症状そのものが判断基準となったのである。これにより、救貧的政策としてはじまったハンセン病法制は、感染症対策として位置づけ直された。厳しい隔離政策のイメージからは意外に思われるかもしれないが、い

ずれの法の下でも、ハンセン病者は発見されればただちに療養所へ隔離されたわけではない。1931年法の下でも多くのハンセン病者は自宅療養を続けており、大阪でそのような患者の通院治療を行ったのが、大阪皮膚病研究所であった。

　敗戦後の日本の民主化と、アメリカで戦時中に開発されたハンセン病治療薬プロミンの導入によって1931年法改正の気運が高まり、全国のハンセン病療養所入所者たちは隔離政策の廃止を求めて運動を展開した。この「らい予防法闘争」は、戦前から療養所内で培われた入所者による自治活動の延長線上にあり、当時、多くの障害者・患者組織に影響を与え、日本での患者運動の先駆けとなったと評価されている（坂田勝彦『ハンセン病者の生活史──隔離経験を生きるということ』青弓社、2012年）。しかし1953年に公布された法律第214号「らい予防法」（いわゆる新法、1996年廃止）の下でも、隔離政策は継続された。

　2001年、療養所入所者らが起こした「らい予防法違憲国家賠償請求訴訟」に対する熊本地裁判決では、この新法の下でのハンセン病者の人権侵害に対する国と国会の責任が認められた。この原告勝訴を契機に、日本のハンセン病問題は、国家による病者に対する著しい人権侵害の事例として大きな注目を集めるようになったのである。国賠訴訟以降の元患者らの運動の結果として、2008年に「ハンセン病問題の解決の促進に関する法律」（通称：ハンセン病問題基本法）が制定され、現在に至っている。この法制定を受けて、全国13カ所の国立ハンセン病療養所等の「将来構想」案に基づいて、療養所を地域住民や自治体に「開放」し、ハンセン病療養所そのものを地域社会の中に「社会復帰」させる試みがなされているが、立地条件や入所者の高齢化などにより、困難を抱えている。

戦前のハンセン病療養所での生活

　戦前のハンセン病療養所は、どのような場所だったのだろうか。東京に設置された第一区療養所全生病院（現在の国立療養所多磨全生園）に即して見てみよう。まず、ハンセン病者は入所に際して身体検査と所持品検査を受け、「うどん縞」の衣服や園内だけで通用する「園券」を渡される。園外との接

触や外出は厳しく制限され、男女別の居住棟で集団生活を送ることになる。園長や職員には「懲戒検束権」(1919年以降)が与えられており、逃走者や規則違反者を処罰し統制が図られた。また、園内では職員による労働力不足を補うため、入所者にそれぞれの病状に応じた労働作業が割り振られた。

　1915年には、初めて男性患者に対して断種手術が実施された。全生病院の院長光田健輔は、患者同士の非公式な「結婚」を認めることと引き換えに、当時の法の下でも違法な断種手術を強制したほか、妊娠した女性患者には堕胎手術を強要した。子供を持つことが許されなかったことは、ハンセン病元患者の社会復帰を阻む大きな要因ともなった。

　このようにそれまでの社会関係を断ち切られ、生業を奪われ、自己の尊厳を剥奪されかねない療養所の生活の中でも、入所者たちは小説や短歌、俳句などの文学創作活動を通じて自己表現を試み、また「作業」とよばれた療養所での労働を、入所によって一時は失われた生業を自己の手に取り返す営みに転化していった。たとえば、一部の入所者は入所前に身につけていた職能を生かして、養豚作業や園内の「プレス工場」での仕事にやりがいを見出した。全生病院の患者たちは、療養所を「全生村」とよんだが、それは地縁・血縁に基づく村落社会から引き剥がされた病者らによって形成された新しい共同体の誕生でもあった(前掲坂田、2012年)。次に述べる患者自治の模索もまた、このような日常の営みの中でハンセン病療養所を苛酷な「ハンセン病者絶滅のための場所」から「生き延びるための共同体」へと変革してゆく試みであったといえよう(松岡弘之「総力戦下のハンセン病療養所―長島愛生園における」『部落問題研究』205号、2013年)。

2. 外島保養院から邑久光明園へ

　現在、大阪を含む関西地方にハンセン病療養所は存在せず、その歴史を身近に感じることは容易ではない。近代都市大阪でハンセン病に罹った人々はどのような状況におかれ、また、大阪という地域はハンセン病者にとってどのような場所であったのだろうか。実は近代の大阪は、ハンセン病と深い関

Ⅱ　構造的暴力の洞察

わりのある地域であった。そのことは第三区療養所外島保養院と、大阪皮膚病研究所という二つの存在によってたどることができる。

外島保養院の設立と患者自治

　1907年法に基づいて全国5カ所に設立された連合府県立療養所のひとつである第三区療養所外島保養院は、1909年4月に神崎川の河口付近の海抜0メートル地帯、大阪府西成郡川北村外島（現在の大阪市西淀川区中島）に、定員300名の規模で開院した。この第三区には、大阪府の他に京都府・兵庫県・奈良県・三重県・岐阜県・滋賀県・福井県・石川県・富山県・鳥取県・和歌山県の2府10県が属していた。初代院長は曽根崎警察署長を務めた今田虎次郎であり、この人選は当時の衛生行政が内務省管轄下の警察によって担われていたことと関係するが、今田は患者の主体性を療養所運営に生かそうという方針をとった。開院当初、1907年法下で入所対象となった入所者は、それまで各地を放浪していた患者も多く、賭博や逃走が問題となっていた。しかし徐々に、穏やかな療養生活を求める青年層が台頭し、今田の方針とあいまって、入所者自治会が組織された（『邑久町史　通史編』2009年）。

　療養所の運営には、次第に医学的な専門性が求められるようになり、いずれの療養所でも医師が施設長を務める方向に転換していった。外島では、1927年に法学と医学を修めた村田正太が院長に着任し、すべての患者の隔離を理想としつつも、患者の人格を尊重する立場から、療養所内の患者自治を支援した。選挙で選ばれた入所者の代表によって構成される自治会

開院当初の外島保養院（国立療養所邑久光明園入所者自治会編『隔離から解放へ—邑久光明園入所者百年の歩み』山陽新聞社より）

(宗教者とマルクス主義者がその中心となった)は、1927年、他園に先駆けて、園内で立場の弱い重症者のための互助制度を作るまでになった。自治会では、園から請け負った養豚・養鶏や洗濯、重病者看護などの作業を健康状態に応じて入所者に割り振り、互助金を給付するのだが、軽症者と、重症のために各種作業に従事できない者との間に経済格差が生じ、問題となっていた。そこで、自治会は無収入の者を救済するために再分配制度を取り決めたのである。療養所で患者自らが療養所運営のための労働を担わされる仕組みには本来的な矛盾が存在したが、自治会の活動は、同時に運営側との交渉の過程で施設の改善をも実現していた。つまり、この時期の自治会にとって、作業の請負団体としての性格と待遇改善の要求団体としての性格は、「相愛互助」の理念の下に対立することなく併存していたといえる（松岡弘之「ハンセン病療養所における患者自治の模索」『部落問題研究』173号、2005年）。

　このようにして徐々に形成されたハンセン病療養所という患者の生活の場は、1931年法の下でさらに多様な社会階層出身の患者を迎え入れることとなり、その性格を変化させていくことになる。より多くのハンセン病患者を療養所へ収容し、隔離政策を円滑に遂行することを目的とする政策側の意図と、隔離された先の療養所を終の棲家と見定めて、より居心地の良い場所にしようとする患者自治の諸活動は一見相互補完的であるかのようにすら見える。しかしこの後続発する外島事件（1933年）や長島事件（1936年）などの患者騒擾事件は、隔離政策下の療養所における患者待遇の劣悪さや園側の患者統制手法の限界など、矛盾の噴出を示すものである。こうした動きを丹念に追い、ハンセン病療養所を単に隔離された病者を撲滅する凄惨な施設という見方ではとらえきれない場所、すなわち病者がよりよい生存を獲得するために模索する、医療や生活の現場としてとらえる必要があるだろう。

室戸台風による外島保養院の潰滅と再建

　1934年9月、西日本一帯に襲来した室戸台風は、大阪市に死者990名を出し、うち外島保養院の位置する西淀川区の死者は243名、またそのうちの8割近く（187名）を占めたのは、外島保養院の関係者（入所者173名のほかに

Ⅱ　構造的暴力の洞察

室戸台風で壊滅した外島保養院　吹き飛ばされた病舎の向こうに漂着船が見える（第三区府県立外島保養院『風水害記念誌』1935より。写真提供：長島愛生園歴史館）

職員、職員家族）であった。臨海部に位置する外島保養院はこれにより完全に破壊され、生き残った入所者416名は全国6ヶ所のハンセン病療養所に分散委託されることになった。

潰滅当時、外島保養院は定員1000名に向けて拡張工事が行われていたが、外島保養院のあった西成郡川北村は、1925年の第二次大阪市域拡張により大阪市に編入されて西淀川区となり、急速に工業化と人口増加が進んでいた。そのために1926年に一時は泉北郡への移転が検討されたものの、反対運動にあい挫折、1930年に決定された外島での拡張方針に対しても、周辺地域住民による反対運動が起こり、翌年合意に至るまでの交渉は難航した。室戸台風による外島保養院の潰滅は、このような地域社会との軋轢から間もない時期に起こったのである。そのため大阪府会では、災害のおそれのある外島の地は再建場所として不適切であるとし、この機に乗じてハンセン病療養所を大阪府外へ移転して復興することを要請した。移転候補地となった各地域では、ふたたび激しい反対運動が展開された。

最終的には1935年にハンセン病療養所を管轄する内務省と大阪府、そして受け入れ先である岡山県との合意の下、第三区療養所は第三区の区域外である岡山県邑久郡裳掛村に属する瀬戸内海の小島、長島に再建されることが決定された。長島には1931年に国立のハンセン病療養所、長島愛生園が開園しており、岡山県自体は第四区連合（香川県木田郡庵治村に大島療養所を設置）に属していたにもかかわらず、県内のひとつの島に、連合府県立と国立という二つの性格の異なるハンセン病療養所を抱えることになった（松岡弘之「外

島保養院の移転と患者自治」広川禎秀編『近代大阪の地域と社会変動』部落問題研究所、2009年所収；邑久町史2009年）。このような事態は、全国を5つのブロックに分けて連合府県ごとにハンセン病療養所を運営する体制がもはや有効に機能していないことをも示していた。こうして1938年4月、外島保養院は光明園と改称されて復興を果たし、各園からは委託されていた患者たちが続々と収容され、運営が再開された。

　1941年には、全国5ヶ所の連合府県立療養所を含め、ハンセン病療養所の運営はすべて国に一元化されることになり、光明園は現在まで続く名称である邑久光明園と改称された。戦時下の光明園では、国策に一致協力するためと称した「自治の返上」、食料や燃料確保のための「特別作業」への患者動員、感染症流行などの医療の崩壊など、入所者らは塗炭の苦しみの中に置かれた（邑久町史2009年）。

委託患者たちの自治活動

　外島保養院の潰滅をうけて各地の療養所へ分散委託された患者たちは、国立のハンセン病療養所栗生楽泉園（群馬県吾妻郡）に自治会本部を置き、すみやかな外島保養院の復興を願って活動を継続した。委託先となった各療養所はいずれももとより定員超過状態で、委託患者たちは仮住まいの不自由な生活を余儀なくされた。一方、自治会をもつ外島の患者たちと交流を持った受け入れ先の栗生楽泉園や長島愛生園の患者たちの間では、自らの園にも自治組織をもつことが模索されていく。1936年8月に長島愛生園の患者たちが待遇改善を求めて起こしたストライキなど一連の騒擾「長島事件」には、外島患者の関与や影響がみられ、結果として長島愛生園での患者の自治が部分的には認められることとなった（前掲松岡、2009年）。このように、外島保養院の潰滅という不幸な事件は、各園に患者自治の裾野を広げ、各療養所の患者コミュニティを変容させた点、そして国のハンセン病療養所の運営の枠組にも大きな見直しをせまったという点で、重要な転換点となったのである。

3．大阪皮膚病研究所の研究と治療

大阪皮膚病研究所の成り立ち

1929年、ハンセン病の治療研究を進めてほしいという篤志家からの寄附を受けて、府立大阪医科大学皮華科（皮膚科・花柳病〔性感染症〕科）教室教授、桜根孝之進は、自らの後任の佐谷有吉と協力し、同教室内に「大阪皮膚病研究所」を設け、ハンセン病の治療と研究を推進した。府立大阪医科大学は、1931年5月に大阪帝国大学の医学部へと改組される。1931年6月には、大阪市北区常安町（現在の北区中之島）にあった大阪帝大附属病院内の敷地に大阪皮膚病研究所の建物が完成し、1934年に大阪帝大に微生物病研究所（微研）が発足した際に、この研究所は微研癩治療研究部として合併されることとなった。ここでの研究を援助するため、先の寄附金を基本財産とし、1935年に「財団法人大阪皮膚病研究会」が設立された。こうして、大阪帝大微研の一部門である癩治療研究部の研究と治療活動を、民間からの寄附金基金によってまかなう仕組みができた。財団法人大阪皮膚病研究会は、微研癩治療研究部門に所属する研究者の研究・診療活動を財政面で支援するなどの活動を行った。この両者を総称して、およびその研究・診療の場を指して「大阪皮膚病研究所」と呼んだ。研究所の建物は、附属病院＝本館に対比する意味で通称「皮膚科別館」と呼ばれた（大阪皮膚病研究会史刊行委員会編・発行『大阪皮膚病研究会のあゆみ　1929～2003』2003年）。

大阪皮膚病研究所のハンセン病外来治療

戦前・戦中の大阪皮膚病研究所は、ハンセン病の治療法の研究や感染経路の研究、統計・疫学的調査などを行った。同時に、ハンセン病の患者で「病毒伝播ノ虞アルモノ」を収容対象とした1931年法下においても、他に類例を見ない規模でハンセン病患者の外来診療を行った。

特効薬プロミンがもたらされる以前、ハンセン病治療には大風子という植物の油を精製したものが用いられていたが、大阪皮膚病研究所では、これを基本

にしてさまざまな種類の薬を試し、治療法の模索が積極的に行われた。大阪皮膚病研究所の外来診療は週に3回、主に大風子剤の注射が皮膚科泌尿器科教室の医局員らによって行われた。記録の残る1934年以降、患者数は上昇を続け、1940年頃には1日70名前後、診察日が週2日に減った1941年10月以降には1日100名を超す患者が訪れた。患者のうち無職者が占め

大阪皮膚病研究所（写真提供：大阪大学医学部附属病院看護部）

る割合は1〜2割と低く、本人の自活能力が治療費を必要とする通院を可能にしていたようである。就労の継続と通院治療による症状の軽快というサイクルがうまく成立すれば、病者が社会生活を継続させていくことが可能であった。

　大阪皮膚病研究所が設立された時期は、1907年法から1931年法への過渡期に当たる。つまり、個々のハンセン病者の法的な処遇決定に際して「病毒伝播ノ虞」の有無を判定することが必要になり、医学的な判断に比重が移る時期であった。大阪皮膚病研究所は、大阪のハンセン病患者の病状を実質的に「行政官庁」に成り代わって判断する役割と、当面周囲への感染のおそれがないと判断された患者の通院治療を行う役割、この両方を担ったのである。

　1934年、室戸台風によって外島保養院が潰滅し、大阪を含む第三区連合のハンセン病患者の受け皿が失われたことは、大阪皮膚病研究所の診療活動にも大きな影響を与えた。外島潰滅後、大阪府下のハンセン病患者の一時救護所として利用されたのは弘済会大阪慈恵病院生野事業所であったが、その定員はわずか6名にすぎなかった（前掲松岡、2009年）。このような状況の下では、すべての「病毒伝播ノ虞アルモノ」を療養所に送り込むことは事実上不可能であり、在阪の医療機関による、一般社会にとどまっている在宅の患者への対策が求められた。大阪皮膚病研究所は、こうしたこの時期の大阪地域におけるハンセン病医療需要に正面から取り組んだといえるだろう。

　ただし、大阪皮膚病研究所は、自らのミッションを、隔離政策への明確な

アンチテーゼとしての外来診療を提示することではなく、在宅患者の症状を軽快させ社会全体の感染リスクを下げることであると認識していた。とはいえ、その活動は療養所への隔離モデルという画一的な病者のライフコースに対するオルタナティヴたり得ており、これによって実際に病者が社会生活を継続できたことの意義は大きかった。

戦後の大阪皮膚病研究所

　戦時中の混乱を経て、財団法人大阪皮膚病研究会は基本財産をほぼ失ったが、戦後も大阪皮膚病研究所のハンセン病の研究と外来診療は形を変えて継続された。ここでもプロミンが使用されるようになり、療養所非入所患者や、長年にわたり再発や後遺症の問題をかかえる退所者らの医療を支えた。一般には、保険診療対象外のプロミンの投薬を受けることができたのはハンセン病療養所においてのみであったために、通院治療による完治が可能となった後の時代にも患者は療養所入所を余儀なくされたとされている。しかし、大阪皮膚病研究所においては、財団法人大阪皮膚病研究会の支援によってプロミンなどの投薬が行われており、療養所の外でのプロミン投与がまったく不可能であったわけではない。にもかかわらず、このような治療方式が大阪皮膚病研究所とその他少数の医療機関を除いては行われなかったのはなぜかということを、今一度歴史を振り返って考えるべきであろう。

　1991年の阪大医学部・附属病院の吹田地区移転を契機に、高齢化していた通院患者は途絶えがちになり、財団の外来診療の歴史的役割は終焉に向かう。こうして2003年、財団法人大阪皮膚病研究会は解散の日を迎えた。現在、残された記録史料は大阪大学アーカイブズに保存されており、大阪のハンセン病問題の歴史を伝える貴重な資料群となっている（廣川『大阪大学アーカイブズ所蔵　大阪皮膚病研究会関係文書目録』2013年）。

おわりに

　戦前のハンセン病法制の下でも、それぞれの病者が生きる地域での現実の

生活があり、限られてはいたが療養所入所以外の道もあった。しかし、国のハンセン病政策はこれらの実際に現出し機能していたオルタナティヴな選択肢を拡大することなく、戦後もその可能性を顧みなかった結果として、ハンセン病元患者の人生に取り返しのつかない「人生被害」をもたらした。ハンセン病問題は国賠訴訟以降に広く社会の関心事となったが、その中心は療養所入所者が園内で受けた被害にあり、退所者や非入所者の実態は依然として十分明らかになっていない。これらの人々が人知れず一般社会で生活してきた事実を知ることで、ハンセン病療養所の立地地域以外も含めた、地域社会におけるハンセン病問題の歴史をより深く理解できるであろう。

　ハンセン病（元）患者にとって、ハンセン病療養所は「隔離の檻」であると同時に「生命の砦」でもあった（荒井裕樹『隔離の文学　ハンセン病療養所の自己表現史』書肆アルス、2011年）。療養所での生活は、偏見と差別にさらされた経験と隔離の壁のなかの生活を共有してきた入所者による「自治と文化」の存在によって成り立ってきた。自治会活動を基に展開された人権回復のためのたたかいと、労働や文芸創作など日常の中の営みの両方が、日本のハンセン病療養所の歴史を構成している。ハンセン病問題をめぐって療養所の内外で起きたことは、これからも現代社会の「生存」のしくみへの問いかけであり続けるだろう。

【参考文献】
　蘭由岐子『「病いの経験」を聞き取る―ハンセン病者のライフヒストリー』皓星社、2004年
　和泉眞蔵『医者の僕にハンセン病が教えてくれたこと』シービーアール、2005年
　岩田正美『ホームレス／現代社会／福祉国家―「生きていく場所」をめぐって』明石書店、2000年
　藤野豊『日本ファシズムと医療―ハンセン病をめぐる実証的研究』岩波書店、1993年
　松岡弘之『隔離の島に生きる―岡山ハンセン病問題記録集・創設期の愛生園』ふくろう出版、2011年
　山本俊一『増補　日本らい史』東京大学出版会、1997年

（廣川和花）

遊牧の原理と核燃料サイクル
──モンゴルのゴビ砂漠で生じた矛盾──

【キーワード】
遊牧　ウラン鉱山　核燃料サイクル　ルーメン

はじめに

2011年3月29日、米国務省核エネルギー安全保安部のリチャード・ストラトフォード部長が、モンゴルが使用済み核廃棄物の受け入れ先になれば、「国家の枠組みを越えた使用済み燃料の貯蔵に弾みがつく」と語っています。実際に音声を聞いてみてください。http://www.youtube.com/watch?v=a0-T0hFAl2E

2011年5月6日の毎日新聞は「日米が核処分場　極秘計画　モンゴルに建設」というスクープを掲載しました。その後、7月18日に共同通信が英文の協定文書を入手し、その要旨を報道しました。

合意文書原案の要旨

包括的燃料サービス（CFS）をめぐる日米、モンゴル3カ国政府の合意文書原案の要旨は次の通り。

一、気候変動やエネルギー安全保障、経済発展の試練に立ち向かうため地球規模での原子力の平和利用拡大を支持する。

一、2010年の核拡散防止条約（NPT）再検討会議が、核燃料サイクルの多国間アプローチを発展させる重要性を認めたことに留意する。

一、CFSが市場に行き渡ることで、原子力利用の拡大が可能になる。

一、商業ベースの CFS 確立を促すため定期協議し、活動を調整する。
一、CFS 構想に対して起こり得る世論の反応について検討する。
一、モンゴルでの使用済み燃料貯蔵施設の造成をめぐり、モンゴルに技術協力する可能性を国際原子力機関（IAEA）と協議する。
一、（米国が推進する）原子力損害補完的補償条約（CSC）に基づき、原子力賠償の国際的枠組みを構築し、CFS に加わる可能性のある国に参加を促す。

下の地図は、中国核工業集団の資料から作製した図で、核廃棄物処分場予定地を示しています。モンゴル国の国境からすぐ南部の新疆ウイグル自治区と内モンゴル自治区のゴビ地方に核廃棄物処分場の建設が予定されています。

2013年3月9日に NHK・BS1 で放送された「原子力　バックエンド最前線——イギリスから福島へ」という番組の中で、イギリスのバックエンドに取り組むリーダーが、この地図を見て「イギリスにもゴビ砂漠のようなところがあればいいのに」と言います。

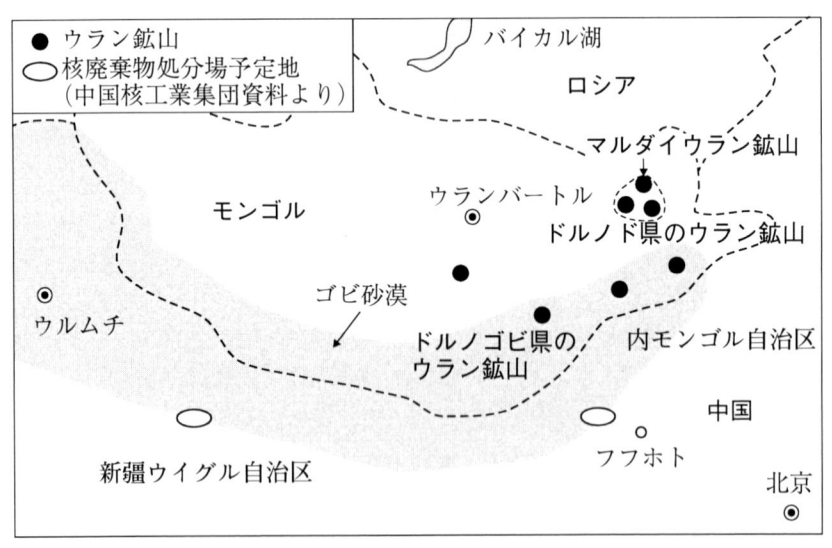

図1　ゴビ砂漠周辺のウラン関係施設

II 構造的暴力の洞察

　人口密度の少ない地方に原発を建設してきたように、命の存在をイメージしにくい砂漠に核廃棄物を埋めたらいいと考えるのでしょうか？　そもそも、核廃棄物の埋蔵処分をするための基礎研究は充分行われてきたのでしょうか？　みなさんはどう思いますか？　ここでは、埋めたらいいと言われたゴビ地方の側から、そこで行われてきた遊牧の原理、そこに持ち込んだ核エネルギー関連の計画、そこで起こったウラン鉱毒事件を考える材料として紹介します。

1．遊牧の原理

　西は北アフリカから東アジアまで横たわる乾燥ステップベルト地帯、モンゴル国はその東端に位置し、遊牧という移動式牧畜が行われてきました。今も遊牧はモンゴルの基幹産業となっていますが、それなぜでしょうか？

乾燥と寒冷な気候

　モンゴルのほぼ中央にある首都ウランバートルの気候因子を例にとってみましょう。ウランバートルは北海道の稚内市とほぼ同じ緯度に位置し、標高は1351mの高さで、太平洋から離れること2400kmです。このため乾燥度は高く、年間降水量は233mm、年平均気温は－0.4℃、最高34.5℃、最低－38.6℃と気温の年較差は非常に大きくなります。

草の生育に適した気候

　この乾燥と寒冷さは農耕の発展には不利な気候条件です。しかし、草ならば、1日の平均気温が5℃以上で生育し、その期間中に200～300ミリの水分があれば育ちます。モンゴルでは平均気温5℃以上の日数は年間約120から180日。この期間中に年間降水量の9割が集中します。家畜を通じて自然の草資源を利用し、畜産物を生産する移動式牧畜、遊牧がモンゴル高原に生業として定着するようになりました。

多様で広大な牧地

　モンゴルの大地は、北氷洋からシベリアをつたわって南下する湿気によって潤されるため、降水量は北から南に向かって少なくなります。これにとも

ない、植生は北から森林、ハンガイ(森林草原)、平原、ゴビ(砂漠性草原)、砂漠と変化します。遊牧の土台となる牧地はあわせて国土の４分の３を占めます。ハンガイ、平原、ゴビという３つのタイプの草原が、日本列島３つ分あります。憲法で国有財産として守られ、モンゴルの国民は誰でも家畜を放牧することができます。

多種類の牧草と家畜の嗜好

モンゴル高原に生育する植物2023種のうち、家畜が食べる牧草は550種以上を占めます。主な牧草は、イネ科、ガマ科、ユリ科、キク科、アヤメ科、アカザ科の牧草です。家畜は草であればいつでも、どんな状態でも食べるわけではありません。例えば、キク科の牧草は春の終わりから夏にかけて開花する時期に強い臭いを出すので、家畜は嫌いますが、花が枯れる秋頃に食べます。背の高い牧草は牛が食べ、その後を羊や山羊を放牧するとちょうど食べよい高さの牧草になります。灌木や喬木類は硬いですが、らくだが好んで食べるので、他の家畜と牧地が重なりません。

五畜と畜産物

この牧地に放たれる家畜は約3273万頭（2010年末統計）。種類別に見ると、ラクダ（27万頭）、馬（192万頭）、牛（218万頭）、羊（1448万頭）、山羊（1388万頭）と五種類の家畜がいます。遊牧民は、すべての家畜の肉を食べ、搾乳し、乳製品を作り、冬の保存食も作ります。羊毛はゲルという移動式住居の覆いとなる巨大なフェルトの原料になり、らくだの毛はキャメルウール、山羊のうぶ毛はカシミヤという高価な商品作物となり、馬のしっぽの毛は弦楽器、山羊皮や牛皮、その他の家畜も毛皮として販売することができます。

牧草と家畜の四季の変化

秋を過ぎるとどの家畜も痩せ始め、マイナス30℃に達する冬、家畜は体力を消耗し、春には夏の体重の２割から３割失います。そのため遊牧民は夏から秋の季節には、半年間過ごす冬営地周辺の放牧地の草を守るため、できるだけ冬営地から離れたところに夏営地を置きます。また秋営地では家畜が少しでも太るよう可消化タンパク質の多い草を求めて短期間の移動を行います。遊牧というと、水と草を求めてさまようと思われがちですが、冬営地の

草資源を守るために、住む家ごと移動するのが遊牧です。モンゴルで定住型の牧畜ではなく、移動型の牧畜が行われるのは、この気候と牧地牧草の四季の変化に要因があります。

草を脂肪酸やタンパク質に変える胃袋の中の微生物

家畜は草食動物ですが、なぜ草を食べて太ることができるのでしょうか？それは、羊や山羊、牛は胃袋が4つ、ラクダは3つある反すう動物だからです。第一胃のルーメンには兆という単位を越える数えきれない細菌と原生動物が住んでいます。これらの微生物は、牧草の主成分のセルロースや炭水化物を分解する酵素を持ち、発酵分解して酢酸や酪酸などの揮発性脂肪酸を作ります。これがルーメンの壁から吸収され、血液を通して組織に送られ、エネルギーとして利用されます。また、この微生物は死ぬと分解されますが、その体は良質のタンパク質からできていて、第二から第四の胃で吸収されます。このように草を食べて太るのは、お腹に微生物を飼う反すう動物だからです。

羊を丸ごと食べるための屠殺方法

羊の胸元にナイフで切れ目を入れて、右手をつっこみ、心臓の動脈を切り、腹膜の中に放血させます。皮をはぎ、お腹を開き、内蔵と血液を丁寧に取り出します。捨てるのは、膀胱と胆のう、第1胃につまった草だけです。

屠殺した日は、内蔵を食べます。血液を小腸や胃袋に詰めたもの、肝臓や脂肪や肉を直腸に詰めたもの、心臓、肺、肝臓、腎臓をゆで、火が通ったらひきあげて食べます。次の日は、肋骨のつなぎ目、頭、足を火であぶり、ゆで、脳、目、耳、唇、足、ひづめを食べます。この後、一週間かけて肉を食べます。

ミルクの成分を分解して保存する加工方法

搾乳後、煮沸殺菌し、高所から落下させて撹拌します。乳脂肪が均質に小さくなり、翌朝、鍋の上層に浮かびます。それをひきあげて、バターを作ります。残った脱脂乳を酸素が入るように撹拌し、嫌気性の乳酸菌の発酵を抑え、乳糖を熟成させます。それを蒸留し、乳酒を作ります。残った脱脂・脱糖ミルクを布で濾すと、固形のタンパク質の塊（カード）ができます。天日乾燥させると硬くなり、冬の保存食となります。濾した水分は、水溶性タン

パク質豊富な乳清（ホエー）。人間が飲んだり、仔羊や仔山羊の補助飼料にしたり、皮なめしに使ったりします。

エネルギーと物質の循環

太陽のエネルギーは草を育てます。家畜はその草を食べ、草は胃袋の中で微生物を育てます。脂肪酸はエネルギーに、タンパク質は肉や乳、毛や皮などの畜産物になります。遊牧民はこの畜産物で衣食住を満たします。草の最終廃棄物となる糞は、1年間乾燥させると繊維だけが残ります。遊牧民はそれを燃料として使います。燃料にならなかった糞は、土壌の微生物によって分解され、牧草を育てる栄養になります。

このように太陽からエネルギーを受け、大地の微生物・牧地牧草・家畜・ルーメンの微生物・人間の間で、命・死・命の再生産が繰り返される循環が遊牧の原理です。

遊牧民の人口

2010年現在、モンゴルの人口は278万人です。モンゴルで遊牧をになう成人人口は33万人です。遊牧は家族単位の労働ですから、実際に家畜にかかわる人口はさらに多くなります。モンゴルは未成年の人口が多いため、経済活動が可能な人口が115万人、3人に1人の成人が遊牧民ということになります。職種別人口では遊牧民が最も多く、次に多いのは車両整備士15万人弱、教員が9万人弱、運輸が8万人弱、工業が6万4000人、国家公務員が6万1千人、医療関係者が4万人、鉱山労働者は3万4000人です。

社会主義の時代の遊牧社会

1921年の人民革命の後、ソ連に次ぐ2番目の社会主義国となったモンゴルは、伝統的な遊牧を集団化し、社会主義経済の基盤としました。遊牧民は私有家畜をネグデル（農牧業協同組合）に投資して組合員となり、ネグデルは組合員に共有家畜を貸与し、畜産物の生産課題を与えました。また、組合員は畜産物を国家調達としてネグデルに納め、月給をもらう労働者になり、ネグデルは組合員に井戸や畜舎の建設、冬の飼料栽培や獣医療サービスなどを提供しました。国は郡の中心地にネグデルの管理棟の他、学校、生徒寮、病院、郵便局、購買部、公民館、発電所など公共施設を建設しました。干ばつ

や雪害などの自然災害が起こると、被災地のネグデル長は、避難地のネグデル長と話しあい、必要な草飼料を運び、協力しあいました。遊牧民の生活と労働は1992年までこのネグデルのシステムの中にありました。

資本主義以降の遊牧社会

ソ連・東欧の民主化の風を受け、モンゴルは、1990年の春に民主化運動が高揚し、一党独裁を放棄し、1991年にIMFの指導によるショック療法に従い、市場経済へ移行することになりました。国営企業の急激な民営化は、倒産による失業者・失家者を生み出しました。さきほど職種別人口を見ましたが、工業部門が極端に少なくなりました。一方、ネグデルも一斉に解体されましたが、私有財産と家族経営を基盤とする遊牧民個人経営が生まれました。ネグデルに変わる全国組織はできていませんが、伝統的な共同体の相互扶助を復活させて、小さな地域社会を営んでいます。

遊牧民の数は、1991年に25万人でしたが、2010年で33万人と増えています。生産と生活の手段である家畜を手にした遊牧民は、ますます仕事に力を入れ、家畜を増やしていきます。家畜数は1991年に2552万頭でしたが、2010年には3273万頭に達しています。遊牧民は、家畜を増やすことで、物質的な豊かさを手にしてきました。2010年の統計では、遊牧民戸数は16万戸ですが、その内、太陽光発電などの原動機を持って電化している牧家は、13万戸以上、テレビは12万戸が所有しています。車は4万7千戸、つまり4戸に1戸が持ち、畜産物を運んで販売することも取り組んでいます。

このように、モンゴル国において、遊牧は自然の特質にあった生産のあり方であり、社会主義時代も、資本主義時代も、国民の食糧と工業の原料を生み出す基幹産業として存在しています。

2．ゴビ地方のウラン鉱山開発・原子力発電所建設・核廃棄物処分場建設

ゴビ砂漠には、密度は低いですが草が生えているので家畜を放牧し、井戸を頼りに遊牧民は暮らしています。山羊やラクダを飼う遊牧民は現金収入が

多いです。2013年の冬、カシミヤは2013年10月に最高値１キロ８万3000トゥグルクの値がつきました。モンゴルの労働者の月平均賃金が約70万トゥグルクですから、これはカシミヤ8.4キロ分にあたります。山羊３頭から１キロのカシミヤが採れるので、わずか25頭の山羊を飼えば、平均賃金分の収入となります。普通の牧家で200から300頭、多い人では1000頭の山羊を飼っています。さらに肉やミルクを食用に、毛皮は売ることもできます。ゴビは、自然環境は厳しいけれども、不毛の大地ではなく、人が文化的、経済的に豊かな暮らしができるところなのです。

このゴビ地方で、今、地下資源の大規模な開発が行なわれ、掘り返された大地で暮らせなくなる遊牧民が増えています。

市場経済移行後、モンゴル政府は1994年に鉱物資源法を制定し、国際資本の投資を可能にして、1997年に鉱業法を制定し、国際資本に探査権や採掘権を認め、地下資源開発の法的環境を整えました。2009年の－1.3％というマイナス成長から構造改革を進め、2010年の経済成長率は6.4％、2011年は17.5％、2012年は12.3％と好調が続いています。2005年以降、鉱鉱業がGDPに締める割合が農牧業を上回って第一位となり、2012年の農牧業の対GDPが14.8％であるのに対し、鉱工業は18.6％となっています。遊牧と地下資源開発がぶつかりあっています。

ゴビ地方の地下資源の代表的なものは、石炭、銅、ウラン、レアアースなどです。特に、ここではウランと核燃料サイクルについて見ていきます。

核燃料サイクルには、フロントエンド、核エネルギー発電、バックエンドという段階があります。フロントエンドはウランの採鉱、精錬、濃縮、核燃料加工まで、バックエンドは使用済み核燃料の中間貯蔵、再処理、MOX燃料加工、放射性廃棄物の処理・処分、廃炉までを言います。

フロントエンド

モンゴルのウラン鉱山は社会主義の時代に始まりました。1980年代にソ連がドルノド県に鉱山労働者の村マルダイを建設し、周辺のウラン鉱山を開発し、鉄道を敷き、ウラン鉱石をチタ州のクラスノカメンスクに運び、濃縮しました。

マルダイのウラン鉱山の残土が野ざらし、線量計は5,8micro Sv/hを示した（2012年8月、筆者撮影）

市場経済移行後は、ロシアに加えて、カナダや中国、フランス資本の会社、モンゴルとの合弁会社がウランの採掘権を得ました。日本は、小泉内閣の時代、鉱物資源開発を進めるための「総合的パートナーシップ」の協定を締結しました。最近では、2013年10月26日にフランスのアレバ社と三菱商事がモンゴルのウラン鉱山開発に関する合意文書に調印し、ドルノゴビ県のオラン・バドラフ郡で6万トンのウランを採掘することになりました。2014年の春には、ドルノド県とドンドゴビ県にある戦略的ウラン鉱山3つを開発する予定です。現在の民主党政府は、将来イエローケーキを生産し、輸出する方針を堅持しています。

核エネルギーの「平和利用」

日本との関係で見ると、2006年、小泉首相がモンゴルを訪問し、核エネルギーの専門家養成のため留学生の受け入れが決まりました。また、東京工業大学革新的原子力研究センターはモンゴルに小型原子炉の導入に関する研究教育の支援を行い、アジアの原子力導入のモデルにしたいと取り組んでいます。

2008年の「モンゴルミレニアム開発目標」には、2008年から2021年のモンゴルの総合的国家開発戦略の中に「核エネルギーの平和利用の開発は、モンゴルの持続的発展に重要なファクターである」と位置づけ、2008年から2012年の政府の行動計画には「原子力発電所開発の技術と経済性についての総合的な研究と、放射線管理と安全性の強化を実施する」と明記しました。今日でも、このミレニアム計画が核エネルギーを推進する政策の根拠となっています。

2011年10月のIAEAの会議で、モンゴル地下資源エネルギー省と核エネル

ギー庁が「モンゴルの核エネルギー政策の現状と将来構想」を発表し、2010年から中型の原子力発電所を南ゴビ県に、100〜200MWの原子力発電所を西部に建設する研究を行うと述べました。

年間降水量100ミリ、流水の乏しいゴビに原発を建設し、何で冷却するのでしょうか。大地に生きるすべての生物と水を奪い合うことになりそうです。(1)

バックエンド

2011年の毎日新聞のスクープで、モンゴルでは外国の核廃棄物がくると反対運動が大きくなり、政府は根拠のない噂だというだけでは逃げ切れず、9月9日にはエルベクドルジ大統領とバトボルド首相の連名で「モンゴルの国土の上を核廃棄物の保管や処分の目的で輸入することを禁ずる法律を一貫して守る」と表明しました。9月22日、大統領は、国連総会で「モンゴルに核廃棄物を入れてはならない」と演説し、モンゴルの多くの国民は安心しました。しかし、同じ日に、IAEA総会にエンフサイハン代表が参加し、「モンゴルが、核廃棄物問題も含めて、核燃料サイクルのすべてのステージにおいて安全性を高め、核エネルギー利用にチャレンジしていく」という姿勢を明らかにしたことは報道されませんでした。(2)

2012年3月11日放送の日本テレビ系のドキュメンタリーのインタビューに、元モンゴル銀行総裁で国会議員チョローンバットが「ウランを売り、その廃棄物を受け入れる核ビジネスはモンゴルの政治経済に大きなメリットがある」と答えました。核燃料サイクルの国際化の本質を語っている、とモンゴルで大きな問題になりました。

2012年5月、バトボルド前首相は、「投資計画書2012〜2017年」案をまとめ、その中で核エネルギー庁が作成したドルノゴビ県ダランジャルガラン郡とドルノド県マルダイ村の放射性廃棄物保管、加工、埋蔵施設建設の計画に予算をつけました。NGOはこれが根拠であると記者会見し、閣議決定された予算では、同じ予算、同じ場所に放射線測定施設の建設と変わっていました。

2012年10月1日、3人の国会議員が、2013年度予算案のアルタンホイグ首相直轄の「第6プログラム　放射性鉱物資源と核エネルギー」という予算を削除させたと記者会見をしました。そこには原子炉の建設の他、放射性廃棄

物を保管し、安全な輸送、埋蔵に関連する事業が書かれていました。

バックエンドについては、国民の強い反発があるので、外国の核廃棄物の受け入れという点では政府も否定しています。しかし、モンゴルでウランを採掘し、精錬すれば、残土が出ます。「平和利用」であっても、核のゴミは出ます。放置すると大地に生きるすべての生物が被害を受けます。いずれ、処分場を作ることになるでしょう。外国からの核廃棄物の受け入れは、それから先の問題になると思われます。

核燃料サイクルの推進母体

このような核燃料サイクルの推進主体は誰でしょうか？

2007年、アメリカは「モンゴルアメリカ科学研究センター」をウランバートルに設立し、核燃料サイクル計画の推進母体を作りました。2008年にアメリカのスタンフォード大学で核磁気共鳴の客員研究員オンドラーを呼び戻し、同センターの研究員とし、S. オユン外務大臣の相談役につけました。2010年、オンドラーは、外務省特任大使となり、核関連の渉外担当となります。2011年3月、東京大学の田中知教授らは、同センターを訪問し、「モンゴル原子力イニシアチブ」という政策があり、ウラン採掘だけではなく、濃縮、燃料加工、使用済み燃料の中間貯蔵への参画を望んでいると報告書にまとめています。3月11日、田中教授ら主催の「核燃料サイクルの国際化」という会議で、同センターの若手研究員がモンゴル代表として参加し、「核廃棄物の引き受け条件は、モンゴルで生産した燃料であること」と述べたことが会議の記録に残っています。

国際的な核燃関連の協定

モンゴル政府は2008年に核エネルギー庁の下にモンアトムという国営企業を設立し、2009年にはロシアの国営企業ロスアトムとの間で、ウラン鉱山開発と中小型原子炉建設が合意。プーチン大統領がモンゴルに訪問して、ウラン探査と核エネルギー利用に関する二国間の覚書をかわしました。「放射性物質と核エネルギーの開発に関するモンゴルの国家政策」を国会で決した後、バヤル前首相は日本を訪問し、「核エネルギー及びウラン資源に関する協力覚書」をかわしました。同日中に、モンゴルは核エネルギー法を制定し、

後日「核エネルギーに関する国家政策実施プログラム」を採択しました。その後、インド、中国、フランス、アメリカ、韓国とウラン開発と核エネルギー利用に関する二国間協定を締結していきます。

つまり、モンゴル政府自身が、ウランを有利に輸出し、核関連事業による国際的な利害を分かちあう一員になる論理を選んだことで、モンゴルの風土と歴史が培った論理とは相容れない矛盾を発症させてしまったのです。

3．フロントエンドで起った家畜の異常死事件

矛盾は小さな命から吹き出しました。2013年の春、ドルノゴビ県のウラン鉱山周辺の119戸の牧家から700頭以上の家畜が異常死しました。事件はまだ継続中で、家畜の大量死とウラン鉱山の因果関係についてわからないこともあります。ここでは時系列にそって起こったことをまとめておきます。みなさんも、足尾銅山の鉱毒事件や水俣病の発生時のこと、日本の岡山県と鳥取県の境に位置する人形峠鉱山や世界のウラン鉱山周辺で起こったことを比べて、いっしょに考えてください。

2010年12月から2011年5月にかけて、フランスのアレバ社が70％出資をして設立したコジェ・ゴビ社が、オラン・バドラフ郡のドラーン・オール鉱山でウランを試掘していました。ここでは、イン・シチュ・リーチング法（ISL法）というウランを化学物質の入った水溶液で溶かして吸い上げる方法を試していました。削除された2013年度予算案ではここに工場建設が予定されていましたが、政府が重点開発しようとした鉱山で事件が起こったのです。

2012年12月26日、牧民ノルスレンは仔牛が死んでいるのに気づきました。そこは、コジェ・ゴビ社のウラン採掘地から6キロの地点。彼は1977年からこの地で家畜を飼い、理由なく家畜を死なせたことがありません。国から表彰されるほど優秀な遊牧民でした。

12月28日、核エネルギー庁とNGOが現地調査に行きましたが、コジェ・ゴビ社がすでに死んだ仔牛を焼却していました。しかし、その後もノルスレ

ン家の仔牛は死に、1月末までに22頭死にました。死んだ家畜の内蔵は、肺や胃、肝臓に腫れ物ができたり、黒い斑点ができたりしていました。

　3月11日、家畜繁殖研究所が、重金属と放射性物質が原因であると調査結果を公開しました。

　3月25日のウネン紙は「ウランの放射能が原因で家畜が死亡。牧民を緊急避難させることに決定」と報道しました。

　3月26日、核エネルギー庁は、「今も総合的な調査をしている最中であるにもかかわらず、結論が出たかのように公表し、現地では移住を始めた人がいるというのは遺憾だ」と家畜繁殖所の結論を否定しました。遊牧民は安全な場所に避難する権利を奪われることになりました。

　4月中旬、アルタンホイグ首相が、ドルノゴビ県で行われた会議に出席した時、牧民ノルスレンは直接被害を訴えました。首相は、「総合的な調査をし、原因究明しているところであり、また、民主党として、大地を汚染することのないクリーンなイエローケーキを取り出して、輸出する政策には変わりない」と答えました。

　5月1日、6ヶ月かけて、のべ100人の専門家が参加し、9千万トゥグルク（約560万円）を支出して行った政府の調査の報告を、アルタンホイグ首相は牧民ノルスレンの前で読み上げました。仔牛の死亡の原因は「ウランではない」「伝染病ではない」「銅とセレンとアンチモンが疑わしい」と聞いて、牧民ノルスレンは「ウラン鉱山で銅が原因とはどういうことだ？」と納得しませんでした。首相は、国際的な研究協力をえて、調査を継続すると幕をひきました。

　5月13日、自然保護団体や反核運動のグループが、ドルノゴビ県で現地調査を行い、牧民ノルスレン家以外の牧民家庭にも異常出産が起こっていると記者会見を行いました。

　5月28日、ドルノゴビ県の牧民や市民がウランバートルに来て、「政府がウランは原因ではないと言っても、私たちは100％ウランのせいだと思っている」と記者会見を行いました。

　牧民パンサルマーは、21戸の家畜の異常出産のリストを読み上げました。

目のない仔山羊・仔らくだ、1つ目の仔馬、唇のない仔山羊、あごのない仔馬、首のない仔山羊、頭のない仔羊、2つ頭の仔羊、仔馬、四角い頭の仔羊、3本足の仔牛、仔山羊、前足のない仔山羊、前足が立たない仔羊、寝たままの仔らくだ、2つ頭の仔羊、仔馬、四角い頭の仔羊、3本足の仔牛、仔山羊、前足のない仔山羊、前足が立たない仔羊、寝たままの仔らくだ。

牧民パンサルマーは、「今、2つ頭の仔羊が生まれています。この状態を放置し、私たちから2つ頭の子どもが生まれて初めて信用するのですか」と訴えました。

市民エルデネバットは、「最初は、ウランは有害じゃないと言って、若者を働かせました。コジェ・ゴビ社が操業した2、3年の間、そこで働いた若い人たちはたくさんいます。最近は、『やせた』、『毛が抜けた』、『目が赤い』、『皮膚がかゆく夜眠れない』と言います」と訴えました。

5月31日、オラン・バドラフ郡の牧民ガントゥルは、1500筆の署名をエルベクドルジ大統領に渡しました。

7月31日、アレバ社とコジェ・ゴビ社は、オラン・バドラフ郡の牧民や市民に対し、説明会を開きました。人々は納得せず、また、試掘の再開に対して反対の意志を明らかにしました。コジェ・ゴビ社は一旦重機を撤退させました。

10月26日、フランス、日本、モンゴルの企業は、家畜の異常死の原因がわからないドルノゴビ県オラン・バドラフ郡でウランを採掘する合意文書に調印しました。このニュースを見て、政府はウラン鉱毒をなかったことにし、核エネルギー開発を進めるのではないかとショックを受ける市民が増えました。フェイスブックのアイコンに No Nukes の黄色いたすきをかける人が急増していきます。

10月29日、S.オユン環境大臣は新聞記事のインタビューに対し、「ウランを掘っても、人間にマイナスの影響はない」「オラン・バドラフ郡はもともとセレンが多く、家畜は虚弱であった」と言いました。この発言に失望する人がさらに増えました。

11月13日、アルタンホイグ首相は、「ドルノゴビ県の家畜の死亡の原因は

II　構造的暴力の洞察

首都ウランバートルの「フクシマを忘れるな」デモに参加したオラン・バドラフ郡の遊牧民たち（中央のプラカードは「私たちにはウランではなく健康に生きる未来が必要だ」と書かれている。2013年3月11日。NGOゴロムト・モンゴル反核運動提供）

セレンである」と断言しました。ノルスレン家以外の遊牧民の被害は調査されないままです。

　草原で草を食む反芻家畜は、一度に大量の草を胃袋（ルーメン）に放り込むので、微生物や原生動物が解毒します。特に、セレンは、微生物体内で有機セレンに変えて、解毒することを知りました。このウラン鉱毒事件、大地に生きる生命の論理を総動員して、単純な利害で動く人間の仕業を論破してみたいと思いました。

【注】
(1)　http://www.iaea.org/NuclearPower/Downloads/Technology/meetings/2011-Oct-3-6-SMR-TM/3-Wednesday/5_MONGOLIA_Tsuren_TM3-6Oct2011.pdf
(2)　http://www.iaea.org/About/Policy/GC/GC55/Statements/mongolia.pdf

【参考文献】
モンゴル研究会、『モンゴル研究』28号、モンゴル核問題特集号、2013年
三秋尚『モンゴル遊牧の式―ゴビ地方遊牧民の生活誌』鉱脈社、1995年
小野寺良次『牛はどうやって草からミルクをつくるのか―ルーメンの秘密』新日本出版、1990年
一般財団法人日本原子力産業協会（http://www.jaif.or.jp/）

（今岡良子）

無知の傲慢
──暴走する核エネルギー利用──

【キーワード】
核兵器　原子力発電　原子核　放射線　核分裂　核融合　核エネルギー

はじめに

　今、日本で暮らす人々に「あなたは、日本は平和だと思いますか？」と聞けば、多くの人は「平和だ」と答えるであろう。戦争や紛争が身近にはないという意味では、確かに平和であろう。しかし、居住地域からそう遠くないところに原子力発電所（正しくは「原子核力発電所」）が林立し、それらの危険性の本質が多くの国民に理解されていないまま再稼働されようとしている。さらに、米ソの冷戦後には核兵器が消えたかのように錯覚している日本人が多い中で、「使える核兵器」の脅威が高まっている。このような、自身や家族や子孫の生命がおびやかされかねない状況にあるという意味では、決して平和とは言えない。

　放射線は医療、工業、農業などの様々な分野で活用されており、現代生活に不可欠な存在となっている。しかし、核兵器がまき散らす放射性物質の種類や量は、身近に利用されている放射性物質とは全く異なる。さらに、原子力発電所や核燃料再処理工場内に存在する放射性物質の量は、核兵器とは比較にならないほど多い。これらの施設がトラブルを起こした場合、空間的・時間的影響はきわめて甚大になる。人々のDNAが傷つけられる事態が地球規模で発生し、がんが多発し、間違った遺伝情報が何世代にもわたって継承

されるといった事態に発展し得る。

　わが国の「核燃料サイクル」は、使用済み核燃料からプルトニウムを取り出し、残った放射性廃棄物を地中深くに埋めて、10万年にわたって管理するという計画で進められているが、10万年ものあいだ安定な環境を想像することは難しい。想像力を欠いた政策が、40年以上前から推し進められている。一旦走り出した核エネルギーの利用が止まらないのは、核兵器の廃絶が実現しないことと似ている。人間は強い放射線の前に無力であり、人類は原子力発電や核兵器とは相いれないという事実を見ようとしない限り、この状況は続く。

　本稿では、原子核や放射線について簡単に解説した後、核兵器や核エネルギーの開発がいかに短い期間に、いかに多くの科学者たちを動員して行われたのか、そして彼らがどのように政治に翻弄されたのかという歴史を振り返り、私たちの課題を考える。

1．「無知の傲慢」

　2011年3月11日の東日本大震災をきっかけに始まった、東京電力福島第一原子力発電所でのきわめて深刻な事態は、原子力発電というシステムの持つ本質的な脆弱さをあらためて明らかにした。「全ての電源が失われたら、あっという間に炉心溶融に至る」といった警告はこれまで何度もなされていた。しかし、2010年5月に開催された衆議院経済産業委員会において、当時の原子力安全・保安院長は「日本の原子力発電所は多重防護の考え方で設計がなされており、安全が確保されている。……そもそも、そのようなことが起こらないように設計されている。……全電源喪失は現実にはあり得ない」と言い切り、議論に応じようとしなかった。安倍晋三内閣総理大臣が2013年9月7日に開催されたIOC総会において世界に向けて発した言葉、"Some may have concerns about Fukushima. Let me assure you the situation is under control."も客観的事実を見ようとしない態度に根ざしており、内橋克人が1986年刊行の『原発への警鐘』（講談社）で述べた、「無知の傲慢」とい

う言葉を思い出させる。

「恐るべき日本的曖昧さ」と「無知の傲慢」に支援されて、ひとり原発は肥大化のピッチを上げ、立ち止まる暇も振り向く余裕もないまま、日本人は原発超大国への帰らざる河を渡ってしまった。……アメリカにおいて、原発の設置には住民参加の避難訓練が義務づけられる。避難訓練への参加を拒否する住民が存在すること自体、裁判所による原発設置不許可の理由となっている。「万一はあり得る」との前提に立つアメリカ。それに対し、表向き原発は「絶対安全、事故はあり得ぬ」と唱え、科学的事実をひた隠しつつ、その実、万一に備えて大量の沃化カリウム錠剤を周辺保健所に配布、保管しておく、という欺瞞に満ちた原発行政を続ける日本——その余りの鮮やかな対比に打たれるほどだ。

「原発への警鐘」から30年近くが経過し、「日本の原子力発電所は絶対安全」という宣伝の欺瞞が明らかになったにもかかわらず、何事もなかったかのような原発再稼働や原発輸出の動きは、「無知の傲慢」の状況がますます進んでいることを示している。

2．核エネルギーとは

　宇宙の進化の過程で蓄積された核エネルギー（原子核が内在するエネルギー）は、それを解き放つ方法が1938年末に発見されてから驚くほど短い期間で核分裂爆弾という形で利用された。戦後、核エネルギーの軍事利用は、核融合反応を利用した水素爆弾や、潜水艦の長期潜航を可能にした原子力発電へと拡大を続けた。米ソの核兵器開発競争の激化と第三次世界大戦への脅威の中で、米国は核兵器独占を通じた優位性を確保すべく「平和のための原子力利用（atoms for peace）」戦略を打ち出し、日本のエネルギー政策を原子力発電中心にシフトさせることに成功した。以後、わが国における原子力発電量は計画通りに増え続けてきた。

Ⅱ　構造的暴力の洞察

　以下では、原子核や放射線の概略を学んだ後に、広島を壊滅させたわずか3日後に長崎でも核分裂爆弾を炸裂させることを必然とした、政治の暴走を振り返る。

原子核と放射線

　原子核の存在が明らかになったのは、今からわずか100年余り前の、20世紀始め頃のことである。アーネスト・ラザフォード（英）のグループは、原子の中心には正の電荷を持つものが存在すること、その大きさは原子の大きさの1万分の1である10^{-14}mしかないことを明らかにし、これを原子核と名付けた（1911年）。原子を東京ドームに例えると、原子核は1円玉の大きさしかないほど大きさが異なる。しかし、原子核の質量は原子の99.9%以上にも達する。原子核の放出する放射線のエネルギーは原子を結合させているエネルギーの100万倍も大きい。

　続いて、原子核が原子番号に等しい個数の陽子とそれに近い数の中性子から成り立っていることを明らかにしたのもラザフォードのグループであった（1932年）。こうして、化学的には同じ性質なのに質量の異なる元素（同位元素と呼ぶ）は、陽子の数は共通だが中性子の数が異なっているような原子核を持つ元素に他ならないことが理解された。例えば、炭素の原子核は、陽子6個と中性子6個からなる炭素12（^{12}Cと書く、12という数字は陽子と中性子の総数を表す、地球上では炭素の98.93%がこの原子核を持つ）以外に、中性子の数が一つ多い炭素13（^{13}C、1.07%）という安定な同位元素が存在する。炭素の同位元素には、炭素9から炭素22まであり、炭素12と13以外の11種類の炭素同位元素は全て不安定で、ベータ線と呼ばれる放射線の一種を放出してホウ素あるいは窒素に変化する。その原因は、炭素の原子核がホウ素や窒素の原子核に変化（ベータ崩壊）するためである。

　どのような原子が存在するのかを表すのに周期表が用いられることは良く知られている。原子核の種類を表すには、陽子数と中性子数という2つのパラメーターが必要なので、横軸に中性子の数、縦軸に陽子の数をとった二次元座標面を用いるのが便利である。次ページの図はその例で、横軸と縦軸が

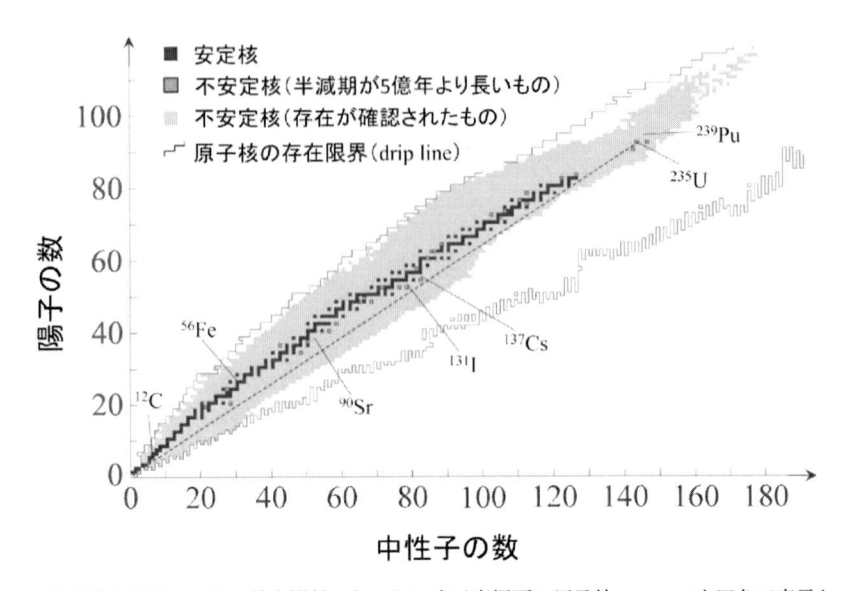

■ 安定核
■ 不安定核（半減期が5億年より長いもの）
■ 不安定核（存在が確認されたもの）
⎍ 原子核の存在限界 (drip line)

縦軸：陽子の数
横軸：中性子の数

図中ラベル：^{12}C, ^{56}Fe, ^{90}Sr, ^{131}I, ^{137}Cs, ^{235}U, ^{239}Pu

中性子数を横軸に、陽子数を縦軸にとった二次元座標面に原子核一つ一つを四角で表示したもの（核図表：nuclear chart と呼ばれる）。黒色が安定核（254種）を、灰色がこれまでに発見された不安定核（約3000種）を表す。濃い灰色は半減期が5億年より長い不安定核（ウランなどの32種）で、地球環境中に存在して放射線を放出している。ギザギザの実線は理論的に予測される原子核の存在限界（これらの線よりも多く中性子や陽子をくっつけようともこぼれ落ちるという意味で drip line と呼ばれる）を示し、実線で囲まれた領域には原子核が存在すると考えられている。軽い安定核では陽子数と中性子数がほぼ等しいが、重い安定核では陽子の数よりも中性子の数が多いことに注意。したがって、中性子を多数含むウランが核分裂して生成される原子核は、図の点線の近くの、中性子が多い不安定核の領域にあるものが主となる。このため、使用済み核燃料内には不安定核を含む化合物（放射性物質）が大量に存在する。また、核兵器からは大量の放射性物質が大気中にまき散らされる。

整数値をとる交点上に小さな四角を描いて原子核を表している。黒い四角が安定核（他の原子核に変化することはなく、放射線を出さない）を表し、254種類ある。有限の寿命を持って別の種類の原子核に変化する不安定核は、図のギザギザの線で囲まれた領域に存在する（結合状態をつくることができる）

Ⅱ　構造的暴力の洞察

と予測されている。そのうち、これまでに存在が確認されたものを灰色で表している。その数は約3000種におよぶが、未発見のものは3000種以上も残されている。不安定な原子核は宇宙空間に満ちあふれており、元素合成の過程で重要な役割を果たしていると考えられている。

核融合と核分裂——核エネルギー解放の仕組み

　1935年、若き理論物理学者カール・フォン・ヴァイツゼッカー（独）は、原子核内で働いている力（核力）を考察することによって、原子核の質量を数式として示した（質量公式）。質量を陽子・中性子の総数で割ったものがより小さければ、その原子核はより固く結合していることを意味するが、重陽子からウランまで様々な原子核についてこれを調べたところ、鉄56（^{56}Fe。陽子数26、中性子数30）あたりの原子核が最も固く結合していることがわかった。

　ヴァイツゼッカーとハンス・ベーテ（独→米、矢印は亡命を表す）は、鉄よりも軽い原子核二つがくっついて重い原子核をつくる（この過程を核融合と呼ぶ）ことが出来たら、質量の差に相当するエネルギーが放出されることに、それぞれ独立に気づいた。そして、太陽などの恒星が膨大なエネルギーを生み出しているのは、4つ水素の原子核（陽子）がいくつかの核融合反応とベータ崩壊を経て、一つのヘリウムの原子核に変化しているためであると考えた（1938年）。

　ヴァイツゼッカーの質量公式に従えば、鉄よりも重い原子核が軽い原子核に分かれる際にもエネルギーが放出されるはずである。しかし、ウランなどの重い原子核は分裂せずに存在している。これは、原子核がゆがんで分裂しようとすれば、引き戻される引力が働くからである。分裂しようとする原子核の前に、山（核分裂障壁と呼ぶ）が立ちはだかっているようなイメージである。山を越えさせることさえ出来れば、背後の深い谷に滑り降りてエネルギーが得られる。ユダヤ系女性物理学者リーゼ・マイトナー（独→スウェーデン）は、ウラン235（^{235}U。地球上に存在するウランの0.7％）に中性子をぶっつけて吸収させた場合には、核分裂障壁が低くなって原子核が分裂でき

ることを示した（1938年末）。核分裂障壁が低くなるのは、中性子を吸収してできた原子核の陽子の数と中性子の数の和が偶数になった時により強い引力が働くという、原子核内で働く力の性質のためであり、圧倒的に高い存在比（99.3％）のウラン238に中性子を吸収させても核分裂は起こらない。

　マイトナーはヴァイツゼッカーの質量公式を使って、核分裂によって膨大なエネルギー、炭素原子と酸素分子が結びついて二酸化炭素ができる際に発生するエネルギーの5000万倍ものエネルギー、が放出されることを示した。この発見は1月もたたないうちに世界中に伝えられ、さらに、核分裂の際には複数個の中性子も同時に放出されることが確かめられた。このことは、後に述べるように、爆弾への応用の可能性を示しており、米国（1939年）、ドイツ（1939年）、日本（1941年）で原子核爆弾の開発研究が開始された。

3．歯止めなき核兵器開発競争

核分裂爆弾の可能性とアインシュタインの手紙

　マイトナーの核分裂発見のほんの少し前の1938年11月9日、ナチス政権下のドイツでは反ユダヤ主義のもとでの組織的暴動（水晶の夜）が発生し、これ以後、ユダヤ系の人々に対する国家による暴力が極限にまでエスカレートした。核分裂現象を知ったユダヤ系物理学者たちは、ヒトラー政権が核エネルギーを手にすることを強く懸念した。

　ユダヤ系理論物理学者レオ・シラード（ハンガリー→米）は、核分裂の際に複数の中性子が放出されるという事実から、連鎖核分裂反応を用いた爆弾の可能性にいち早く気づいた。すなわち、中性子が近くのウラン235に吸収されるならば、核分裂反応の数はネズミ算式に増えていくことができ、桁外れに強力な爆弾をつくることができるだろう。シラードは、「あの俊才ヴァイツゼッカーがいるナチスドイツはきっと核爆弾の開発を始めるだろう、それより先に反ファシズム勢力が核爆弾をつくらなければならない」との思いから、米国大統領フランクリン・ルーズベルトに働きかけることにした。シラードは、ルーズベルト大統領宛の手紙の中で、ヴァイツゼッカーの存在と

Ⅱ　構造的暴力の洞察

ドイツ軍が接収したチェコ・ヤヒモフのウラン鉱山をあげて緊急性を訴え、米国に亡命していたユダヤ系理論物理学者アルバート・アインシュタイン（独→米）に署名をさせた（1939年8月2日の日付）。

マンハッタン計画——秘密の核爆弾開発プロジェクト

　ルーズベルトにアインシュタインの手紙が届けられたのは、ドイツのポーランド侵攻から一月経った1939年10月11日だった。しかし、連鎖核分裂反応を利用した爆弾を開発するという決断はなされず、潜水艦の動力源（制御された連鎖核分裂反応を利用）として核分裂エネルギーを利用することが検討されただけだった。爆弾とするためには大量のウラン235を用意しなければならず、とてつもなく困難だと思われたからである。それでも、イタリア人物理学者エンリコ・フェルミ（伊→米）の、天然ウラン（濃縮しないウラン）を用いた連鎖核分裂反応実証実験（人類初の原子炉）には資金提供がなされた。

　一方、イギリスに亡命していたユダヤ系物理学者オットー・フリッシュ（マイトナーの甥で、マイトナーと共に核分裂を発見、独→英）と、同じくユダヤ系理論物理学者のルドルフ・パイエルス（独→英）は、連鎖核分裂反応の理論的な検討を重ね、5キログラムのウラン235でも数キロトンのTNT火薬に相当する強力な爆弾をつくることができることを示した（1940年2月）。その後のイギリスグループによる詳細な検討結果はフリッシュとパイエルスの予測を支持し、核爆弾は一気に現実味をおびた。物理学者たちは「いずれどこかの国がつくるだろう」と確信していたと言う。亡命科学者たちのナチスドイツに対する恐怖心が、いっそう高まったに違いない。イギリスグループの報告書は1941年10月にルーズベルト大統領に届けられた。

　1941年12月の日本軍による真珠湾攻撃は、第二次世界大戦をヨーロッパの戦争と見なしたい米国を連合国の中心に引きずり出した。1942年10月、ルーズベルト大統領は核兵器開発プロジェクト「マンハッタン計画」を承認した。20億ドルの巨費を投じ、12万5000人が30カ所を越える施設で核分裂爆弾の実現を目指して活動した、秘密のプロジェクトである。科学部門の責任者に任命されたのは、ユダヤ系理論物理学者のロバート・オッペンハイマー（カリ

フォルニア大学教授、38歳）で、ニューメキシコ州ロスアラモスの人里離れた所に建設された秘密の研究所の所長として、卓越したマネージメント能力を発揮した。プロジェクト全体の責任者となったのは、レスリー・グローヴス陸軍准将（46歳）であった。つまり、このプロジェクトは軍が管理し、開発の中心を担った3000名を越す科学者・技術者たちは世間から完全に隔離された。

　1942年12月にはフェルミらの原子炉が臨界に達し、制御された連鎖核分裂反応によって大量の中性子を発生させることに成功した。これらの中性子をウラン238（天然ウランの主成分）に吸収させれば、1941年2月にグレン・シーボーグ（米）らによって人工的に生成された新元素のアイソトープ、プルトニウム239を原子炉において大量生産することが可能になる。プルトニウム239はウラン235と同様に中性子を吸収すると核分裂するので、核分裂爆弾の材料となる。こうして、プルトニウムを用いた核分裂爆弾の可能性が急浮上した。

　ただちに、ワシントン州ハンフォードにプルトニウム239を生産するための原子炉が建設された（1943年1月建設開始）。この原子炉の設計を行ったのは、ユダヤ系理論物理学者のユージン・ウィグナー（ハンガリー→米）である。ここで製造されたプルトニウム239が、人類初の核爆発実験（1945年7月16日）と長崎に投下された核爆弾に使用された。他方、ウラン235の濃縮工場がテネシー州オークリッジに建設された（1943年4月建設開始）。こうして得られたウラン235が広島に投下された核爆弾に使用された。広島型と長崎型では、核燃料と構造が異なることに注意して欲しい。

科学者たちを熱中させたもの

　核爆弾は驚くほど良く工夫されている。最も大切なことは、少ない核燃料でも連鎖核分裂反応が一気に進むことである。そのためには、核燃料と中性子の密度が高くなければならない。しかし、爆発前は核分裂反応が起こってはならない。そこで、核燃料を分割して配置し、火薬で核燃料を一気に合体させて臨界量を越えるようにした（広島型では2分割、長崎型では32分割）。

　しかし、最初の中性子が存在しなければ連鎖反応は始まらない。そこで、

核燃料が合体した途端に中性子を放出するものを置いた。それはアルファ線を放出する放射線源（ポロニウム）とベリリウムをアルミニウムの薄膜を隔てて置いたものである。アルファ線はアルミフォイルで遮られてベリリウムに届かないが、核燃料が合体する際に薄膜が破れると、アルファ粒子がベリリウムに侵入して中性子が放出される。これは1932年に中性子が発見された際の中性子生成法に他ならない。

　さらに、核分裂のエネルギーによって未分裂のウラン235や中性子が核燃料体から逃げ出さないようにするために、ウラン235の核燃料体を天然ウランで取り囲んだ（ダンパー）。こうすることで、効率良く核分裂を持続させることができ、核燃料を大幅に節約できた。ダンパーとして使われた天然ウランは核爆発のエネルギーを得て核分裂障壁を乗り越え、核分裂することに注意して欲しい。こうして生成された不安定核（核分裂片）も大量に大気中にまき散らされ、被ばくをより深刻化した。

　実は、科学者たちが最も熱中したのは、プルトニウム239を用いる長崎型核爆弾であった。原子炉を運転した後のウラン核燃料（使用済み核燃料）中にはプルトニウム239が生成されているが、ウランとプルトニウムは化学的性質が異なるので、プルトニウム239を取り出すのは圧倒的に容易である。核爆弾の大量生産も可能になるだろう。

　しかし、思わぬ伏兵がいた。それはプルトニウム240の混入である。原子炉の中では、ウラン238が中性子を吸収してウラン239が生成されるが、それは半減期23分でネプツニウム239へとベータ崩壊する。ネプツニウム239は半減期2.4日でプルトニウム239（半減期24000年）へとベータ崩壊する。この段階でプルトニウム239を取り出すことができれば話は簡単だが、プルトニウム239のうちの一部は中性子を吸収してしまい、プルトニウム240（半減期6600年）も生成される。プルトニウム240は、中性子がやって来なくても勝手に核分裂してしまう（自発核分裂という）という確率が、プルトニウム239の7万倍も大きい。すると、起爆後、核燃料が合体する途中で起こる自発核分裂によって核燃料が飛散してしまう（未熟核爆発）。これでは連鎖核分裂反応に至らない。

この問題に科学者たちは夢中になった。画期的なアイデアを出したのはセス・ネッダマイヤー（米）であった（1943年4月）。核燃料を32個に分割して球面状に並べ、核燃料の外側に燃焼速度の異なる2種類の火薬を置く。火薬の爆発によって発生する衝撃波が内側に向くようにし、未熟核爆発によって核燃料が飛び散るより早く内側に押し込める（内側に向かう爆発という意味で、爆縮（implosion）と呼んだ）というやり方である。数ヶ月にわたる数値計算によってプルトニウム型核爆弾の最適な構造を決定したのは、ユダヤ系数学者のジョン・フォン・ノイマン（ハンガリー→米、ノイマン式計算機の発案者）であった。

こうしてあみ出された爆縮方式が本当にうまく行くかどうかを、科学者たちは確かめずにはおられなかった。長崎にプルトニウム核爆弾が投下されるわずか24日前の1945年7月16日、ニューメキシコ州アラモゴードにおいて核爆発実験が行われた。ウラン235を用いた広島型核爆弾が事前のテストなしに投下されたことを思うと、科学者たちのプルトニウム核爆弾にかけた意気込みが感じられる。

苦悩した科学者たちと水爆開発に向かった科学者たち

アラモゴードでの核爆発実験に立ち会った科学者たちの多くは、核エネルギーのすさまじさに恐怖した。爆発の威力は数値としては理解していたものの、目の前で起こったことは科学者たちの想像をはるかに上回るものだった。マンハッタン計画科学部門責任者のオッペンハイマーは、そのときバガヴァッド・ギーターの一節「我は死神なり、世界の破壊者なり」を思い出し、このようなものをつくったことを悔いたという。

この実験の8ヶ月前の1944年11月15日、科学者出身の軍人で編成された連合国軍部隊アルソスがカール・フォン・ヴァイツゼッカーを拘束し、ドイツの核爆弾開発状況を尋問した。そして、「ドイツの核兵器の脅威」が幻想であったことを理解した。さらに、1945年5月7日のドイツ無条件降伏によって、核爆弾開発の当初の目的が完全に失われた。しかし、新たに就任した米国大統領のハリー・トルーマンは、日本で核爆弾の威力を試すことを決定し

Ⅱ　構造的暴力の洞察

た。マンハッタン計画に参画した多くの科学者たちは日本への核爆弾投下に反対する署名活動を行ったが、政治の暴走を止めることはできなかった。後にトルーマンは「新しい強力な兵器があるとき、それを使わないのは愚かなことだ」と語っている。

　一方、核分裂爆弾の威力を目の当たりにしても動じず、もっと強力な核兵器を手にしてソ連に対抗することを目指した、ユダヤ系理論物理学者エドワード・テラー（ハンガリー→米）らについても紹介しておかなければならない。彼は核分裂の熱エネルギーを利用して核融合反応を起こさせれば、さらに強力な爆弾（水素爆弾）が得られることを早くから主張していた。1950年1月、トルーマン大統領は水素爆弾の開発を命じた。テラーは数学者のスタニスラフ・ウラム（ポーランド→米）と協力して、テラー・ウラム型と呼ばれる水素爆弾を考案した（1951年）。これが人類初の水爆実験で実証された（1952年1月11日、マーシャル諸島エニウェトク環礁にて）。続いて、爆撃機に搭載できるサイズの実戦型水素爆弾が1954年3月1日にビキニ環礁でテストされ、160km離れた公海上で操業中の第五福竜丸が放射性降下物（「死の灰」、核爆発で生成された不安定核からなる化合物）によって被ばくした。1953年12月8日にドワイト・アイゼンハワー大統領が国連総会で行った「atoms for peace」の演説からわずか3ヶ月後のことである。平和を訴えながら、一方で水爆開発を進めるという米国の姿勢は矛盾して見えた。ソ連が水爆実験に成功したのは、そのわずか2年後の1955年11月22日のことであった。際限なき軍拡競争の幕開けである。

　オッペンハイマーは水素爆弾の開発に強く反対し、テラーらと対立した。すると、マッカーシーの赤狩りによって危険人物に指定され、1953年12月に公職追放を宣告されてしまった。核兵器開発に絶大な貢献をし、物理学でも大きな功績を残した人物であっても、暴走する政治に抹殺されてしまったのである。

ハリー・トルーマン大統領の登場と核戦略

　話を核分裂型の爆弾に戻そう。核爆弾の開発が大詰めを迎えていた1945年

4月12日、ルーズベルト大統領が脳卒中で突然死去し、副大統領だったハリー・トルーマンが同日に大統領に昇格した。トルーマンはマンハッタン計画について何も知らされていなかったという。彼は、ヤルタ会談で約束されたソ連の権益を反故にし、米国が戦後世界の警察官としての地位を確立するために、このとてつもなく強力な兵器を利用する決心をした。

　ベルリン郊外のポツダムで米英ソの首脳が戦後処理を協議したポツダム会談は、1945年7月17日、核爆弾実験の翌日に始まった。この日付には重要な意味がある。トルーマンは実験成功の報を待ちわびて、会談の開始を2週間も引き延ばしていた。会談当日、トルーマンの態度が前日までとはうって変わって高圧的になり、あれこれ指図するようになったことに、チャーチルは驚いたという。トルーマンは、核爆弾を投下するより前に日本が降伏しないよう、ポツダム宣言から天皇制維持条項を削除したり、スターリンに署名をさせなかったりといった工作を行った。上機嫌のトルーマンが「米国は強力な新兵器を手に入れた」とスターリンの耳元でささやいた時、スターリンは軽くほほえんだのみだったという。しかし、スターリンは核爆弾の構造や核実験の詳細を、マンハッタン計画に加わっていた理論物理学者クラウス・フックス（独→イギリス、1950年にスパイ容疑で逮捕）を通じて知っていた。スターリンはこのとき核開発競争を決意したのではなかろうか。早くも1949年8月29日には、ソ連はプルトニウム型核爆弾の実験に成功した。

2つの核爆弾投下

　米国民の大多数は「原爆投下は戦争終結を早め、その結果多くの人々の命が救われた」と信じているそうである。現実には、2発の核爆弾が炸裂しても日本の指導者たちは動じず、御前会議でも「新型爆弾」は話題にのぼらなかった。降伏を決心させたのはソ連の参戦であったと言われている。核爆弾の威力を考えれば、広島への投下で充分な打撃を与えたはずであるが、トルーマンは2発目の投下も命じた。それは、戦後の核兵器の中心となるはずのプルトニウム型核爆弾であったから、何としても破壊や殺戮の効果を確認したかったのであろう。

Ⅱ　構造的暴力の洞察

　核爆弾投下後の悲劇については他の多くの文献に譲る。以下では、他ではあまり取り上げられない物理的過程を中心に、人々がどのように殺されたのかを概説しよう。連鎖核分裂反応は100万分の1秒（0.000001秒）程度で終了したと考えられる。その間、多数の中性子と核分裂片が光速の数％程度のスピードで走り始めた。中性子の一部は爆弾を構成する物質中の原子核に吸収され、ガンマ線やX線が放出された。大気中に飛び出したガンマ線や中性子が大気中の原子核と衝突して、さらに多数のガンマ線やX線を生成した。100万分の2秒程度後には、これらのガンマ線やX線が地上の人々の体に入射した。少し遅れた100万分の30秒後には、大量の中性子が地表に届いた。中性子の一部は建物を構成する物質中の原子核と衝突して、多数のガンマ線やX線を発生させた。こうして、爆心近くにいた人の体を、致死量をはるかに越える、数兆個ものガンマ線、X線、中性子線が貫いた。

　一方、この時までに、核爆弾内部は核分裂片の膨大な運動エネルギーによって温度250万度程度まで加熱され、爆弾を構成する物質はプラズマ（イオンと電子の雲）へと変わった。大気もプラズマに変えながら、明るく輝く火球（fire ball）が出現した。火球がどんどん大きくなるにつれて火球の温度が下がり、放出される光の波長が次第に長くなった。直径300m程度に膨らんだとき、可視光領域の光が最も強くなり、人々は強い光（ピカ）を感じた。これが爆発の0.2秒後頃のことである。波長がさらに長くなって赤外線領域に達した2秒後頃までに、人々は太陽熱の数万倍もの熱線を浴びて焼かれた。

　急速に膨らんだ火球は周りの空気を圧縮し、衝撃波を発生させた。衝撃波が地上に達したのが1秒から数秒後で、このとき人々はすさまじい音（ドン）を聞いた。衝撃波によって1平方メートルあたり20トンもの圧力がかかり、建物は一瞬のうちに潰された。続いて火災が発生し、上昇気流によって放射性物質が巻き上げられ、黒い雨とともに広い範囲に降下し、多くの人々を被ばくさせた。このように人々は「幾重にも」殺されたのである。

嘘のプロパガンダと情報の制限、放射線の影響調査
　マンハッタン計画における軍人ナンバー2であったトーマス・ファレル准

将は、1945年9月6日、東京において連合国の海外特派員向けに「広島・長崎では、死ぬべき者は死んでしまい、9月上旬現在において、原爆放射能のために苦しんでいる者は皆無だ」とする声明を発表した。健康そうに見えた人々が急性放射線障害によって次々と亡くなる様子が、一部の特派員によって報道されたことに対抗した措置であった。1945年9月19日、日本を占領していた連合国司令部は、プレスコード（新聞遵則）およびラジオコード（放送遵則）を発令して原爆報道を規制するとともに、日本国民の手紙などの検閲を開始した。これらにより、多くの原爆資料が没収された。日本人が原爆情報に接したのは、規制が解除された1952年以降のことだった。被ばくの悲惨な実態が明らかになるにつれて核兵器廃絶の運動が世界的に高まったが、米国は核爆弾投下によって救われたはずの命の数をどんどん増やして原爆の効用を宣伝した。これが米国民の多くの信じるところとなっている。

　ファレル准将の声明とは裏腹に、米国は占領直後から被ばく者の臓器やカルテを没収し、本国に持ち帰った。人体への放射線の影響調査は当初から織り込み済みの関心事であったことは疑いない。さらに、原爆傷害調査委員会（Atomic Bomb Causality Commission、ABCC）を設置して、生き残った人々の徹底的な調査を行った。その後も、米国は放射線が人体に及ぼす影響について、あらゆる機会を利用して調査研究を続けている。しかし、得られた知見は軍事機密であり、表に出ることはない。

止まらない核エネルギー利用

　ここまで、米国がどのように核兵器を開発してきたのかを中心に眺めてきた。しかし、規模こそ全く違うが、核兵器開発はドイツや日本でも行われていたことに注意されたい。圧倒的に優位に立てる兵器の可能性があればそれを目指すという、政治の構造的問題なのである。中性子爆弾（爆発の威力を抑え、中性子の発生量を増やして人間を殺すことに特化）や小型の核分裂爆弾のような「使える核兵器」の登場後は、「核の傘が有効」という論理は破綻している。「発電用原子炉で得られるプルトニウムは質が低いので核兵器には使えない」と説明してきた日本政府に対して、米国カーター政権がこれ

Ⅱ　構造的暴力の洞察

を否定して、核兵器製造可能とする見解を伝えていたことが、つい最近報道された。今や世界のどこで核兵器が作られても不思議はない状況になっている。日本の原子力発電が、「核の平和利用」という米国の核戦略の一環として導入され、米国のプルトニウム管理のもとで稼働されているという現実も、政治の構造的問題に根ざしている。

おわりに

　2008年4月、わが国の月周回衛星「かぐや」が、月の地平線からのぼる地球の映像「満地球の出」を送ってきた。この美しい映像を眺めていると、138億年の宇宙の歴史の中で、私たちはこのちっぽけな天体の上で、たまたま時間を共有して生存していることに気づかされる。国という境界を設定して争ったり、放射性物質で地球を汚染して生命の存在を危うくするなど、何と愚かなことよと訴えかけてくる映像である。

　どんな形のエネルギーであっても、エネルギーを利用すれば最終的には熱エネルギーとして環境中に放出される。石油や天然ガスなどの化石燃料の使用は、長い年月をかけて動植物が太陽エネルギーを化学エネルギーとして蓄積したものを、非常に短い時間に環境に放出することを意味する。核エネルギーの利用も、宇宙の進化の過程で蓄積された膨大なエネルギーを一気に放出することに他ならない。増え続けるこれらのエネルギー利用が、ついには海の深層に至るまで海水温を上昇させつつあるという深刻な事態をもたらしている。その重大さに気づかない「無知の傲慢」を許せば、人類の生存がおびやかされることは自明である。

　核兵器や核エネルギーを利用した発電の本質的な問題や危険性を、地球上で暮らす多くの人々が理解することが、これらの廃絶に向かう第一歩だと思う。そのためには、「理系的な内容は苦手、専門家がちゃんとやっているはず」といった態度を変えることが重要である。細かなことはわからなくて良い。何が本質かを見抜く力を身につけよう。

（下田　正）

世界社会フォーラム
——グローバルな構造的暴力に立ち向かう試み——

【キーワード】
社会運動　　世界社会フォーラム　　参加型民主制　　第三世界
オキュパイ運動

1．環境・貧困・病気…押し寄せる難問

　我々の住むこの地球には、数々の問題があふれている。環境、貧困、病気、戦争、差別、政治的抑圧、等々である。このうちいくつかは、この本を読まれている方々に直接関係している。例えば、気候変動（いわゆる地球温暖化）の問題は、多かれ少なかれ全人類に関係する問題である。また、残念ながら日本国内にも多くの差別や貧困の問題は残されており、直接、間接にそれを感じている方も少なくないだろう。一方、アフリカ等で見られる飢餓や戦争といった問題に直接関わる経験を持っている人は、現代日本ではそんなに多くはないであろう。アフリカでは毎年、マラリアやエイズによって数多くの人々（その多くは子どもであろう）が命を落とすが、医療・保健衛生とそれを経済的に補償する健康保険が発達している日本では、そういったことは喫緊の課題ではないし、実感もしにくい。

　しかし、広義の意味で「平和に暮らせる」ということは、単に（銃火器などを使った）戦いがないということではなくて、こういったすべての社会問題で命を落としたり、強く苦しめられたりすることなしに生活が送れる、ということであるはずだ。また、気候変動による食料生産の悪化や、希少な資源を巡る争いは、地域的あるいは地球規模での紛争を引き起こす。そのため、

私たちはこれらの問題を、人権の原則に則り、対話によって解決していく必要がある。つまり、グローバルで総合的な「平和」のために、グローバルでありながらローカルな問題に注意を払う、新しいタイプの民主制が必要なのである。こうした民主制の提案は様々な形でなされているが、ここでは、そのうち最も大規模な「世界社会フォーラム」の試みについて見ていくことにしよう。

　通常多くの社会問題は別々に議論される。たとえば環境問題を扱うのは「シエラクラブ」や「フレンド・オブ・ジ・アース」であり、アフリカの健康問題を扱うのは「国境なき医師団」であり、先進国の貧困や経済格差を扱うのは各国の労働組合であり、という案配である。しかし、これらはそれぞれ独立した問題なのであろうか。

　これらの問題は相互に関係していて、個々に対応していてはとうてい解決は見込めないのではないかとして、環境や貧困など様々な問題に個別に取り組んでいた運動の相互の連携が始まったのは、1999年にアメリカのシアトルで開かれた世界貿易機関（WTO）の閣僚級会議への大規模な抗議運動のときであったと言われている。

　WTO（この問題についてはあとで詳述する）で目指されているのは、世界を単一の市場として統一することである。アメリカを中心とした議論では、世界の貿易に関する様々な「障壁」を出来る限り取り払い、企業が自由に活動できるようになれば、世界はより便利に、より豊かになる。確かに、世界のどこに行っても24時間営業のコンビニや馴染みのファストフード店があり、気軽に自分の好みのものを買えるとすれば便利であろうし、安心であるかも知れない。巨大な多国籍企業が経営するファストフード店で提供されるアメリカ風の食事は、安くカロリーが補給でき、衛生管理も（完璧ではないかも知れないが）比較的きちんと行われているだろう。一方、アジアやアフリカのほこりっぽいロードサイドに、手作りで建てられた木造の店舗で提供される定食が、きちんと衛生管理されているかは極めて疑わしい。アメリカが目指すべきだと考えたのは、基本的には世界中に工場をつくり、道路をつくり、巨大スーパーマーケットやファストフードが気軽に食べられるショッ

ピングモールをつくることであった。

一方で、そうしたシステムが世界中に広がるにつれ、疑念も示されるようになった。たとえば、ローマクラブと呼ばれる民間のシンクタンクが、地球上の資源の限界などから、無制限に成長していけるわけではないという議論を『成長の限界』（メドウズ他、ダイヤモンド社、1972年）として提起したのは1972年のことである。また、医療や教育、交通の分野で大規模なインフラと専門家への依存が高まることを警告した思想家、イヴァン・イリイチなども同時期に登場してくる（例えば『コンヴィヴィアリティのための道具』日本エディタースクール出版部、1989年、原著1973年）。

写真1　気候変動問題について話し合う参加者
（2013年、チュニスでの世界社会フォーラムにて）

しかし、こうした「反対運動」あるいは成長至上主義に対するオルタナティヴの模索は、基本的には様々な分野でバラバラに行われていた。労働組合の多くは第三世界諸国との貿易や投資が自由化されると、先進国内での労働者の仕事が減り、賃金が低下すると考えていたので、第三世界の開発には反対だったが、例えば「フレンド・オブ・ジ・アース」が提唱するような環境問題については（生活に余裕のある人々の活動だと思っていたのか）基本的には無関心であった。逆に環境保護活動家は、仮に貿易自由化の結果として、アメリカ国内においてトラック・ドライバーの仕事が減ることについては、歓迎こそすれ反対する理由はないと考えていた。彼らにとってはトラック運転手の生活よりウミガメの個体数のほうが重要だったのである。

「ウミガメ」が環境保護のシンボルになったのは奇妙な感じを受けるかもしれない。ちょうどこのころ、エビをとる漁網にウミガメもかかってしまう

ということが世界的な問題になっていた。そのためアメリカ政府は、カメが抜け出せる装置をつけない網で操業している地域からの輸入を停止するという措置をとったが、これがWTOの求める自由貿易の原則に反するということで、WTOの紛争解決機関が設置された。これを要求したのはインド等、アジアの「発展途上国」である。結果はアメリカ側の敗訴であった。もちろんこれには、例えば漁網に取り付けるウミガメ保護装置の実効性の問題や、適正な保護手法としてアメリカ側がそれしか明示していなかった、のような問題はある。しかし、環境の保護より貿易の自由が優先されるということ、また、WTOという制度の仕掛け人でありしばしば支配者であるとも名指しされるアメリカ合衆国ですら、WTOの紛争調停で敗訴するのであり、自由貿易の論理には逆らえないという事実は、全世界に大きな衝撃を与えた。

　ウミガメの保護の実効性についてアメリカの規制に明確な証拠があるわけではないとしても、明示的な証拠がなければ環境保護のための規制を実施できない、というのでは手遅れになる場合も出てくるし、また「効果がある証拠」は普通、実施してみないと出てこない。一方で、自由貿易の「権利」を認めた場合、科学的な証拠もないのに輸入を規制することは、相手国の「権利」を侵害するものである、ということになる。

　これは例えば、ある物質が人体に有害「かもしれない」とき、その物質を含む食品の輸入を禁止することが出来るか、という問題と共通する。有害性が曖昧な内に輸入を禁止すれば相手国の「権利を侵害」していることになるし、一方で「有害性を科学的に証明」するというのは意外と難しいことである。水俣病などの過去の公害事例を見ても、多くの場合証明できたときにはすでに数多くの犠牲者がでている、ということになりがちである。従って、主張の強弱はあるが、一般的には（生産や流通を担う側の）企業（特に大企業）は自由貿易の「権利の侵害」を警戒しがちであり、一方で消費者に近い運動は健康や環境への影響についての感度を高め、多少でも危ないようであれば「とりあえず規制をしてから調査を進める」といった対応を求めがちであり、両者は対立することになる。

　ということで、WTOが求める自由貿易はトラック運転手の雇用と同様、

環境保護団体にとっても脅威であったため、この両者は同じ場所でWTOに対する抗議活動に取り組むことになった。トラック運転手の組合は伝統的に「チームスターズ」と呼ばれているので、「タートル＆チームスターズ・トゥギャザー」（ウミガメとトラック運転手が一緒に）という言い方が誕生した。

　他にも第三世界の貧困や医療問題について、先進国のエスニック・マイノリティの問題について、ジェンダーの問題について、セクシャリティの問題について、あるいはアーティスト団体といった、様々な団体も、それぞれの理由で、WTOやその背景にある「自由貿易を強力に推進すべき」という議論への反対運動に参加するようになった。例えば、アーティストの団体にとっては、WTOによってアメリカ式の著作権法が世界中に押しつけられたり、多国籍企業が世界各地で訴訟を起こしやすくしたりすることによって、表現の自由が侵害されたり、大資本のつくる作品ばかりが流通する社会になったり、といったことを警戒していたわけである。この事件は『バトル・イン・シアトル』という映画にもなっている。

　シアトルで行われたWTO閣僚級会議は、会場を抗議運動が取り巻き、夜間外出例なども出されるなど都市機能が麻痺したことによって、会議日程も大きな制約を受けた。また会議場内部でも、世界経済をより公正なものに立て直すことを求める第三世界諸国と、原則的な市場開放を推し進めようとする先進国の対立が顕在化したことによって、具体的な交渉に入れずに会議は終了した。WTOでは、ひとつづきの交渉プロセスを「ラウンド」と呼ぶが、シアトル・ラウンドはその立ち上げもならなかったわけである。

　WTOのその後について簡単に確認しておくと、あらためて（抗議活動を管理しやすいという理由で）閣僚会議の場をカタールのドーハに設定し、2001年に行われた会議で「ドーハ・ラウンド」と呼ばれる交渉プロセスは発足する。この「ドーハ・ラウンド」は、例えば深刻な感染症問題を抱えるアフリカ諸国には知的所有権の例外を認めるなど第三世界への大幅な譲歩が組み込まれていたため、一定の評価をする議論もあるが、総合的に見れば第三世界諸国や世界の市民社会組織の共感を得られるものではなく、2003年のカンクン会議（メキシコ）では再び大規模な抗議活動が行われ、実質的に交渉は頓

Ⅱ　構造的暴力の洞察

挫した。その後も、何度か交渉再開の可能性は模索されたが、現在交渉が進展する見込みはないことをWTO自身が認めている。そのため、自由貿易の推進は、世界のほぼ全ての国をカバーする（そのぶん交渉も難航する）WTOから、二国間や地域などで推進する自由貿易協定を軸に行われるようになっている。現在日本の世論を騒がせている環太平洋パートナーシップ協定（TPP）もその一つである。

　さて、WTOへの抗議行動として始まった「様々な運動の横のつながり」であるが、これを単なる一過性の抗議に終わらせず、どのように次につなげていくか、ということが問題になる。

2．世界経済フォーラムと世界社会フォーラム

　ちょうどそのころ、欧州の社会運動グループがまさにそういったアイデアを模索中であった。彼らが一つの「モデル」あるいは反面教師にしていたのが、世界経済フォーラムないし（開催場所の名を取って）ダヴォス会議と呼ばれる会議である。世界経済フォーラムは、極めて高額の会費（2013年の段階で、同フォーラムのウェブサイトには4万2500フランと表示されている。おおよそ400万円以上である）を徴収する非営利組織（NPO）である。競争力調査など様々な事業を行っているが、最も有名なのは毎年1月に開催される会議である。この会議には、高額な会費を払える人（現実的には大企業が会員になっており、その経営者が出席する）と、世界経済フォーラムから「グローバル・リーダー」として認定され、招かれた一部の人々（多くの場合政治家や学者であるが、アーティストや活動家といった人々であることもある）のみが参加を許される。しかし、こういった社交の場というのは通常思われているより重要であり、そこで人々は人脈をつくり、それぞれの国に帰国した後もそこで交わされた意見や予測などを元にそれぞれの仕事を進めたり、場合によってはそこで培ったネットワークを利用して活動を行ったりする。そういった場が、一部の金持ちと政治的リーダーのみによって担われることは適切ではない、という批判が欧州の左派グループの中から出てきた。

実際は、ダヴォス会議は比較的柔軟に運営されている。象徴的なのは2005年に行われた会議で、この時には著名なロックバンドＵ２のボーカル、ボノをはじめとして、アフリカ問題に取り組む著名人や社会運動家が数多く招かれ、グローバルな貧困の問題が多く議論された。こうした流れにはこの時期影響力を強め、ダヴォス会議の「ライバル」と目されるようになった世界社会フォーラムの影響をみることもできるだろう。貧困問題を議論する流れは、同年７月にイギリスで行われたＧ８首脳会議（グレンイーグルス・サミット）およびＧ８に併載された「メイク・ポバティー・ヒストリー」という大規模なキャンペーンに引き継がれた。このキャンペーンの中心的な要求は第三世界、特にアフリカ諸国の対外債務の帳消しである（債務帳消しについては後述）。では、ダヴォスは一部の金持ちのための会議ではなくなったのだろうか。

　ダヴォス会議が貧困問題に注力する中で招待された人物に、日本の大手フェア・トレード団体である「ピープル・ツリー」のサフィア・ミニー氏がいるが、氏は著作の中で次のような逸話を紹介している。

　　また別のCEOの男性は、「将来の生活様式がどういうトレンドになるか」について議論していたときに、まじめな顔で「すべての家庭にジムを備えるべきだよ」と提案したのです。世界の多くの家庭では、ヨガのマットでさえ広げるスペースもないというのに！」（ミニー、2008）

　勿論これは極めて滑稽な話に聞こえるが、このCEOが特別愚かな人間というわけではないだろう（事実はむしろ逆であるはずだ）。例えば、我々は「アフリカのスラム街では、トイレが数百世帯に一箇所程度しかないところも珍しくない」という話を聞いたとき、当然ながら第一に考えるのは、「まず第一に各戸にトイレを整備するような活動が必要である」ということであろう。勿論、ジムとトイレでは必要性の切実さにだいぶ大きな差があることは事実である。しかし、整備のためにどのような障害があり、どのような経緯でそのようなスラム街が形成されたかということに対する想像力を欠いて

結論に飛びついているという意味では、このCEOと「我々」の間にどのような差があるのだろうか？　つまり、人間の想像力は置かれている社会状況（経済状況や生活経験、つきあっている友人等）に大きく依存しているのであり、これはどんなに知的と目される人間にも（程度の差はあれ）起こることであり、ゆえに仮にダヴォス会議が善意によって（世界の状態をよりよくするという目標のためだけに）運営されているとしても、それだけでは十分ではないのである。

　そこで「金持ちのエリートだけが、冬に先進国の都市で」あつまる経済フォーラムに対して、「だれでも集まれる、第三世界の夏のフォーラム」がブラジルで企画された。第三世界の都市での開催は、人類のマジョリティである第三世界住民の声にまず耳を傾けるという姿勢を示している。また、実務的には、先進国に第三世界の住人が大挙して移動するのは、通例ビザの関係などで難しいということもあり、会場は原則として第三世界が選ばれている。

　このことを、『帝国』においてグローバリゼーションを告発し、社会フォーラムの形成にも大きな影響を与えた思想家アントニオ・ネグリとマイケル・ハートは次のように表現している

> 一月のブラジルの猛暑と、スイスの積雪とのコントラストは、ふたつの政治戦略が正反対であることを、反映している。（略）ダボスの会議は少数のエリートに限定され、武装した護衛に守られている。他方、ポルトアレグレは、数え切れない参加者で、満ちあふれた催しである。ダボスは山頂に封じ込められた狭い支配者たち（ハイアラーキー）に限られているのに対して、ポルトアレグレは、平原に広がる無数のネットワークなのである（フィッシャー、2003）。

3．社会フォーラムの10年とオキュパイ運動

ということで、2001年1月に、ダヴォス会議の対抗として行われた世界社

会フォーラムの会場には、ブラジル南部の都市ポルト・アレグレが選ばれた。同市は左派のブラジル労働者党が強く、比較的こういった運動に理解があるというだけでなく、市自体が「参加型予算」という取り組みで有名

写真2　ポルト・アレグレ市内中心部

であったことも理由のひとつであった。参加型予算編成では、ポルト・アレグレ市を16のブロックにわけ、住民なら誰でも参加できる会議を行い、その場で予算編成の「優先順位」を決める。最終的な予算編成権を持っているのは市議会であるが、議会はこの住民会議の決定を尊重する義務を負っている。ポルト・アレグレなどで見られたことは、住民は経済インフラよりも（医療や教育等の）福祉の充実を望むということであり、それによって特に貧困層の生活は大幅に改善されたと報告されている。この参加型予算という考え方は、その後ブラジル全土、あるいは欧州に（地域毎にやり方は変わっているが）広がっていくことになる。こうした自治の実験が高く評価されて、ポルト・アレグレという都市が世界社会フォーラムの会場として選ばれたわけである。

　それ以来、世界社会フォーラムは様々な試行錯誤を繰り返しながら、都合10回以上行われている。10回以上、という曖昧な数になるのは、なにを一回と数えるべきか、というところがやや曖昧だからである。2001年から2003年まではポルト・アレグレで開催された。しかし、ブラジルは特にアジア諸国から参加しにくいという批判に答えるために、場所を移すことが検討され、2004年はインドの商都ムンバイに場所を移した。その後、2005年は再びポルト・アレグレで開催されたあと、さらに各国からのアクセスを容易にするた

め、2006年は多中心（Polycentric）としてアフリカのマリ、南米のベネズエラ、そしてパキスタンで開催された。また、アフリカの問題に注力するため、2007年はナイロビ（ケニア）で開催された。その後、2008年は大きく方針を変更し、全世界で社会フォーラム的な会合を同時に数多く開くことが推奨された。この時は先進国でも多くのイベントが開催された。2009年は再び全世界の社会運動が一箇所に集まって議論することを目指し、ブラジル北部の都市ベレンで開催された。このころから、一箇所にあつまっての「世界社会フォーラム」と、世界各地で散発的に（地域フォーラムやテーマフォーラムを）開催するといった手法をとり、世界社会フォーラムは二年に一度というやり方が定着してくる。

　この段階ではさらに、ブラジルと世界各地のどこか、という案を二年おきに繰り返すことが漠然とではあるが想定されていた。したがって、2011年はブラジル以外のどこかということで、セネガルの首都ダカールが選ばれた。このサイクルでは、2013年はブラジルが想定され、実際ブラジルの社会運動グループもその方向で準備していたようであるが、ダカールで開催されている頃から活発になってきたもう一つの動きがあった。それが「アラブの春」やそれに引き続くスペインの「怒れる者達」運動や、北アメリカの各地で巻き起こった「オキュパイ・ウォールストリート」運動である。これらの社会運動は、フェイスブックのSNSを介して、労働組合等の組織に属さない若者たちを中心に広まったことから、「Facebook革命」と呼ばれることもある。

　2010年末にチュニジアの独裁者ベン・アリに対して多くの若者が抗議運動に立ち上がり、ベン・アリは国外に逃亡する。しばしば、アラブ社会は権威主義的で、民主革命は起こらない地域と見なされてきた。しかし、この動きはチュニジア一国に留まらず、エジプト、バーレーン等に波及する。もちろん実際は単に若者の民主化運動だけではなく、民族や部族対立、イスラム内部での宗教対立、あるいは既存の政権に対してより原理主義的な勢力（ムスリム同胞団やアルカイダ）が挑戦するなど、各国に微妙に異なる複雑な社会背景が存在している。しかし、特にチュニジアとエジプトにおいてその革命の中核になったのが、民主化や安定した雇用を求める若者の運動という極め

て世俗主義な社会運動であったのは否定しがたい。このことに刺激を受けて、スペインやアメリカでも若者の運動が組織され、しばしば「オキュパイ／占拠せよ」運動として総称されている。

　アラブ社会の中でも欧州化が進んでいるチュニジアでは、こうした若者のグループは欧州側の社会運動と経済の問題について情報交換や議論を行っており、革命の参加者と社会フォーラム運動への参加者はある程度重なっている。そこで、世界社会フォーラムとしても連帯のための活動が必要ではないか、ということになり、2013年はチュニジアで開催された。革命後、チュニジアは穏健なイスラム主義政党が選挙で多数を占め、革命を担った若者たちを失望させたが、同じ世俗主義グループと宗教勢力、そして軍が三つどもえで対立を深刻化させているエジプトに比べると、まだ双方の対話は保たれており、世界社会フォーラムには様々な形で政府の協力も得られたようである。

　社会の問題を序列をつけずに誰でも持ち寄り、意見を交換し、可能であれば協力していくという世界社会フォーラムが提案した方法は、一定定着したと見ることが出来る。「オキュパイ・ウォールストリート」だけでなく、地域フォーラム（アメリカ社会フォーラム等、国名や都市名を関した社会フォーラム）やテーマ・フォーラムといった形で、大小様々な社会フォーラムが毎年開催されるようになった。例えば大阪でも、2010年と2012年に小規模ながら社会フォーラムを開催している。また、G8やG20、WTOや世界銀行、各地の開発銀行の総会などが行われる際には、対抗フォーラムと称して社会フォーラムのような会議が開催され、世界各地から様々な社会運動がアジェンダ設定への抗議や提言のために集まるようになった。この中には「オブザーバー」として国連等が主催する政府間の会議に参加する権利を持っているグループもいるので、会議そのものと対抗フォーラムの両方に出席し、双方をつなぐ役割を担うグループも存在するようになった。

　注意を要するが、近年、国連などの国際的な会議では、論点の多様性を保障するために、NGOに「オブザーバー・ステータス」を認めることが増えている。NGOというと一般的には、グリーンピースなど、政府の政策や大企業の利益とは一定の距離をとって独自の調査や提言を行う「市民社会組織」

のような団体がイメージされると思われるが、実際は産業界や生産者の同業者団体といった組織が多い。勿論、それらの団体の意見が重要でないということはないが、様々な市民の意見を柔軟に取り入れるという意味での公開性を期待すると、実情とはずれるであろう。したがって、政治家、業界団体、専門家が見落としがちな論点を集約させる場として対抗フォーラムは機能しており、その手法の原型として、世界社会フォーラムは重要な意味を持っている。では、実際には社会フォーラムはどのように行われるのだろうか？

4．世界社会フォーラムではなにが行われるか

　世界社会フォーラムや同型のフォーラムでは、個々の運動体が単独で、あるいはいくつかの団体が共同で持つ、特定のテーマを扱った会議が無数に開かれる。開会日と閉会日は全体でのパレードと集会につかわれ、そのあいだに通常は3～4日、個別の会議のための日が設定される。会場は大学が利用されるか、あるいは大きな広場に数百のテントがならび、個々の教室やテントで様々なテーマについて議論が交わされる。これに、映画上映やコンサートといった文化イベント、展示、書籍やフェアトレード製品を販売するブースといった手法が組み合わされて、社会フォーラムが形成される。例えば日本語版も出ている『世界の"水道民営化"の実態』（トランスナショナル研究所、2007年）という書籍は、水道の問題に取り組む社会運動グループがあつまり、それぞれの国で発生している問題やその解決策を発表し合って情報共有を図った成果である。

　世界社会フォーラムの運営は、開催時期や場所を含めて、それ自体が一種の実験として行われており、性格付けに関しても議論がある。特に重要な点は「それ自体は社会運動ではなく、運動のための空間である」と表現されるように、社会フォーラム自体が共通の意見を持ったり、統一された目標のために動くための場所ではない、ということである。これは、創設者のひとりとされるブラジルのシコ・ウィタカーらが特に重視する点である。この「空間」という定義付けがあるため、例えば社会主義革命を目指すようなグルー

プから、英国エディンバラ公を名誉総裁とする「穏健派」の環境保護運動団体である世界自然保護基金（WWF、パンダのマークで有名）のようなグループまで、世界社会フォーラムで行われる議論に参加できることになる。そのためフォーラムが声明文を採択したりはできないことになっている。

　この点についても異論はいくつかあり、せっかく集まっているのに「次のステップ」に進むための積極的な議論ができないのでは、議論のための議論にしかならないのではないか、という批判は存在している。このため、いくつかの対案が試みられている。一つは「社会運動総会」と呼ばれるもので、ここで「社会フォーラムに参加している団体の有志」が集まって、問題をある程度網羅的に列挙した声明を発表するのが常となっている。これは、後述するように社会フォーラムで意見を集約していくという手法のモデルとなっている重要な試みであると言える。ただ、社会運動総会に参加して声明に名前を載せる団体は、社会フォーラムに参加する団体の中では比較的左派的傾向が強いグループが多く、社会フォーラム参加団体全体の意見を反映していると見なすのはおそらく適切ではない。また、ノーベル賞作家であるホセ・サラマゴや「世界システム論」で有名な E. ウォーラースティンら、社会フォーラムに関係している著名人によって「ポルト・アレグレ宣言」が出されたことがあったが、これも「内容に異論はないが、有名人だけで決める手法が社会フォーラム的ではない」という批判を受けた。

　そこで、「次のステップに進むための議論」を社会フォーラムの中でおのおのの運動体が自発的に行えるような仕掛けが考えられるようになってきた。最初は「提案の壁」という形で、誰もが自分たちの団体が取り組む問題について（Ａ４一枚の）メッセージを書き、掲示できる壁が会場に用意された。また、同様のことが出来るソーシャルネット・サービスも設立された（これはあまり機能しているようには見えない）。ナイロビ（2007年）では最終日に個別の団体が主催する会議をなくして「食糧」「差別」といったテーマ毎の会議を開催し、ここで議論を集約していく、ということが試みられた。これはコンバージェンス集会、と呼ばれている。実は、こういった「テーマ毎」は、ナイロビ以前にも、先にあげた社会運動総会と、反戦運動総会は行

写真3　反戦運動総会（2004年、ムンバイでの世界社会フォーラムにて）

われており、それを様々なテーマに拡張した、という見方も出来る。社会フォーラム自体は2001年1月に第一回が行われ、その後すぐにアメリカによるアフガン戦争、イラク戦争が開始された。反戦はこの時期の社会フォーラムにとって主要なテーマの一つであり、反戦運動総会では反戦デモなどの世界同時行動の日程も話し合われた。こうした「世界同時行動」などの手法は、他の、例えば気候変動の問題に対する全世界同時キャンペーンのような形にも拡張されている。

　ナイロビではフォーラムの組織委員会がある程度テーマを設定する形だったコンバージェンス集会も、近年は気候変動や債務、移民問題等個別の問題毎に国際ネットワークができてきており、その単位で集まって世界同時行動などの具体的な議論を行うことが多くなった。こうした形で、世界社会フォーラム自体はあくまで社会運動どうしが出会う「場所」として維持されつつ、そこに参加した社会運動が次の行動に繋げるという形でグローバルなネットワークを構築していくことができるようになった。その中で「食糧主権」や「環境債務」あるいは「気候債務」というような概念も世界的に共有されるようになってきた。ここでそれらの意味を詳述する余裕はないが、これらは、現代の国際情勢の中で、第三世界諸国やさらにその中で弱い立場に置かれている小規模農家や先住民族の置かれた状況を説明し、権利を回復するための分析に使われる専門用語／社会運動用語として出てきた概念である。

　世界社会フォーラムは設立以来10年以上がたち、当初の熱気も冷め、創設者達の意見の違いも顕在化し始め、今後については様々な議論が続いている。次回の世界社会フォーラムは2015年が予定されているが、本稿執筆時（2013

年11月）にはまだどこの国で開催されるかも決まっていない。豊かな財政基盤を有する世界経済フォーラムと違い、毎回、各国の組織委員会は資金集めに大変苦労している。また、各国の組織委員会の貢献に比べて、基本方針を決めるはずの国際評議会の形骸化といった問題も指摘されている。一方で、気候変動や債務についての国際キャンペーンを組織する場として、また多くの人々が抱える問題について共有、分析し、「気候債務」といった概念を発展させていく場としての世界社会フォーラムの重要性はますます増している。無数の人々が参加して議論を成立させるための場の仕組みと、そこでの議論の成果は、日本からももっときちんと考えていくことは重要であろう。

【参考文献】

イヴァン・イリイチ（渡辺京二・渡辺梨佐訳）『コンヴィヴィアリティのための道具』日本エディタースクール出版部、1989年

スチュアート・タウンゼント（監督）『バトル・イン・シアトル』ハピネット、2009年

トランスナショナル研究所、コーポレートヨーロッパオブザーバトリー（佐久間智子訳）『世界の"水道民営化"の実態―新たな公共水道をめざして』作品社、2007年

ウィリアム・F.フィッシャー、トーマス・ポニア（加藤哲郎監訳）『もうひとつの世界は可能だ―世界社会フォーラムとグローバル化への民衆のオルタナティブ』日本経済評論社、2003年

サフィア・ミニー『おしゃれなエコが世界を救う』日経BP社、2008年

ドネラ.H.メドウズ他（大来佐武郎訳）『成長の限界―ローマ・クラブ「人類の危機」レポート』ダイヤモンド社、1972年

ジャイ・セン他（武藤一羊他訳）『世界社会フォーラム―帝国への挑戦』作品社、2005年

スーザン・ジョージ（杉村昌昭、真田満訳）『オルター・グローバリゼーション宣言―もうひとつの世界は可能だ！もし…』作品社、2004年

フランソワ・ウタール、フランソワ・ポレ（三輪昌男訳）『別のダボス―新自由主義グローバル化との闘い』柘植書房新社、2002年

（春日　匠）

人間性の起源と暴力の克服

【キーワード】
自然法　心の理論　共感　利他的行動　自己組織化　構造的暴力

はじめに

　紀元前3千年頃、人間はエジプトとメソポタミアで文字を発明し、歴史時代が始まった。同時にその頃、両文明では群立する都市国家間の戦争を経て、統一国家が生まれた。以来5千年の間に綴られた世界各地の王朝と国家の歴史は、まるで戦争による興亡物語のようでもある。そして、私たちが生きている今この瞬間にも、人間は地球のどこかで争いを続けている。もし、これらのことだけを根拠にするならば、そもそも人間は争いあう暴力的な動物で、戦争は永遠に廃絶することができないという結論が導かれてしまうかも知れない。しかし、それは極めて皮相な見方に過ぎない。

　大阪大学の共通教育科目『平和の探求』は、2004年の開講当初から、「人間は平和に生きる能力を持っていることに科学的な確信を持つ」ことを、講義の重要な目標の1つに掲げてきた。平和学という学問も、そのことを基礎に置いて成立している。1986年ユネスコがセビリアで開催した国際会議で、そこに集まった心理学、社会学、動物行動学などの研究者の手によって、「暴力についてのセビリア声明」が起草された。声明は「戦争は人間性に内在するものであるので廃絶することはできない」という悲観主義を明確に否定している（D. アダムス編集・解説『暴力についてのセビリア声明─戦争は人間の本能か』平和文化、1996年）。

本稿においては、人間という動物が進化の過程でどのような能力を獲得してきたのかを現代科学の到達点から概観し、素朴な暴力的動物論を乗り越えるための根拠を示す。しかし、現実の世界の人間を取り巻く状況は更に複雑で、人間は直接的暴力だけでなく、様々な構造的暴力、文化的暴力にも曝されている。後半においては、構造的暴力をもたらしているものを科学的に見極めることの重要性を示し、暴力を廃絶した世界をめざすための科学の役割を述べる。

1. 自然法則としての自然法

　現代国家の主要な形態である法治国家においては、法律が国民や企業、自治体、国家などが従うべき規範を定めている。日本国においては、日本国憲法が最高法規であり、その他のすべての法律は、日本国憲法を根拠にして定められ、これに反してはならないことになっている。それでは、日本国憲法は何を根拠に定められているのであろうか。日本国憲法第97条（基本的人権の本質）は、「この憲法が日本国民に保障する基本的人権は、人類の多年にわたる自由獲得の努力の成果であって、これらの権利は、過去幾多の試錬に堪へ、現在及び将来の国民に対し、侵すことのできない永久の権利として信託されたものである」と述べている。基本的人権は、いかなる法律をもっても、たとえ将来日本国憲法からこの条文が削除されることがあったとしても、永久に侵されるべきものではないと主張しているのである。
　法哲学には、人定法と自然法の考え方がある。憲法を含むすべての法律、慣習などの人間の約束は人が定めるものであり、前者に属する。これに対し自然法は、「人間行為に関して、人々の理性によって発見されうる一定の諸原則として存在し、もし人定法が有効であろうとするならば、それに一致しなければならない」（ハーバート・ハート『法の概念』みすず書房、1976年）ところのものである。まさに基本的人権は、人間が理性によって発見してきた自然法によるものであると、日本国憲法は主張していると言える。
　この考えは現代における人間の自然認識と合致する。すなわち、自然は決

して無秩序の混沌ではなく、人間が勝手に空想できるものでもない。自然は、それを貫く自然法則に支配されており、自然法則に従って運動・発展するのである。たとえ念力によって空中浮揚できると主張する者がいても、重力法則は絶対にそれを許さない。近代科学は、人間の理性によって、宇宙を支配する諸原則（自然法則）を発見してきたのである。現代科学は、人間は地球上のすべての生物の共通の起源から進化した単一の生物種であることを明らかにしている（人種というのは文化的概念であって、生物種としては存在しない）。よって人間もまた生物の一員として自然法則によって支配されている。人間社会も自然の一部を成しているに過ぎない。そうであるならば、自然法の最も基本的な要素（例えば、人間の傷つきやすさ、おおよその平等性、限られた利他性、限られた資源、限られた理解力と意思の強さ）（ハート、前掲書）は、根拠の危うい曖昧な約束事ではなくて、人間行動に関する自然法則から発見されてきたものであるに違いないのである。

　人間が、現代の平和や人権の考えを与える基礎になっている自然法を、いつどのようにして獲得してきたのかを知ることは重要である。もし、それがたまたま例えば西洋文明の文化的産物に過ぎなかったなら、地球上のすべての人間にとっての共通の原理とはなり得ないかもしれない。「野蛮な文明」とは衝突が避けられないし、未開の人々は文明化せねばならないという思想にも結びつく。しかし、自然法が、人間が400万年以上前に二足歩行を始めて以来、あるはそれ以前の生物進化の結果として獲得されたものであるならば、もはやそれは生物種としての人間の人間たる所以であることになり、文明の壁は取り払うことが可能になるし、正義を押し付けあう必要もなくなる。近年大きく発展しつつある人間や動物の行動についての科学は、これに明確な答を与えつつある。

2．人間性の起源

　単一の生物種である現生人類（*Homo sapiens*）は、生物進化の系統樹上では、ヒト上科のサルに属し、オランウータン、チンパンジー、ボノボ、ゴ

リラの仲間である。我々がどのようにして人間になったのかを知ろうとする時、断片的な化石資料だけを頼りにしていたのでは、人間らしい骨格の特徴の進化を追うことができるけれども、人間性に関わる知性や社会の構造の進化を探るには限界がある。原理的に直接的な証拠を得るのは難しいけれど、我々の進化の隣人であるチンパンジーや、他の社会的動物、あるいは子供の発達の注意深い観察は重要な手がかりを与えてくれる。とりわけ、他の動物についての研究は、日常あたりまえ過ぎて見落としていた人間の基本的特徴に気づかせたり、人間固有と信じていた性質が他の動物にも発見されたりするので、人間研究に大きな貢献を成している。人間ばかり観察していたのでは、人間について知ることができないのである。

個別個体認識と賢さ

人間の特徴として、まず種名 *sapiens* の由来である「知恵のある（賢い）」ことを挙げることができよう。しかし、曖昧な概念であるとは言え、賢さは人間やヒト上科のサルだけに独占されているようには思えない。実際に、イルカやゾウ、イヌ、カラスなども他の動物に比べるとずいぶん賢い。すると賢い動物は進化の系統樹の特定の末端に局在しているわけでないことに気づく。進化の系統が異なっていても、共通の機能を持つ体の部位は相似の形態に進化する。この現象は、収斂進化として知られている。生物の形態は機能に応じて、合理的に進化するからである。イルカの背びれやタコの眼球などがその代表例である。賢さもまた収斂進化の事例と考えることができよう。

それでは、これらの動物に賢さをもたらした共通の機能、あるいは環境とは何であろうか。これらの賢い動物の共通点を探すと、家族で生活する動物であることに気づく。家族を持つ動物は、家族を形成しない動物に比べると程度の差はあれ賢い。

ではなぜ家族を持つ動物は賢いのだろうか。家族あるいは社会の中で生活する動物が必要とするのは仲間とのコミュニケーションの能力である。アリやミツバチは、何百何千もの個体数からなる巨大な家族を形成する。これらの動物は真社会性（eusocial）と呼ばれる。哺乳類ではハダカデバネズミが

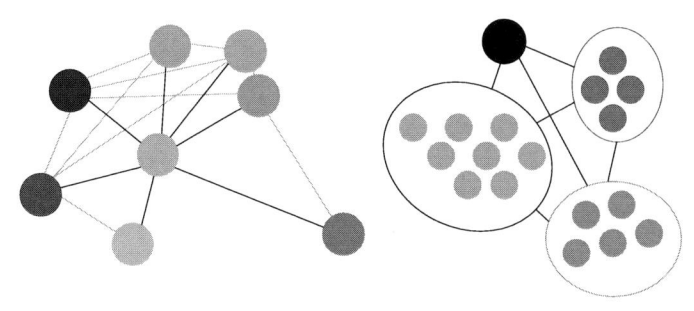

図 1　動物の社会的結びつき
(左) 個別認識のあるヒトなどの社会では、組み合わせごとに関係が異なり、複雑なネットワークになる。
(右) 個別認識のないアリなどの社会では、カースト内とカースト間で関係は決まっており、社会的関係は個体数によらず単純である。

これに相当する。家族の中で明確な役割分担があり、生殖は女王が独占する。仲間に花蜜のありかを正確に伝えるために、ミツバチは「8の字ダンス」という言語を用いた驚くべきコミュニケーション能力を持っている（K. フォン・フリッシュの発見）。

　しかし、同じ家族を持つ動物でも、真社会性動物であるアリやミツバチなどの賢さは、先に挙げた人間やイルカなどの賢さとは違う機械的な賢さであると感じるであろう。人間やイヌは家族の一員が死ぬと深く悲しんだり、動揺したりする。他方、ミツバチは仲間が事故死しても、悲しみにくれる様子は見せない。巣穴の中で一生蜜を蓄える壺の役割を与えられたミツツボアリは、決してその待遇に不満を持ったり、徒党を組んで反乱を起こしたりしない。

　実は、アリやミツバチは、家族の個別個体認識が全くできていない。家族が何千という個体で構成されていようとも、ミツバチには女王（A）と働きハチ（B）と雄ハチ（C）の3者しかいないのである。働きハチにとってみれば、働きハチの間で分業をしているとしても、せいぜいA、B、B'、B"、C程度の仲間の区別で事足りており、それは家族の大きさに依存しない。

　ところが、例えば10人家族の人間はそれぞれに個性があり、自分以外の9人を個別認識し、相手に応じた9通りのコミュニケーションを使い分けるだ

けでなく、自分以外の兄弟の人間関係も掌握している。つまり、10人家族では、少なくとも45通りの異なる組み合わせを掌握せねばならないことになる。それに加え、45通りの相互作用は日々変化している。昨日まで仲の良かった兄弟は、今日は喧嘩をしているのである。家族の中の力関係の変化を掌握できないでいると、たいへん生きづらい状況に追い込まれてしまう。個別認識をする動物の社会においては、個体数の2乗に比例した異なる組み合わせを認識せねばならず、そのために必要な情報処理の能力は真社会性動物をはるかにしのぐことになる。個別個体認識が人間などの家族を形成する動物の賢さを鍛えたと考えられる。

　個別認識が可能な最大個体数は、ダンバー数と呼ばれ、人間の場合およそ100である。人間が名前と特徴を一致させて掌握できる仲間の数はせいぜい100人ということである。100人を越えるクラスでは、全員と友達になることが難しくなる。しかし、発想転換して、70億人の地球を100人の村に置き換えて想像するならば、70億人を一人ひとりの村人として、いきいきと思い浮かべることもできる（池田香代子、C. D. ラミス『世界がもし100人の村だったら』マガジンハウス、2001年）。

　人間が議論をして合意を形成しようとするとき、集団が大きくなるとコンセンサスをとることが次第に困難になる。勢い多数決で決してしまうことが横行するのも、ダンバー数の制約が一因となっているのであろう。むしろ、真社会性のミツバチが大集団でもコンセンサスによる意思決定をやってのけていることは興味深い。ミツバチが新しい巣の場所を決める時、探索ハチが持ち帰った複数の候補地の情報は、たくさんの働きハチによって共有・検証され、最後は全員一致で1つの候補地に定まってゆく。また、女王ハチはこの決定プロセスに一切関与しない。ミツバチのように予断も偏見もなく、徹底して合理的に議論ができるなら、多人数でも民主的決定は可能なのである（T. D. シーリー『ミツバチの会議―なぜ常に最良の意思決定ができるのか』築地書館、2013年）。人間がなかなかそれを実行できないのは、敵と味方を先に作ってしまう討論の仕方が、合理的判断を妨げているからであろう。

Ⅱ　構造的暴力の洞察

自己の発見と心の理論

　仲間を個別認識し、仲間同士の関係も掌握する能力は、人間の頭の中に、個々の仲間をイメージし、さらにそのイメージを演者として頭の中で運動させる能力を発達させた。その能力によって、我々は仲間たちが次にどのような行動をするかを推測することが可能になる。人間が文学作品や絵画を理解することができるのは、この能力によっている。さらに、物理学者が天体の運動をイメージしたり、化学者が化学反応の分子運動をイメージすることができるのも、人間に備わったこの能力があればこそなのである。

　今から３万年から６万年くらい前に人間は、後に洞窟壁画や彫刻として発見される「文化の爆発」あるいは「抽象記号の爆発」と呼ばれる時代に突入した。彼らの芸術的作品には、日々接している仲間や動物の他に、人間化された動物たちも描かれている（S. ミズン『心の先史時代』青土社、1998年）。神々もこの時代に生まれたのであろう。このイメージを抽象記号（絵や彫刻）として描き出す文化的知能の発現が、現生人類の緩やかな漸進的進化としてではなく、カンブリア爆発など、他の生物進化においても確認されている爆発的開花現象として起こったことは、たいへん興味深い。このとき既に人間はたくさんの登場人物からなる豊かな物語を育んでいた。

　進化の道筋としては、相互作用しあう複数の仲間たちの行動をイメージする能力の発達の延長線上に、自己の発見が起こったと考えられる。自己の発見にも様々なレベルがあるが、その最も完成したレベルでは、自分自身が、自分の他の仲間を観察しているのと同じように、客観的な対象として認知される。対称的な（等価な）複数の演者（仲間）が互いにやり取りをする劇を頭の中に想起することができて初めて、劇中に自分自身を演者として加えることが可能になる。同じレベルの自己の発見の証拠とは必ずしも言えないが、動物に鏡を見せて、鏡に映っている像が自分自身であることを認知できるかどうかを確かめると、チンパンジー、ゾウ、訓練すればニホンザルでも自分の像であることに気づく。人間の子どもでは、１歳くらいになると鏡に映っているのが自分であると気づくようになる。客観的存在としての自己の発見は、個別個体認識をする動物だからこそ可能な、高度な社会的能力の発現な

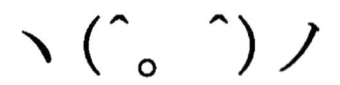

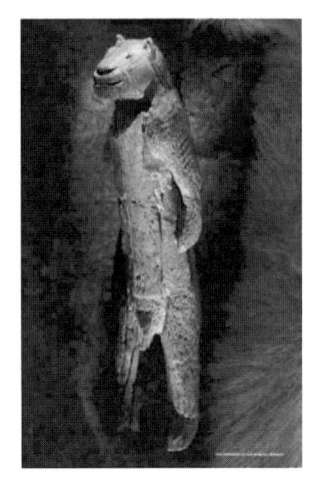

図2　人間の社会的関係が育んだ心の理論
（左）人間は抽象記号や犬の眼差しからも、表情（心）を感じることができる。
（右）マンモスの象牙に彫られたライオン人間（ドイツ・ウルム博物館所蔵）。3万5000年前、人間は既に人間的社会関係を持つ生き物を豊かに空想していた。

のである。

　複雑な社会関係の中で、仲間の行動をさらに正確に推測しようとすると、頭の中に仲間を、運動する物体としてではなく、何らかの意思を持って行動する者としてイメージすることが必要になってくる。仲間の行動だけでなく、その行動をもたらす心の状態、何を考えているのかまでを推測する能力のことを心の理論と呼ぶ。これは非常に高度な社会的認知能力であるが、チンパンジーもその能力を持っていることを示す実験が成されている（松沢哲郎『チンパンジーの心』岩波現代文庫、2000年）。

社会的地位の確認

　真社会性動物の家族では、個体の役割分担によってカーストが作られ、そのカースト間の関係は不変で、かつカースト内においては個別個体認識がないから、個体数によらず家族構造は安定に保たれる。ところが、個別個体認

Ⅱ　構造的暴力の洞察

識をするサルの集団内の力関係は複雑で、加えて頻繁に変動している。この社会の秩序が維持される、つまり集団内の無用な衝突を回避するために、自然と形成されるのが個体間の序列による社会の階層構造である。とりわけ大きな群れを形成するニホンザルの序列構造はたいへんよく研究されてきた。ニホンザルの群れでよく観察される毛づくろい（グルーミング）は、直接の行為としては体のシラミをお互いに獲りあうこととして観察されるが、互恵的な仲間であることの確認行動でもある。マウンティングは上下関係の確認行動として成される。

　この事情は人間社会においても、全く同じであることに気づく。人間社会はまさしく典型的なサル社会なのだ。人間は、自分が属する社会の中で、どういう序列にあるのかを常に意識している。人間は初めての人と接するときには、まず相手との地位の関係を確認しようとする。人間は、自分の関わる序列関係を把握することに、日常的に労力を費やしており、それがストレスになったりもする。ケイタイやスマホが手放せないのは、常に誰かと繋がっていないと不安で仕方がないからである。流行のファッションを追うのも、「私もあなた達の仲間」と懸命に発信しているのである。これらは、ニホンザルのグルーミングと同質の行動であると理解される。

　社会の序列構造は、イヌやアシナガバチ、ニワトリ、ザリガニにおいてすら確認される。重要なのは、いずれの社会においても、誰かが序列化の計画を持っていて、それに従って序列構造が作られるのではなく、自然と序列構造が形成されてしまうことである。これを自己組織化と呼ぶ。人間やニホンザルが、序列関係を意識して行動するのは、序列社会構造への適応であり、序列構造が速やかに形成され、安定に維持されることに貢献している。

　長い人間の歴史を通じて、個人は強い家族集団の秩序の中に埋もれていたが、ずっと時代が下って12、13世紀になると、人間はついに近代的な個人（家族集団の部分でない自分）を発見するに至る（阿部謹也『大学論』日本エディタースクール出版部、1999年）。ロミオとジュリエットの物語が悲劇であるのは、近代的個人が誕生したからに他ならない。トマス・アクイナスが初めて自然法の考えを説いたのも、ちょうどこの頃である。

共感から利他的行動へ

さて、本書の主題に関わって、人間を特徴づける、人間の最も「人間的」な性質として、他者を思いやる心、あるいは「社会的良心」を挙げることができよう。社会的良心とは、隣人が快適な生活をしていなければ、精神的に快適でないという感情のことを言う（W. ビヴァリッジによる）。この感情は、誰にも強制されたものでもなく、教育の結果でもない。自然に湧いてくるのである。では、それはどのようにして湧き起こってくるのであろうか。

マウスに電気ショックや薬物で痛みを与えたときに、それを見ている他のマウスにも痛みが伝染するという実験報告がある（F. ドゥ・ヴァール『共感の時代へ―動物行動学が教えてくれること』紀伊国屋書店、2010年）。マウスも社会的良心の片鱗を見せているということなのだろうか。

動物には身体知という認知能力が備わっている。タコはとても賢い動物で、見事な擬態を見せてくれる。海底に潜んで獲物を待つときに、体の色、模様を変化させ、砂地や岩に化けることができる。色や形ばかりでなく、動き方も真似て、自分をウミヘビやクラゲに似せて泳ぐことさえできる。このためにタコは、視覚情報と自分の体についての身体情報を比較して、体の各部位の色、形、動きを視覚情報と一致するように制御することをやってのけているのである。マウスは視覚情報で得られた自分の目の前の別のマウスの体を自分の体と一致させて感じている。その結果として、痛みも伝播してしまうと考えられる。歯医者の待合室で、前の患者の歯が削られる音を聞いて、心が穏やかでなくなるのも同じである。これは身体知からくる最も原始的レベルの共感（empathy）であるといえる。

人間の場合にはさらに、先に解説した心の理論の能力によって、身体だけでなく相手の心も認知されてしまうので、共感は増幅されてたいへん強いものになる。ただし、本当に相手の心の中が見えているわけではなく、実際には相手の心情を想像して感じているに過ぎない。共感していると思いきや、勝手な思い込みであることもあるだろう。

人間は、困難に直面した人を見つけたときに、見返り抜きで助ける行動を起こすことができる。これを利他的行動と言う。2001年東京山手線の駅で、

韓国の青年が、ホームから転落した男性を助けようと、とっさに線路に飛び降りた。しかし、不幸にも青年はちょうど入ってきた列車に跳ねられて死亡した。親戚でもない、自分の国の人でもない全くの他人を助けるために、瞬時の判断で線路に飛び降りたのである。あれこれ損得を考える時間はない。自然に体が動いてしまった。

チンパンジーも利他性行動を起こすことがしばしば観察されている。しかし、最近の実験によると、チンパンジーの利他的行動は、相手の要求に応えて成されるようである。そうであるとすると、自発的に利他性を発揮する人間とはレベルが異なる。これは、人間とチンパンジーの間に、心の理論の発達の度合いに大きな差があるためであろう。

以上見てきたように、共感し社会的良心を発揮して利他的行動をする人間の能力は、生物種としての人間が、500万年の人間固有の社会構造の中で進化させてきたものであり、文明が始まる以前に既に獲得してきたものなのである。ヒューマニズムは、野蛮な原始時代から脱した人間が、近代文明の中で作り上げてきた文化的な産物であるのではなく、生物種としての人間が本来持っている性質が、現代社会に適合した形で発現され、発見されてきた自然法であると言えるであろう。

自然選択説の罠

利他的行動の存在は、環境に適応して、生存に優位な形質を持ったものが選択されて繁栄すると考える生物進化の自然選択説にとっては、厄介な問題である。ダーウィンもこのことに気がついていた。利他的行動が生物進化によって生まれてきたのであるならば、自らを犠牲にして他者を助ける行為は、自然選択に真っ向から逆らっているように思えるからである。このため、自然選択説の立場からは、利他的行動の究極要因として、自分と同じ遺伝子をもつ血縁者の生存に役立つからであるとか、利他的行動をしないといずれ罰せられるので、結局生存に不利になるなどの説明がなされてきている。

確かに、少ない資源を奪い合うようなぎりぎりの生活を強いられていて、しかも貧弱で一様な環境の下にあると想定するならば、生物には適者生存と

いう選択圧がかかってくるであろう。しかし、十分に豊かな資源の下で生活しておれば、多少の不利益は生存の可否を左右しない。弱者も生存が許され、性選択に不利でなければ、その遺伝子は集団内に確実に広がることになる。つまり、僅かでも形質に差があれば、常に生存最適の形質のみが選択されてゆくというわけではない。今我々が持っている性質のすべてを無理やりに自然選択の篩(ふるい)にかける必要はないのである。資源が豊かで、しかも多様な環境を提供している熱帯雨林では、複雑に依存しあう相互作用のために優劣を付けがたい膨大な数の生物種が空間を共有し暮らしている。そこで生物の生存の継続性を決めているのは、ネットワークとしての生態系の安定性である。

　さらに、20世紀の後半になってから、自己組織化という現象が生物進化においても、重要な役割を果たしていることが示されるようになってきた。生物の個体発生において、遺伝子は完全な設計図を提供しているわけではない。生物の複雑さに比べれば、実際の遺伝子は少なすぎるのだ。自然選択が働く以前に、そもそも生物はあらゆる方向にランダムに変異できない（カーシュナー、ゲルハルト『ダーウィンのジレンマを解く』みすず書房、2008年）。定向進化として以前から知られていた現象の理由である。進化のメカニズムをすべて自然選択のみによって説明しようとすると、生存競争を至上の原理とする極端な思想に行き着いてしまうので、注意せねばならない。

3．暴力を乗り越える

　前節では、われわれ人間が先祖から暴力の遺伝子を受け継いできたとは考え難いことを示した。それにも関わらず、世の中に争いごとが絶えないのは何故だろうか。例えば、個別認識が可能な多くの社会的動物は、食べ物の分配に平等性を要求することが観察されている（ドゥ・ヴァール、前掲書）。一方、個別認識のない真社会性動物では、そもそも仲間と自分を比較することがないので、不平等の意識は生まれない。

　人間の場合、不平等への抗議が、他者への憎悪と結びついて暴力に発展することがあるだろう。人間の秀でた心の理論の能力は、他者に対するイメー

ジをたいへん豊かにするが、それは他者への思いやりも、憎悪ももたらす両刃の剣なのである。憎悪は人間に見られる執拗な継続的暴力行為の原因となる。しかし、人間の能力は、他者を敵視することではなく、他者の心を豊かに想像することができることなのだから、憎悪を解いて、共感に転換させることは可能なはずである。

　トランセンド法は、紛争当事者の対話によって、双方の利益になるように紛争を非暴力的に転換しようとする実践であり（J. ガルトゥング、藤田明史『ガルトゥング平和学入門』法律文化社、2003年）、これまでに述べてきた人間の基本的能力に依拠した試みであると言えよう。どちらの当事者に対しても、はじめから勧善懲悪的に正義を押し付けることはしない。重要なのは、紛争の原因となっている暴力が、そもそもどのようにして生まれてきているのかを分析して、相対立する紛争当事者の共通認識とすることである。分析によって、それが構造的暴力であることが発見されるならば、その克服は当事者双方の共通の課題となるであろう。

　構造的暴力は、人間の意志（悪意）ではなく、社会のシステムによってもたらされる。したがって、「加害者」の反省や排除によっては解決されないことを理解せねばならない。例えば、2011年から2012年に起こったウォール街占拠運動では、"We are the 99％" がスローガンとなり、1％の富裕層とそれ以外の国民との貧富の差が拡大し続けていることが問題にされた。しかし、それが一握りの富裕層と一般市民の対立として図式化され、富裕層を糾弾することに運動が向いてしまうなら、問題の解決に至らないのである。1％の富裕層は、社会のシステムがもたらした結果であって、仮に現在の1％富裕層を社会から排除したとしても、その社会システムが存続する限り、次の新たなる1％の富裕層が生まれてくることになる。

貧富の差を生み出すメカニズム

　図3は日本の2009年における世帯ごとの所得ランキングを示す。年収100万円以下から100億円を超えるものまで、1万倍以上の大きな格差の分布になっている。良く見ると分布は低所得側の●の曲線と、高額所得者の○の直

人間性の起源と暴力の克服

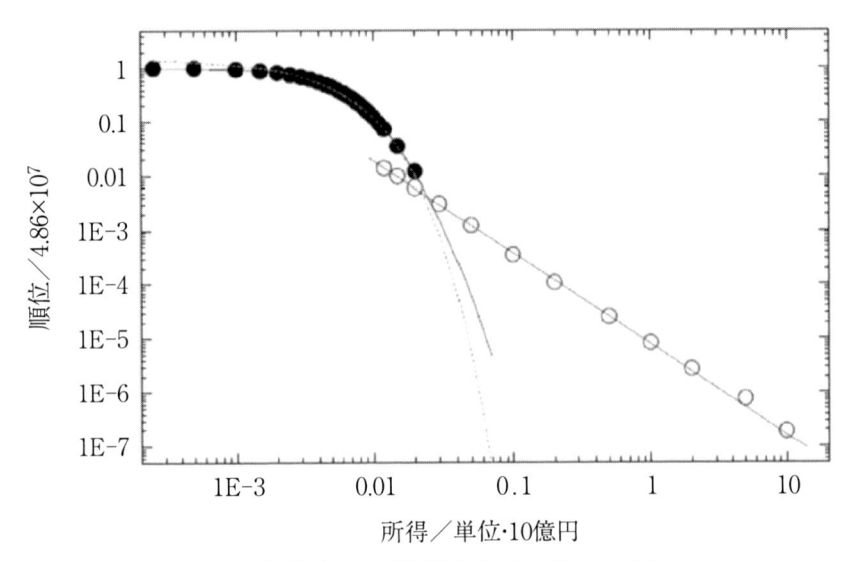

図3　世帯ごとの年間所得ランキング（2009年）
データは厚生労働省（●）、国税庁（○）による。横軸は年間所得（10億円単位）、縦軸は所得順位を総世帯数（4863.8万）で割ったもの。実線と破線の曲線はそれぞれ、対数正規分布とボルツマン分布を示す。1E-X は 10^{-X} を示す。

線の2成分から成り立っていることが分かる。前者には年収2000万円以下である99％の世帯が属している。図では、低所得側の曲線は2種類の分布関数、ボルツマン分布（破線）及び対数正規分布（実線）でフィットされている。ボルツマン分布は、全く等しい能力を持つ多数のプレイヤーの間で、有限の資源が確率的に繰り返し再分配されるときに発生する。一方、対数正規分布は、資源が外部から供給され続けるが、初期状態において僅かに資産のばらつきがあり、その資産に比例して分配の単位も大きくなるというメカニズムが働くときに達成される。現実社会の所得分配もこのメカニズムによっていると考えると、曲線が後者の分布関数によって上手く表されているのも納得できる。

いずれのメカニズムでも、達成された分布は少数の富者と多数の貧者によって構成されている。初期状態が偶然で、所得が確率的であるならば、結

果は著しい不平等になる。「機会の平等」があっても、何も手を施さなければ、社会は自然と不平等になってゆくことを示している。他方、高額所得者の分布が直線になっているのは、ネットワーク的に広く薄く多数の者から収奪する別のメカニズムが働いているからであると理解される。

このように実際の所得分布曲線は、99％の庶民と１％の富裕層では、そもそも所得の構造が異なっていることを明瞭に示している。同様の所得分布は、日本だけではなく、所得分布統計が入手可能な他の先進国でも確認することができる。すなわち、現代資本主義の社会システムには、99％の庶民の中に少数の高所得者と多数の低所得者を作り出すメカニズムに加え、さらに圧倒的な所得格差を持つ一握りの富裕層を作り出す別のメカニズムが働いている。人間社会は、決して得体の知れない「世界機械」ではなく、明確な構造を持った階層的ネットワークに自己組織化されているのである。貧富の差という構造的暴力はこの社会システムによってもたらされている。

おわりに

再び、生物の話に戻そう。上に述べた貧富の差を生むメカニズムは普遍的な現象なので、生物の個体の大きさ分布にも現れる。実際に、同一条件下で一斉に発生させた非社会的動物ヒトデやナマコなどの体重は大きなばらつきを示し、対数正規分布になることが分かっている。一方、人間を含めた社会的動物では、大きい個体の体重が同じ年齢の小さい個体の何10倍にもなることは起こらない。これは、社会的動物は、体の大きさができるだけ等しくなるように、きちんと制御されていることを示している。体の大きさがばらばらになるのは、社会的動物にとって不都合なのである。

ところが、現代の人間社会では、地球規模で見ても貧富の差が著しく拡大するメカニズムが働いているのに、未だそれを効果的に抑制する機能が存在していない。放っておけば拡大し続け、構造的暴力は増幅され、やがて社会の再生機能さえ失われてゆく。構造的暴力の克服には、自己組織化された世界システムを暴走させず、制御するメカニズムが必要なのである。そのメカ

ニズムと、さらにそれを社会に導入する方法を、見つけなければならない。それは政治家たちに委ねられているのではなく、世界システムを扱う科学の課題なのである。

　危機的状況にある地球環境問題では、科学の役割はさらに明瞭である。人間社会を含めた地球生態系全体の制御が探求されねばならない。わずか数百年の間に爆発的に拡大した人間の活動量は、地球生態系全体に影響を及ぼすに至り、既に20世紀末にその許容範囲を越えてしまったことが分かっている（N. チェンバース、C. シモンズ、M. ワケナゲル『エコロジカル・フットプリントの活用―地球1コ分の暮らしへ』合同出版、2005年）。人間的生存を妨げる環境の悪化が世界中で進行している。生物種の絶滅速度は、人間活動が原因となる新たな大量絶滅期に突入していることを示している。現代科学は、生存環境の悪化がもたらす構造的暴力を克服し、速やかに人間と地球の未来を回復させる歴史的使命を持っているのである。

【参考文献】
　松沢哲郎『想像する力―チンパンジーが教えてくれた人間の心』岩波書店、2011年
　フランス・ドゥ・ヴァール（柴田裕之訳・西田利貞解説）『共感の時代へ―動物行動学が教えてくれること』紀伊国屋書店、2010年
　スティーヴン・ミズン（松浦俊輔・牧野美佐緒訳）『心の先史時代』青土社、1998年
　ジュリエット B. ショア（森岡孝二監訳）『浪費するアメリカ人―なぜ要らないものまで欲しがるのか』岩波書店、2000年
　アントニオ・ネグリ、マイケル・ハート（水嶋一憲・清水知子訳）『叛逆―マルチチュードの民主主義宣言』NHK出版、2013年

（長野八久）

生野コリアタウン
―過去と現在の不思議なつながり―

　大阪市生野区のコリアタウン周辺には、奥深い歴史や見どころがたくさんある。2013年8月現在、生野区の総人口は13万1131人、そのうち韓国籍・朝鮮籍を持つ人は2万6408人で、5人に1人の割合で韓国・朝鮮人が住んでいる計算になる。日本籍に帰化をした人、韓国・朝鮮人と日本人との国際結婚によって生まれたダブルの人を含めると、4人に1人が朝鮮半島にルーツを持つと言っても過言ではない。ではなぜそんなに多くの在日韓国・朝鮮人が生野に住むようになったのだろうか。

　1910年日本の植民地とされた朝鮮の人々は、直ちに始まった土地調査事業で住む土地を、1920年代の産米増殖計画で米を奪われ、生きるすべを求めて日本に渡ってこざるを得なかった。さらに、1923年に済州島と大阪を結ぶ「君が代丸」が運行を始めたこと、大掛かりな平野川分水路工事があったこと、低賃金で長時間働く零細工場労働者が求められていたことなどが重なり、多くの朝鮮人が大阪に住むようになった。そのなかでも生野区は当時市の外郭部であり、市内で家を借りることのできない朝鮮人たちがかろうじて居を定めることのできた地区だった。

　そのような歴史を持つコリアタウンだが、ずっと昔に遡ると、仁徳天皇の時代、特に百済から多くの渡来人がやってきて、この地域は「百済郡」と呼ばれていた。彼らは、さまざまな先進文化・先進技術を日本にもたらした。コリアタウンの中にある御幸森天神宮は、百済系神社の代表格と言われているが、天皇が渡来人たちの文物を見物に来た際休息した場所ということで「御幸の森」と名付けられたそうだ。今も生野には、「百済橋」や「百済駅（JRの貨物専用駅）」など、百済の名残がある。

　神社といえば、日本古来のものというイメージがあるが、実はその原型は朝鮮からもたらされた。『日本書紀』には、新羅の王子である天日槍（アメノヒボコ）が8種の神宝を持って日本へ渡り、但馬に住み着いた話が記されている。福井県敦賀市の気比神宮（けひじんぐう）を初め、朝鮮からの渡来人一族の守り神である天日槍を祭った神社はたくさんある。

神道のはじまりと太古の朝鮮とのつながりは、「ワッショイ、ワッショイ」という神社の御神輿（おみこし）をかつぐ時のかけ声が、朝鮮語の「ワッソ、ワッソ（おいでになった）」が変化したものという学説からも窺える。

生野のコリアタウン祭り（2013年）

　神社はもともと産土の神で、氏神として地域の人々の労働や生活の集いと祭の場だった。しかし明治政府により、それは天皇・国家の神社として大きく変質させられてしまう。渡来人を祭った渡来系神社も、神道国教化による国家統制で「国粋系＝天皇系神社」に塗り替えられ、神社本来の機能や役割が歪められた。例えば、神社に行くと、その神社の祭神や由緒が書かれている「由緒書き」がもらえるが、渡来系の神社も、その歴史が由緒書きから跡形もなく消されていることがほとんどだ。

　鶴橋駅から東へ徒歩5分ほどの所に、新羅系の比売許曽（ヒメコソ）神社がある。阿加留姫（アカルヒメ）という新羅の王妃が夫・天日槍のわがままに耐えられず日本列島に逃げ、彼女を追って天日槍も渡来したことが古事記に記されている。古事記に登場する新羅の「アカル姫」（日本書紀では「下照姫（シタテルヒメ）」）を、比売許曽神社は祀っているのだ。

　生野区桃谷二丁目には、弥栄（やえ）神社がある。京都の八坂神社は狛（高麗）族が創建した高麗系の渡来神社として知られているが、弥栄神社には八坂神社の祭神スサノオが祀られ、昔は「ヤエ」ではなく「ヤサカ神社」と呼ばれていた。

　このように、生野コリアタウン周辺には、百済系、新羅系、高麗系と渡来系神社が集まっている。そんな生野区に時を越え、今私たち在日韓国・朝鮮人がたくさん暮らしているということに不思議な縁を感じる。

　　　　　　金　麻紀（在日女性グループ「グループ・ナビ」）

Ⅲ
文化的暴力の克服

文化的暴力とは何か——「はじめに」で紹介されたヨハン・ガルトゥングによれば、それは「深層心理の次元で直接的・構造的暴力を正当化する」暴力である。すなわち、それは直接的暴力や構造的暴力の存在を肯定ないし容認する思考様式を指し、例としては、宗教、イデオロギー、芸術、学説などに含まれる選民意識、セクシズム、人種差別主義などが挙げられる。

　そもそも「平和とは何か」に関する根本的理解に始まり、「平和 vs 戦争」という二元論的思考、また戦争についてのイメージや戦争をめぐる歴史認識等、私たちの意識の深層には素朴な思い込み＝固定観念が潜在しているが、それらは日常の生活において反省的に取り出されることはほとんどない。他者に対するステレオタイプな偏見や先入観も同様に文化的暴力であり、異質な他者への不寛容で差別的な言動、とりわけ社会的弱者や社会的マイノリティを嫌悪する心情、さらには「自分には関係ない」といった無関心な態度も文化的暴力に含まれる。原理的には、個人の有するあらゆる属性（性別、年令、国籍、職業、学歴、健康状態、外見、性格等々）がそれぞれ差別の対象となりうるということを確認しておこう。

　それでは、文化的暴力の克服に向けて、私たちには何ができるのだろうか。自分たちのものの見方・考え方を自明なものと勝手に思い込んで絶対視しないためには、異なったものの見方・考え方と出会うことが必要である。みずからの世界観や価値観が社会的・文化的・歴史的に構成されたものであることを認識する一方、世界には異なる背景を持った多様な世界観や価値観があることをまずは知らなければならない。その学習を通じてみずからを相対化し、文化的な多様性を承認・尊重し合う姿勢を培うことが可能となる。しかし、そうした文化相対主義にとどまらず、文化的相違を越えた共通の基盤と普遍的な価値（人権や平和）を追求することがさらに要請される。そのような態度を涵養・啓発することこそが、私たちの平和教育の目的である。

（我田広之）

法による平和の探求と
その現状

【キーワード】
集団的自衛権　　軍事同盟　　国際連合　　日本国憲法9条
日米安保条約　　平和的生存権

　　はじめに

　こんにち、世界のどこかでなお戦火が絶えない。それでも人類は、紛争の平和的解決の努力、すなわち力ではなく法と世論によって平和を実現しようという努力を続けてきた。この努力をさらに強めることが求められている。
　日本国憲法の前文と第9条は、そうした人類の努力の一つの到達点を示すものである。平和の実現に向けての人類の法的探求、そのなかでの日本国憲法の位置を明らかにしたうえで、憲法9条をめぐる政治のせめぎあいの中から、こんにちにおける平和探求の方向性をさぐってみたい。
　本稿では、集団的自衛権を、最も重視すべきキーワードとして挙げておく。集団的自衛権とは、端的には軍事同盟を結ぶ権利のことだが、この集団的自衛権と軍事同盟をどう位置づけ、いかに扱うかによって、平和の探求の意味も方向性もまったく異なってくる。集団的自衛権と軍事同盟は、今も昔も「取扱注意」の言葉なのである。

Ⅲ　文化的暴力の克服

1．平和に向けての人類の法的探求—「戦争と平和」をめぐる国際法の歴史

　まず、日本国憲法が生まれるまでにいたる人類の平和探求の歩みを概観してみよう。そこからは、戦争における自衛と侵略の違いの取扱い、軍事同盟の位置づけなどが、長らく中心的な論点であり続けてきたことがわかる。

正戦論
　「正戦論」とは、一定の戦争に「正当原因」を見出し、これを不正な戦争原因から区別し、適法とする理論である。中世ヨーロッパでは、キリスト教神学者によってこの正戦論が有力に主張されていた。また、近世の国際法の創始者とされるグロチウス（1583－1645年）は、自己防衛、財産の回復、処罰の3つを戦争の正当原因としてあげた。
　侵略戦争を否定する不戦論は、20世紀になってからようやく国際的に普及するが、その思想的な源は少なくとも近世・近代にさかのぼることができる。

無差別戦争観
　18世紀半ばにヨーロッパ諸国が、絶対王政のもと、主権国家の体制をとるようになると、正戦論と決別して、「無差別戦争観」が生まれる。これは、主権国家は独立平等であって、国家は相互に判定者たりえない、それゆえ戦争はひとしく合法的だとする考えである。このような戦争観の下では、戦争を行うことの合法性は、国際法の関知するところではなく、国際法が問題とするのは、戦争の開始の手続や戦闘方法を規律する「交戦法規」のみだとされるようになった。この考え方は、ヨーロッパ列強が「勢力均衡による平和」を追求した19世紀を通じて普及し、第一次世界大戦まで存続した。
　しかし、この考え方は、第一次世界大戦の勃発とともに破綻する。皇太子夫妻を暗殺されたオーストリアが暗殺者の母国のセルビアに宣戦布告すると、両国のそれぞれに対して、ヨーロッパ各国が加担して参戦し、ヨーロッ

パ全域を巻き込んだ戦争に発展してしまった。「同盟による平和」は、「一発の銃声」であえなく崩れたのである。

戦争の違法化

　民衆を大量に動員し、約1000万人もの戦死者を出した「総力戦」としての第一次世界大戦を契機として、国際社会は、無差別戦争観を克服し、戦争の違法化への歩みを始める。

　国際連盟規約（1919年）は、前文で、締約国に「戦争に訴えないという義務」を課した。1928年のパリ不戦条約（ケロッグ・ブリアン条約）は、「国際紛争を解決するために戦争に訴えることを非とし、かつ、その相互の関係において、国家の政策の手段としての戦争を放棄すること」を、各国の人民の名において厳粛に宣言した。

　ここでいう「国際紛争を解決するため」の戦争、「国家の政策の手段として」の戦争とは、侵略戦争のことを意味する。これらによって、侵略戦争は、一般的・無条件に違法なものであるとされ、国際社会は、無差別戦争観と決別した。ただし、国際連盟規約は、加盟国が規約に違反して戦争に訴えたか否かの判断を各加盟国に委ね、違反国に対する強制措置は、経済封鎖など非軍事的措置を中心にしており、不戦条約も、違反国に対する強制措置の規定をもたなかったことから、これらは、侵略戦争を阻止する役割を十分に果たすことができなかった。そのような弱点から、1931年の満州事変による日本の中国侵略などを皮切りにして、日本・ドイツ・イタリアのファシズム国家によって第二次世界大戦が引き起こされてしまう。これら3国は、軍事同盟を結んでいた。国際社会は、戦争の違法化への道に進んだとはいえ、軍事同盟に依拠する考え方を捨て切れなかったのである。

武力行使の違法化―国連憲章

　全世界で5000万人を超えるといわれる犠牲者を出した第二次世界大戦を経て、戦争違法化の歩みは、新たな段階に進むことになる。1945年に締結された国際連合憲章は、「われらの一生のうちに二度まで言語に絶する悲哀を人

Ⅲ　文化的暴力の克服

類に与えた戦争の惨害から将来の世代を救」うとして、国連の第一の目的を、「国際の平和および安全を維持すること、そのために、平和に対する脅威の防止及び除去と侵略行為その他の平和の破壊の鎮圧とのため有効な集団的措置をとること」（1条の1）とした。そのうえで、各加盟国に、国際紛争を平和的手段によって解決すること（2条の3）と、武力による威嚇または武力の行使の禁止（2条の4）を義務づけた。

国連憲章2条の4は、パリ不戦条約が使用した「戦争」という表現に代えて、「武力による威嚇又は武力の行使」という言葉を使っている。これは、満洲事変やかつて「日華事変」と呼ばれた日中戦争のような、「戦意」を表明せずに始められた「事実上の戦争」や「戦争にいたらない武力行使」も禁止するという趣旨を含んでいる。「武力による威嚇」が盛り込まれたのも、かつて帝国主義時代に頻繁に行われた「砲艦外交」などを禁止する趣旨として重要である。このようにして、国連憲章は、国際連盟や不戦条約の限界を乗り越えて、「武力行使の違法化」へと歩みを先に進めたのである。

他方、国連憲章は、違法な武力行使に平和的手段だけで立ち向かうという方式をとらなかった。違反国に対する集団的制裁の不備が侵略戦争を防げなかった国際連盟の反省の上に立って、違法な武力行使にたいしては、武力も含む集団的措置によって抑止するという集団安全保障のシステムを採用した（国連憲章7章）。これは、「平和に対する脅威、平和の破壊又は侵略行為」を、安全保障理事会（安保理）が、集権的に決定し（憲章39条）、この決定にはすべての加盟国が従わなければならず（同25条）、安保理は、平和を回復するための措置として、非軍事的措置（同41条）、武力による強制措置（同42条）をとるという仕組みである。

集団安全保障と集団的自衛

こうした集団安全保障の仕組みは、仮想敵を持たない考え方に立脚している。どの国も、国連加盟国、国際社会全体から制裁されるのであれば、武力を増強しそれを行使する衝動が抑えられるはずである。こうして集団的安全保障が理想的に機能すれば、各国が軍縮を進めることが期待できるのである。

これに対して、軍事同盟は、仮想敵からお互いを守ることを国同士が約束することである。仮想敵に対抗するために同盟国は、軍拡に動く傾向がある。しかし、それは仮想敵とされた側も同様である。実際に冷戦時代の米ソの核軍拡競争がそれを物語っている。こうして軍事同盟は、軍拡を促進してしまうのである。

国連憲章は、こうした軍事同盟に替えて、集団安全保障を平和実現手段の基本にすえたが、他方で、軍事同盟が存続する余地も残してしまった。国連憲章の51条が、それである。この規定の誕生には、国連体制の下でも軍事同盟を結ぶ自由を確保しておきたいというアメリカの思惑が絡んでいる。この51条では、「自国に対する武力攻撃」を阻止するための個別的自衛権と、「自国と密接な関係にある外国に対する武力攻撃を、自国が直接攻撃されていないにもかかわらず、実力をもって阻止する権利」とされる集団的自衛権とが、加盟国の「固有の権利」とされている。

もっとも、個別的自衛権が、国際法上の慣習として確立されてきたのに対して、集団的自衛権のほうは、この51条によって「作り出された」（創設された）ものであるというのが、国際法学の一般的理解である。そして、これらは、「武力行使の違法化―違反国に対する集団的措置」という国連の集団安全保障システムのなかで、あくまでも例外的なものとして位置づけられたことが肝心である。すなわち、①自衛権は、武力攻撃が「発生した場合」にのみ行使が許される。アメリカなどは、いわゆる「先制的自衛」も可能であるとしているが、国際社会はそれを認めていない。また、単なる領域侵犯程度では「武力攻撃」に当たらず、自衛権発動の要件としては十分ではない。②これは、「武力攻撃」を排除するのに必要な限りで行使される権利である。したがって、武力による報復（武力復仇）は、自衛権の行使とはいえない。③そして、これは、安保理が集団的措置をとるまでの間にのみ行使しうる権利である。

日本国憲法前文と9条

戦争の放棄と戦力の不保持を定めた日本国憲法（1946年）の第9条は、こ

Ⅲ　文化的暴力の克服

うした国連による安全保障システムの生成ときびすを接して生まれた。しばしば現実ばなれの理想主義の産物として揶揄される９条は、アジアで侵略戦争を繰り広げた国家を、平和の実現をめざす国際社会のなかに位置づけるための現実的な方策として選択されたのである。９条は、まずもって「日本に対する平和」の保障という意味をもつものであった。

こうした９条の意義は、憲法の前文において、次のように具体的に語られている。

前文の第１段は、「政府の行為によって再び戦争の惨禍が起こることがないようにすることを決意し」たとして、戦争が「政府」(＝権力)によって引き起こされるという認識に立って、侵略戦争への反省を述べている。

第２段では、「日本国民は、恒久の平和を念願し、…平和を愛する諸国民の公正と信義に信頼して、われらの安全と生存を保持しようと決意」し、「平和を維持し、専制と隷従、圧迫と偏狭を地上から永遠に除去しようと努めている国際社会において名誉ある地位を占めたい」としている。また、第３段でも、「いずれの国家も自国のことのみに専念してはならない」とされている。ここには、平和を国際的な協調で実現しようとする国連憲章の理念への共鳴が語られており、また、各国の「政府」ではなく、「諸国民」の公正と信義への信頼とされている点で、民衆の協同・連帯で平和を実現していこうという志向が示されている。

そして、第２段の最後の、「われらは、全世界の国民が、ひとしく恐怖と欠乏から免かれ、平和のうちに生存する権利を有することを確認する」との言葉は、平和実現のための民衆の連帯の基礎に「平和のうちに生きる権利」をすえた。ここで、権利の主体が、「全世界の国民」とされていることがきわめて重要である。また、「恐怖と欠乏」から免れることと平和とが一体のものであるというとらえ方も、のちに普及する「構造的暴力」の考えと通ずるものがあり、貴重である。

この憲法を、制定当時の日本国民の圧倒的多数が支持した。

2．戦後日本における平和と戦争をめぐる相剋—日本国憲法と日米安保条約

　戦後日本における平和と戦争をめぐるせめぎあいは、日本国憲法と日米安保条約とが併存する中で生じる。日本は、戦争放棄と戦力の不保持を定めた憲法9条の下で、朝鮮戦争の勃発（1950年）を契機として、警察予備隊（のちに保安隊を経て自衛隊に改組）の設置と、日米安保条約による米軍駐留の継続によって再軍事化の道を進むことになる。その際にも、軍事同盟を意味する集団的自衛権の取り扱いは、中心的な争点であった。

憲法9条についての政府解釈
　日本国憲法を制定した当時の政府による9条解釈は、「9条は直接には自衛権を否定していないが、2項で一切の軍備と国の交戦権を認めない結果、自衛権の発動としての戦争も放棄した」というものであった（1946年6月26日衆議院での吉田茂首相の答弁）。しかし、1951年に日米安保条約（旧安保条約）を締結し、1954年に自衛隊を創設するにいたる中で、この解釈を、「憲法9条はわが国が自衛権を持つことを認めている。したがって自衛隊のような自衛のための必要相当な実力部隊を設けることは憲法に違反しない」(1954年12月22日衆議院での大村清一防衛庁長官の答弁)というものに変えていく。
　こうして、日本を守るための個別的自衛権と「自衛のための必要最小限度の実力」としての自衛隊は合憲であるという政府解釈が成立する。自衛隊法の成立時には、参議院で「自衛隊の海外出動を為さざることに関する決議」もなされた。その後、政府は、自衛権の発動は、①我が国に対する急迫不正の侵害があること、すなわち武力攻撃が発生したこと、②これを排除するために他の適当な手段がないこと、③必要最小限度の実力行使にとどまるべきことという、3つの要件を満たす場合に限られるとしていくことになる（自衛権発動の3要件）。そして、集団的自衛権は、こうした「必要最小限度の自衛権」を超えるものとして憲法上行使できない、という「集団的自衛権違

Ⅲ　文化的暴力の克服

憲論」が取られることになる。この政府の憲法解釈は、こんにちでもなお維持されている（安倍晋三首相は、その変更に並々ならぬ意欲を示しているが）。

　当時は、保守政党による改憲の動きに対抗する憲法擁護の運動や、第五福竜丸事件をきっかけとする原水爆禁止運動の盛り上がった時期でもあった。アメリカとの間で安保条約を締結し防衛力の増強を約束した日本政府が、国民向けには、自衛隊はあくまでも自衛のための実力だと説明せざるをえなかった背景には、こうした9条と平和を守れという国民の世論の力があった。そうした世論を背景にして、国会では、社会党・共産党などの改憲反対の勢力が、改憲の発議を阻止できる3分の1の議席を確保していた。

　その後、1960年の安保改定により、日米安保条約の5条には、「日本の施政の下にある領域における、いずれか一方に対する武力攻撃」があった場合の「共同防衛」が規定される。また、米軍は、日本防衛だけでなく「極東における国際の平和と安全の維持に寄与」するために駐留するという6条（「極東」条項）が定められた。これにより、安保条約は、日本が米軍の駐留を一方的に受け入れる基地提供条約から、軍事同盟的な性格を強めることになる。それでも、政府は、なお「集団的自衛権違憲論」の枠組みを維持した。これらの規定について、政府は、①5条に基づく「共同防衛」の際には、アメリカは集団的自衛権を行使するが、日本は集団的自衛権ではなく個別的自衛権を発動する、②6条に基づく基地の提供は、集団的自衛権の行使には当たらない、③6条の「極東」とは、「大体において、フィリピン以北並びに日本及びその周辺であって、韓国及び中華民国（現在は台湾）の支配下」の地域に限られるという見解を示した。

　これらは、いずれも、かなり「苦しい説明」ではあるが、それは、安保改定反対の国民の声が渦巻くなかで、また自衛隊創設以来の「集団的自衛権違憲」論を維持しようとするかぎり、政府は、新安保条約の合憲性をこのような「説明」でしか言いつくろうことができなかったということである。「60年安保」をめぐる国会や政府による政治に対して、安保改定に反対し、憲法9条の擁護を求めた国民世論は、このような形で影響を与えたのである。

進行する憲法違反の実態

　1960年の安保改定は、日米の軍事同盟的関係を強化するものであったが、政権政党である自民党による憲法の明文改定の構想は、国民の強い反対運動に迎えられて頓挫することになった。そうした中で、政府は、個別的自衛権と「専守防衛」を旨とする自衛隊を合憲とする解釈を定着させる一方で、自衛隊の海外派兵の禁止、核兵器を「持たず、作らず、持ち込ませず」という「非核三原則」や、紛争当事国に対する防衛装備品の輸出を禁止する「武器輸出三原則」などの政策を採用していく。また、下級審ながら、「自衛隊憲法違反」の判断を下した判決が現われた（1973年9月7日札幌地裁長沼事件第一審判決）のもこの頃である。

　その後、ソ連東欧の社会主義圏の崩壊、湾岸戦争の勃発で幕が開ける1990年代は、それまでの憲法9条をめぐる状況を大きく揺さぶり、変容させた。「冷戦の終結」が軍縮をもたらすかのように思われたのも束の間、「国際貢献」論、「9条＝一国平和主義」批判などを掲げ、国連PKOへの参加、近隣諸国の「脅威」やテロ対策などを理由にした新しい角度からの9条に対する改変の動きが強まっていく。そうしたなか、さまざまな立法を通じて、安保体制の強化につながる法整備や、自衛隊の海外派兵がなされていく。この間に、「政治改革」と称して、衆議院の選挙制度を、それまでの中選挙区制から小選挙区を中軸とする「小選挙区比例代表並立制」に転換させて、「護憲政党」としての社会党の大幅な議席の後退をもたらしたことの影響は大きい。

　この間に制定された諸法律とは、「国際連合平和維持活動等に対する協力に関する法律」（PKO協力法1992年）、「周辺事態に際して我が国の平和及び安全を確保するための措置に関する法律」（周辺事態法1999年）、「平成13年9月11日のアメリカ合衆国において発生したテロリストによる攻撃等に対応して行われる国際連合憲章の目的達成のための諸外国の活動に対して我が国が実施する措置及び関連する国際連合決議等に基づく人道的措置に関する特別措置法」（テロ特措法2001年）、「イラクにおける人道復興支援活動及び安全確保支援活動の実施に関する法律」（イラク特措法2003年）、「武力攻撃事態等における我が国の平和と独立並びに国及び国民の安全の確保に関する法

Ⅲ　文化的暴力の克服

律」(武力攻撃事態法2003年)、「武力攻撃事態等における国民の保護のための措置に関する法律」(国民保護法2004年)などである。

　こうした動きの中で、最も顕著なのは、2001年9月11日のハイジャック・テロ事件を契機とするアメリカのアフガニスタン攻撃を支援するためのテロ特措法に基づく自衛艦によるインド洋での補給活動であり、2003年のアメリカとイギリスによるイラク攻撃後のイラクにおける輸送活動と復興支援である。とはいえ、これらの活動は、「集団的自衛権は行使できない」という従来からの政府の憲法解釈の枠内で行わざるをえなかった結果、携行する「武器の使用」はしても「武力の行使」はしない、活動は「非戦闘地域」でおこなう、自衛隊の活動は外国の軍隊の武力行使と「一体化しない」などの制限を設けて行われた。それでも、イラクでの自衛隊による武装した米兵らの輸送活動は、2008年4月17日、名古屋高裁で、憲法9条1項が禁止する「武力の行使」に該当し、これに違反するとの判断が下された(ただし原告の請求は棄却)。この時の判断では、前述の長沼事件札幌地裁判決と同様に、憲法前文の「平和的生存権」の意義を強く評価する解釈が行われている。

　このような憲法9条の枠を実態において踏み越える政治がすすむ中でも、従来の政府の憲法解釈は、まがりなりにも維持されてきた。そうした解釈を政府部内で支えてきたのが、内閣法制局である。しかし、自衛隊が海外に出動し、輸送という形ではあれ、アメリカなどの軍事作戦に深く関与し、より一層の参画が他国、とりわけアメリカから求められるようになると、「集団的自衛権解禁」の要求が浮上してくるようになる。それは、いま、憲法解釈の変更による「解釈改憲」と憲法の明文改憲という2つの手法によって追求されている。「解釈改憲」という行為は、法的にはあくまでも違憲の行為として評価されるものである。しかし、衆参両院での3分の2の賛成での発議、そして国民投票での過半数の賛成という正式の憲法改正手続を「高すぎるハードル」とみなす改憲勢力は、自衛隊の海外派兵を求めるアメリカ政府や日本の財界などの声に押されて、「解釈改憲」という禁じ手に着手しようという衝動を常に持ち続けている。60年近くの長きにわたり維持してきた政府の「集団的自衛権違憲論」を合憲論に替えてしまうことなどは、その最たる

ものである。

　いまや、集団的自衛権の扱いは、憲法9条をめぐる改憲問題の最大の焦点となっている。2013年の臨時国会で、自民・公明連立の安倍内閣は、「戦争司令部」としての国家安全保障会議（日本版NSC）の設置に続けて、軍事・治安体制の強化のための特定秘密保護法を成立させた。同年12月17日に閣議決定した「国家安全保障戦略」や「防衛計画の大綱」では、「日米同盟を基軌」にすえる「積極的平和主義」なる理念を打ち出した。この次に狙われているのは、集団的自衛権の容認による憲法の限界の突破であろう。

3．現代日本における平和の法的探求—平和的生存権の意義

いま集団的自衛権を解禁することの意味

　集団的自衛権は、国連憲章上、国連加盟国が等しくもつ権利とされている。しかし、これを現実に自国のために縦横に行使できるのは、こんにちでは、世界中に軍事同盟網を張りめぐらし、「日が沈むことのない」海外基地をもつアメリカぐらいのものである。集団的自衛権は、なによりも大国、覇権国にとって都合のよい道具という側面がある。

　それは、戦後の国際社会のなかでの集団的自衛権の役割が如実に物語っている。たとえばアメリカは1964年、ベトナム戦争に際して、南ベトナム政府の要請、アメリカ大統領による南ベトナム援助の誓約などを理由にして、武力介入は国連憲章51条に矛盾しないと主張した。さらに1981年のニカラグアへの攻撃や反政府組織への支援に際しても、集団的自衛権を援用した。かつてソ連は、1968年のチェコ事件において、ソ連軍を中心としたワルシャワ条約機構軍がチェコに侵攻した際に、「兄弟的社会主義国家間に締結された同盟諸条約に規定された各国の個別的及び集団的自衛の権利に完全に合致する」と主張し、1979年のアフガニスタン侵攻の際にも集団的自衛権を持ち出した。

　これらは、いずれも、集団的自衛権の発動の条件である外部からの「武力攻撃」の発生が不明であり、武力攻撃の犠牲となった国の支援要請もあいまいであるなどの点で、正当性に欠ける主張であり、とりわけニカラグア事件

217

については、同国の国際司法裁判所への提訴による裁判で、アメリカによる集団的自衛権行使の正当性は否認されている。このように集団的自衛権は、戦後の国際関係史のなかで、大国による際立った覇権主義的軍事行動において、国際的に正当化されない誤った方法での援用という形で、否定的な役割を果たしてきたことに注意しておく必要がある。

　いま日本が集団的自衛権を行使するということの現実的意味は、アメリカとの日米安保体制を、正真正銘の軍事同盟にするということに他ならない。日本の自衛隊が、米軍といつでも、どこへでも海外に出かけて行って、他の国の兵士や民間人さえも殺傷するようになる。自民党は、そのような軍隊を切望して自衛隊を「国防軍」に替え、軍事専用の「審判所」（いわゆる軍法会議）を設置する憲法改正草案（2012年4月27日）を用意している。

　ただし、明文の9条改憲は、この間の世論調査では国民のなかでは反対が多数を占めている。そこで、明文改憲を待っているわけにはいかないとして、政府の憲法解釈の変更の可能性を探っている。しかし、「集団的自衛権の行使を可能にする憲法解釈の変更」についても、世論調査では反対が多数を占めている（2013年8月26日付　朝日：反対59%・賛成27%、毎日：反対53%・賛成37%、日経：反対54%・賛成32%）。

平和的生存権の意義

　日本が集団的自衛権を行使するようになり、憲法9条を変えてしまえば、東アジアでの平和の実現はより一層困難になるであろう。今、日本と東アジア地域の諸国やアメリカとの間では、領土問題、核開発やミサイル発射実験、普天間基地の移転やオスプレイ配備など在日米軍基地の強化、歴史認識問題など、緊張を増幅させる問題が絶えない。その解決までには、粘り強い努力が必要な問題ばかりであるが、それでも、これらの問題に日本として取り組む際に、日本国憲法の前文が言うように、まさしく、諸国民が「ひとしく恐怖と欠乏から免かれ、平和のうちに生存する権利を有する」ことを確認するところから始めることが重要である。そしてその原点から決して外れることはないよう心がければ、平和的な外交交渉によって問題の解決の道筋をつけ

る展望は大きく開かれるであろう。

「平和的生存権」は、この地球に住む「全世界の国民」が、ひとしく、「恐怖と欠乏」すなわち人権抑圧と貧困から解放され、平和のうちに生存することが「権利」であるとしている。ここには、つぎのような考え方が込められているといえる。人権抑圧と貧困がこの世にある限り、戦争の火種は後を絶たない以上、それらの克服に取り組もう。平和な国・社会のもとで生きることが、自由権や社会権が保障されて暮らすことの前提である以上、平和を人々が享受すべき権利として守り、実現していこう。

自民党の改憲案の前文は、こうした理念を、「平和のうちに生存する権利」という言葉を含めて消し去ってしまっている。それに替えて、「日本国民は国と郷土を誇りと気概を持って自ら守り」という言葉を盛り込んでいる。そこでは、平和の実現に向けて日本国民は何をなすべきで、国に対して何を求めていくべきかという理想が、跡形もなく消えている。

9条を変えてしまい、「平和的生存権」の理念も放棄してしまえば、日本は現在の東アジア諸国との間の難問をかえってこじらせてしまうであろう。アジアの平和のために必要なことは、憲法9条を堅持し、集団的自衛すなわち軍事同盟に依拠することから脱却して、日米安保条約を廃棄し日米友好条約に替えることで、アジア諸国の警戒心を解くことである。また、将来的に、軍事同盟にたよらない安全保障の探究こそ、国連憲章が志向する平和の実現を保障するものである。

【参考文献】
小沢隆一『はじめて学ぶ日本国憲法』大月書店、2005年
民主主義科学者協会法律部会編『法律時報増刊　安保改定50年―軍事同盟のない世界へ』日本評論社、2010年
小沢隆一・丸山重威編『民主党政権下の日米安保』花伝社、2011年
浦田一郎編『政府の憲法九条解釈』信山社、2013年
渡辺治『安倍政権の改憲・構造改革新戦略』旬報社、2013年

(小沢隆一)

戦争のための歴史、平和のための歴史

―― 東アジア諸国民の相互理解を
阻むものは何か？ ――

【キーワード】
東アジア　世界像　歴史教育　儒教　国民国家

はじめに

　日本に限らず歴史に学ばない人々が歴史をめぐって争っている今日の東アジア情勢をなんとかする必要がある。これは「日本も韓国・朝鮮や中国もどっちもどっちだ」などと言いたいのではない。まして改憲によって日本を「戦争できる国」にするなどとんでもない。それにしても歴史の政治化というこの問題は、日本の政府やウルトラナショナリストだけの特質ではない。
　残念ながら東アジアには、日本側に口実を与えるような歴史の政治利用があちこちで見られる。しかも日本のウルトラナショナリストが日本の歴史を飾り立てるやり方は、かれらが嫌いな中国が自分の歴史を政治的に飾る伝統的な方法とそっくりである。これは東アジア諸国に共通する文化伝統を考えねば理解できない事態である。きまじめに正面から平和を考えるこの教科書のなかで、ちょっと角度を変えてからめ手から考えてみようというのが、この問題を取り上げる筆者のねらいである。

1．近代国家はなぜ歴史を必要とするか？

　文化や情報を研究するなかで20世紀末に流行した「記号論」「言語論的転

回」「カルチュラル・スタディーズ」「メタヒストリー」などの新しい知的潮流や理論が、共通して「歴史」に突きつけた問いがあった。それは、先入観や利害、現実社会への問題意識などを完全に超越して、つまり自分を完全に殺して「事実」を「客観的に記録する」ことは可能か、またそういう「事実」が記録されていたとして、それを読んだ（見た、聞いた）人間が、自分を完全に殺してその「事実」を「客観的に」理解することは可能かという問いだった。情報の記録者と受け手のどちらも、主観的な「解釈」「意味づけ」を常におこなっているのではないか（history は本当に story とは違うのか、フランス語ならどちらも histoire で同じではないか）。歴史を書く（語る、読む）ことは結局「ある特定の、客観的というよりむしろ自分のための歴史を（自分や他人の）心の中に創り出す」ことなのではないか。いいかえれば「政治的でない歴史はありえない」のではないか。

19世紀ヨーロッパ（特にドイツ）における近代歴史学の誕生は、厳密な史料批判という方法で歴史を宗教や王権から解放したが、しかしそれは、近代国家と民族ないし国民、特に民族ないし国民を主役として形成される「国民国家」を正当化するための歴史という別の政治性を強く帯びていた。歴史が基本的に国・民族単位で語られ、「世界史」は国・民族の歴史の集合（寄せ集め）として理解されてきたのは、そのためである。なお近代ヨーロッパで発達した「東洋学」は、厳密な学問的方法で東洋の歴史や文化を研究した。だがそれは同時に、東洋の停滞性・後進性を証明し、西洋人が自己の優越を確認したり東洋人に奴隷根性を植え付ける道具として機能したというのが、エドワード・サイードの「オリエンタリズム」批判だった。結局、歴史に限らずあらゆる学問や認識は政治性から自由ではないことを自覚しなければならない。「民衆の立場（非抑圧民族の立場、女性の立場……）に立つ」などと言っただけでは、その問題から逃げられはしない。

ただしこのような考え方から「客観的な歴史など存在しない。だからそれぞれの国が自分に都合のよい歴史を教えるだけだ（それが当然だ）」という現代日本で流行の考えを引き出すには、二重三重の論理の飛躍が必要である。第一に「客観的認識の不可能性」は非常に個別的かつ高いレベルの議論

Ⅲ　文化的暴力の克服

であって、一般的なレベルで客観的に存在し認識できる事実はいくらでもある。そしてウルトラナショナリストが無理矢理否定しようとする植民地支配や「大東亜」戦争についての多数の事実は、そういう客観的なレベルに属する。第二に「客観的認識」が不可能だからと言っても、「食い違いの認識」にもとづく「歩み寄りの努力」を放棄して、自分に都合のよい勝手な考えだけ主張すればよいということにはならない。そんなことでは「社会」や「世界」は維持できない。このことが見えないのは、異質なものを含んだ瞬間に社会は壊れるという間違った前提から出発しているからである。第三に、歴史のなかでどうして「国」だけが最高至上の地位をもつのか。親や教師から「多面的・複眼的にものを考えなければ勉強ではない」とたたき込まれて育った筆者には、まったく理解できない。

　本題に戻って、では近代国家はなぜ自分に都合のよい歴史を必要としたのだろうか。言うまでもなく、個人が属する集団は国家だけではない。通常はそれぞれの場面に応じて、家族や地域コミュニティ、所属する会社や官庁、趣味のサークルや市民団体、性別や職業など違ったまとまりが意味や力をもち、人々はそれぞれに対してアイデンティティを感じる。そして国家は、「人類社会のどこにでも自然に存在する」ものではない。そのような国家が、身分差こそなくしたものの明らかに実態としての不平等や格差が存在するもとで、「国あっての国民だ」として住民を服従させつづけるためには、物理的利益や安全の保証、それに法的強制力だけではなく、人々を納得させる「正当性（正統性）原理」［＝意味づけ］と、それをわかりやすく示すシンボルを必要とする。しかもそれは他国の正当性原理やシンボルと区別されていなければならない。そうでないと、国境地帯の住民や他国と関係をもつ住民が服従する保証はない。

　近代以前には神話や宗教、支配者の血筋（歴史はそれらのパーツにすぎない）などが正当性原理［しばしば、世界帝国として人類唯一の正当性を主張した］の柱となりえたが、そういうものから自分を解放してしまい、しかも対等な他者（他国）の存在を認めてしまった近代国家は、弱肉強食が当然とされ交戦権が国家の当然の権利とされている当時の世界を生き延びるため

に、新しいイデオロギーやシンボルを見つけ出さねばならなかった。その一つが「苦難に耐えた英雄的な戦い（革命、独立戦争）の歴史」など過去に関する物語だった。それはフランス革命やアメリカ独立戦争など近代国家建設そのものの歴史だけでなく、「悠久の伝統」や「民族のルーツ」といったかたちで古代や先史時代にさかのぼることも少なくなかった。そのための歴史や「伝統」の創造、考古学の政治利用などの問題がつぎつぎ生じた。過去との断絶（近代化）を誇りつつ過去の歴史の政治利用に頼るという、近代国家の綱渡りが始まったのである。武家政治を否定しつつ（しかしサムライ精神は否定せずに）「神武以来の」歴史をもちあげた明治政府の努力は、その代表的な例である。

　しかも、全国的・全国民的に通用する客観的な正当性原理やシンボルが都合よく存在する保証はない。むしろそうでない理屈やシンボルを住民、とくに少数派に押しつける場合が多い。近代日本がウチナンチューやアイヌ住民、朝鮮半島や台湾の住民におこなったこと、現代中国で「少数民族」におこなわれていることなど、その例は枚挙にいとまがない。とくに問題なのは、暴力で押しつけるより教育やマスコミを通じて――歴史や社会科の教育だけではない。言葉や芸術の教育がしばしば決定的な役割を演じる――「刷り込む」ケースである。「わび、さび」が日本文化の神髄だと国語や美術の授業で教えられるとき、子どもたちは、「ケバイ」大阪文化の担い手たちを、「非国民」とまでは言わなくても「劣等国民」だと教え込まれるのだ。そうした場ではまた、情報ギャップが利用される。日本的な感性について「わが国では明瞭な四季をもつ美しい自然のなかで繊細な感情がはぐくまれてきた」と日本の「国語」教育が教え込むのは、ベトナムの子供たちも似たような教育を受けている事実が広く知られないことを前提にしている。

　欧米以外の諸国が近代に、こうした正当性原理やシンボルを作り出し国民に植えつける際には、根源的な欧米コンプレックスとどう向き合うのかという超難問にさらされた。そこで出された典型的な解答が、明治日本で唱えられた「脱亜入欧」、つまり自分たちこそ欧米化の優等生として周囲の国々を見下すというやり方だった。それがうまくいかなくなると、周囲に敵（悪

Ⅲ　文化的暴力の克服

者）を作って自分を正当化する、それでもだめなら「近代の超克」を叫んで欧米と戦うという悲劇的なコースは、ある意味でこの欧米コンプレックスの産物だった。アメリカに強く従属する一方で建前上アジアを差別できなくなった戦後の日本は、平和主義の理想（ただしそれは、戦争で露呈した日本の悪い面を「アジア的」と見なすなどアジア蔑視を克服しておらず、あくまで欧米を理想とする平和主義だった）と経済成長を正当性原理とすることにより、いったんこの問題を棚上げした。それが一巡してふたたび対米・対アジア関係を考えねばならなくなったところで、70年前の失敗の歴史を学ばない不勉強な人々が唱えているのが、現在の日本のウルトラナショナリズムである。

　もう一点、「民族」についてもつけ加えておこう。肉体的特徴だけでなく言語や文化などで人間集団を区別・差別すること（エスニックな区分）は大昔からおこなわれているが、それが身分・宗教・生業などと比べて重要な区別だったとは限らない。ところが近代科学としての「人類学」「遺伝学」や「民族学」は、「客観的根拠のない身分や宗教などより人種や民族の区分の方が意味がある」という考えを広めてしまった。また近代国家は、王室財産でも宗教組織でも都市国家の市民団でもなく「国民（ネーション）のもの」であるという「国民国家（ネーション＝ステート）」の観念にもとづいて形成された。それは国民と国家の同一視を生むいっぽうで、オーストリアやロシアのような多民族帝国の解体過程などにおいては、抽象的で多様な中身をもちうる「国民」がしだいに具体的な言語・文化や習慣を共有する集団である「民族（エトノス、エスニック・グループなどと呼ぶ）」に読み替えられた。つまり国家を形成する主体は民族だと見なされるようになったのだ。それにつれて宗教や文化も歴史も、「民族」を構成するパーツになってゆく。

　ということは、特定の民族が固まっていないところで国家を作りたい人々、たまたま作ってしまった人々は、民族を創り出さねばならないことになる。中華民国の建国に際して、孫文が「漢民族以外も含む中華民族」などと言い出したのはそのよい例だ。沖縄や北海道を手放したくない政治家が「単一民族国家」と言いたがるのもそのせいだ。ところが今日のDNA研究によれば、

「人種」区分ですら必ずしも科学的ではない。まして民族は客観的区分などではない。言語や文化はある程度の目印にはなるが決定的ではない。結局は「われわれは〇〇人だ」という自意識か、「おまえらは△△人だ」という他者（とくに弱者）に対するレッテル貼り——両者は必ず相互にからみ合う——が「民族」を決定することになる。そこではまたもや、歴史（他者との区別＝差別や、他者との戦いの歴史がわかりやすい）が、仲間意識やレッテルを創り出す重要なツールになる。

2．東アジア世界で歴史はどんな意味をもつか？

　国境を超えたキリスト教の紐帯が強く、また支配者の間では国境や民族を超えた結婚が当たり前だったヨーロッパでは、人間の帰属として国家や民族を最優先とする考え方は、近代になってはじめて、「国民国家」の誕生と並行して一般化した。したがって、国家や民族を絶対視する歴史観は近代の産物だという見方が、学者やインテリの世界では常識になっている。では、東アジアのナショナリズム（の衝突）も近代だけ考えれば理解・対処が可能だろうか。欧米の理論に飛びつく傾向の強い日本でもそういう議論があるが、それは考えが浅い。東アジアというのは世界の諸地域の中でもとくに、歴史の重みが強い地域なのだ。

　東アジアでは国家と民族が強く結びつき、それが人間の所属する集団として絶対的な意味をもつ傾向が、近代以前からの長い伝統をもっていた。理由は、①巨大帝国を作り維持した事実が中国人に「国家のない状態」を考えられなくした、②その帝国は武力や狭義の宗教を国家の柱とせず、むしろ漢字文化や儒教などの「文明」を共有する点を柱とした。この文明意識ないし価値観はそれを共有しない遊牧民族に圧迫され続けたことにより強まった。これらの理由で中国では国家意識と民族（文明）意識が結びつき、服属した他の集団に対しても文化的多元性を認めず同化を迫るパターンが一般化した。③中国では10世紀以後に貴族が没落して皇帝以外は身分差がほとんどなくなり、18世紀には経済的・社会的な成熟を背景に、科挙試験や経済活動などに

Ⅲ　文化的暴力の克服

だれでもチャレンジできる社会が実現した（競争の結果としての格差はきわめて大きいが）。それらを背景として上のような価値観や支配パターンが民衆にもかなり広く浸透した。④その中国という超大国の周辺で強い影響力・圧力にさらされ続けた朝鮮半島、日本、インドシナ半島などの諸国でも、中国に対するコンプレックスとその裏返しの対抗意識が強い国家意識・民族意識を生みだし（特に16〜17世紀の激変をのりこえた18世紀に確立）、またそれが民衆に浸透した、などである。かつて社会主義陣営では、ネーションを近代資本主義の産物とするソ連の指導者スターリンの理論が広く信奉されたが、その時期に中国・北朝鮮・ベトナムや日本の共産主義者の中から「我が国の場合は古代から民族（＝ネーション）が存在した」という反論がいっせいに出ている。抗米戦争勝利の精神的高揚をあらわしたベトナムの1980年憲法前文には、「ベトナム民族4000年の歴史」という表現が盛り込まれた。これらの事態の背景に上のような東アジアの歴史がある。

　このため、近代西洋でできあがった国民国家というしくみ、その弱肉強食の争いという世界のありかたが西洋以外に広がったとき、東アジア諸国は「優等生」としてこれを受容し、その立場で歴史教育も組み立てた（第二次世界大戦後の平和主義や社会主義の影響は、この構造を根本的には変えていない）。中東やインドでは宗教など別の原理との深刻な矛盾が生じたのに対し、東アジア諸国でそうした問題がほとんどおこらずに、「単一民族国家論」が幅を利かせることにもなった（日本と朝鮮・韓国のほか、社会主義的な多民族国家のタテマエを維持している中国・ベトナムを含め、中国文化圏のすべての国に強力な単一民族国家論がある）。しかも漢字文化を共有する東アジアでは、西洋諸語のネーション（国家を構成する国民）とエトノスないしエスニック・グループ（語源はギリシア語。国家に関係なく文化や習慣を共有する集団）の両方に「民族」という漢語をあてたので、「多くの少数民族（エスニック・グループ）を含む中華民族（ネーション）」といったトリッキーな論理も可能になった。

　「ベトナム民族4000年の歴史」という表現を上で紹介したが、そこで「韓国5000年の歴史」「中国4000年の歴史」などを思い出した読者もおられるだ

ろう。韓国憲法の前文には「悠久の歴史と伝統に輝くわが韓国国民は」、中国憲法前文には「中国は世界において最も悠久の歴史を有する国家の一つである」うんぬんとある。日本でも大日本帝国憲法時代には西暦紀元前660年に始まる歴代天皇の統治が歴史とされ、憲法前文には「万世一系の天皇」が帝国を統治するという文言があったことはよく知られている。これらの背景には近代的なナショナリズムだけでなく、東アジアをおおう儒教的な歴史観がある。儒教（儒学）は学問や家族原理を基礎とし、「礼」の実践による社会秩序の維持を目ざした教えであるが、同時にそれは為政者の正当化と不可分の思想でもある。為政者の統治の正当性を保証するのは「天命」だが、それは為政者の「徳」や政策判断などのありかたなど、「礼」や「法」による定型化の範囲を超える問題について、具体的にこうしろと命じる教義をもってはいない。それらの正邪を証明するのは、実際の為政者やその行為を天が（人や自然の動きを通じて）支持・祝福したか警告・処罰したかという過去の事実とその記録でしかない。現在や未来の為政者は、そこから教訓を学んで天命にしたがう統治をおこなうことが期待される。つまり儒教圏の支配者や国家の究極の正当性原理は宗教的真理ではなく歴史にあり、長く続いたこと自体がその国家の正当性を示すのだ。

　するとそういう歴史は、一面では現在における支配者の自己正当化を許さないものになる。支配者の行動や国内外のできごとは、良いことも悪いことも事実に忠実に記録され続けねばならない。しかし他方で、過去の統治の歴史つまり天命の指し示すところについて、いろいろな解釈の余地があってはいけない。そこで過去の王朝や為政者がいかに天命をえたり失ったかを疑問の余地なく示す「正しい歴史」を編むことが、王朝や知識人の仕事になる。『漢書』以降の中国の「正史」のように「断代史」として前の王朝の歴史を書くにせよ、中国の『資治通鑑』やベトナムの『大越史記全書』のように「通史」として神代の昔からの歴史を書く（後の世代も書き継いでゆくことが想定されている）にせよ、その点は同じである。直前の王朝の歴史を書く場合、それがいかに天命を失って滅びたかを書くと、それは間接的に自分の王朝の正当性を証明することになる。そして王朝が「正史」を編む場合、将来疑問

が出ないように根拠になった史料を廃棄するようなこともおこなわれる（別の目的で編纂された百科全書やその他の書物に収録・引用されて内容が伝わることはよくあるが）。加えて、司馬遷が『史記』でつくった「紀伝体」のスタイルは、皇帝だけでなく貴族や官僚など多くの臣下の伝記を含めることによって、臣下のおこないや功罪も国家の興亡や天命の帰趨に影響することを示した。そこには国家から自由な個々人の歴史というものは（「隠逸の士」のような例外を除いて）存在しえない。国家が決めた歴史を国民に教える、国民の側も複数の解釈の余地がない「正しい歴史」があると信じる、個々人の行動もいかに国家に貢献したかで評価されるなど現代東アジア諸国に共通する発想は、このような歴史的根拠をもつ。そして東アジアには、科挙試験を通じて成立した「暗記教育」「試験地獄」の伝統がある。そこではすべての人間に成績という単一の物差しで序列がつけられる。それ自体が歴史の意味をもつ『春秋』『尚書（書経）』などの経典にくわえて、正史の暗記もその中で不可欠になる。現代の中国やベトナムでは、「史的唯物論」関係を含むマルクス・レーニンの著作が「経典」と呼ばれて大学などの必修科目になっている。それでも科挙試験自体は長大な論述試験であって、韻律の面でも調子がよく内容も格調高く説得力のある名文を書かねば合格しないから、暗記だけで論理的思考力や表現力のない受験生には歯が立たない。ところが科挙試験が定着しなかった日本では、試験といっても正誤問題や語句を答える短答式の問題が大半である。これは東アジア式暗記教育の中でも最低のやりかたと言わざるをえない。

3．東アジアの相互理解にはなにが足りないか、なにが必要か？

　第1節から、政治から離れにくい歴史の性質、なかでも近代には「国家」と「民族」が歴史を政治利用する主体として浮上したことがおわかりいただけただろうか。ところが現在は、グローバル化による人の移動の激化で、国家も国民も民族も流動化している。それに反発して「原理的ナショナリズム」が噴出していることが、歴史をめぐる各国の対立の背景である。ではどうし

たらよいか。いくらグローバル化が進んでも国家や民族が完全になくなることはありえない。そもそもグローバル化を強要している「資本主義」自体が、国ごとの賃金格差をはじめとしていろいろな面で、利潤のためには人間の「差異」を要求する。であるにしても、国単位・民族単位でものを考える習慣を相対化し、考える単位（視点）を多様化・柔軟化することなしに、歴史をめぐる争いを和らげることは難しいだろう。国家・民族を絶対視するかぎり、各国共通の教科書を作って歴史観を共有することなど不可能である。

　その際、第２節で示したように国家や民族と結びついた歴史、それも国家が決める「正しい歴史」の強固な伝統をもつ東アジアは、対立を解きほぐそうにも一筋縄ではいかない地域であることも理解していただきたい。そうするとアジアといえば日中韓（朝）など漢字文化圏だけ、それ以外の世界といえば欧米だけしか考えないという東アジア諸国に共通の思考パターンは、きわめて有害であることもわかるはずである。なぜなら、日中韓（朝）は国家・民族の絶対視や「きまじめだが頭が固い」「単一の物差しにより人間や国家を格付けするのが好き」「タテ社会で上ばかり見てまわりの仲間を蔑視する」などの強固な伝統を共有し、かたや欧米は国家・民族を単位とする近代国家を作って世界に押しつけた本家だからである。日中韓（朝）、それにしばしばベトナムも共有する問題点についてさらに言えば、それらは自国や自民族の文化に強いこだわりやプライドをもつことの裏返しとして、それを共有しない相手、とくに漢字文化圏以外の人々を露骨に蔑視する傾向が強い。近代欧米のように自分より強い者に対しては「上ばかり見る」態度も取るが、そうでない東南アジアやアフリカのような地域に対しては、なかなか理解する必要を認めない。かつてしばしば中国の支配者となった遊牧民に対しても、「戦争が強いだけの野蛮な人々」というレッテルを貼り、その社会や文化には価値を認めようとしない。学問の世界でも、国際政治学とか開発経済学などでそれらの地域の戦略的重要性を語ることはあっても、文化や歴史についてはあくまで辺境扱いで、「少数の変わり者」だけが興味をもつ「マイナー」な地域・人々としか見ようとしない。アジア太平洋戦争を含む大日本帝国時代の日本の行為について、韓国や中国の教科書では自国で日本人がどんな悪

III 文化的暴力の克服

行を重ねたかは詳しく書くが、東南アジアでの日本軍の行為については、中国で華人迫害について教わる以外は、ほとんど知らない学生が多いようだ。では日本はその点で威張れるかというと、中国・韓国研究や、最近発展めざましい中東のイスラーム世界の研究、それにファンの多い古代のシルクロード史研究とくらべて、東南アジアやアフリカの研究、現代中央アジアの研究などは、専門家や専門に学ぼうとする学生の数が極端に少なく、付け足しの地位しか与えられていない場合がほとんどである。

では、そこに学ぶべきものはないのだろうか。たとえば東南アジアを見てみよう。その力をあなどるとどうなるかを示したのがベトナム戦争だった。あれは決して単なる米ソ中の代理戦争ではない。むしろ社会主義陣営や世界の反戦運動の力を一点に吸い寄せてアメリカにたたきつけた、ホー・チ・ミン率いるベトナムの共産主義者やナショナリストたちのやりかたに瞠目すべきである。かつてほぼ全域で植民地支配を経験した東南アジア諸国はまた、独立後にアフリカ諸国と比べると急速に植民地支配の後遺症を克服し、経済先進国になったシンガポール以外でも、全体としてめざましい発展をとげてきた。数百種の民族（エスニックグループ）が入り乱れながら、旧ソ連や旧ユーゴのような際限ない民族紛争をおこしていない。たくさんの国から侵略されたり長く植民地支配を受けた経験をもち、「日本の侵略・占領はその一コマにすぎない」東南アジア諸国では、「対日感情」は一般に良好で、「なにかといえば日本を非難する」ことはない。が、それは日本を免罪したり「日本に感謝している」などということでは断じてない。また歴史上の中国の圧力に対しても、ときに戦争をしながらも、日本の朝廷や幕府のように「中国に朝貢などしたら本当の属国になってしまう」などと単細胞的に思い込むことなく、表面上だけ頭を下げて朝貢し貿易の実利をえる行動を平気でとってきた。華人の経済力を嫌悪してインドネシアやマレーシアで暴動がおこるようなこともあったが、タイのようにたくみに華人を「タイ人化」させてきた国もある。

これまでのところ、ASEAN（東南アジア諸国連合）はEUと比べると統合度の低いゆるやかな連合体にすぎない。しかしASEANが音頭を取った東

世界の歴史教科書

　アジア首脳会議は今や米中ロや日韓、EU などの首脳が出席する世界的な外交の場として機能し、ASEAN 側が首脳会議参加の条件としている東南アジア友好協力条約（TAC）には、上記の国・地域がすべて署名させられた。日中韓の間にこの柔軟さ、したたかさがあったらと思うのは私だけではないだろう。もちろん東南アジア諸国にも「自国だけの歴史」はある。しかし「中国にたびたび侵略されたいっぽうでラオスやカンボジアを圧迫・侵略した歴史をもつベトナム」のように、「一方的な正義の歴史はどうやっても創れない」ことをお互いがかなり理解しながら、今日の ASEAN 諸国はナショナリズムと国内の多元性や国際的な相互理解の両立に努力している。

おわりに

　こういう東南アジアを理解する訓練をするだけで、日中韓諸国の人々もぐっと視野が広がり、頭が柔らかくなることは確実である。さらに加えて中央アジアの歴史も勉強すれば。実は中国というのは漢民族だけの「硬い」帝

Ⅲ　文化的暴力の克服

国だというのは創られた歴史に過ぎず、むしろ中国というのは遊牧民や南方の海洋民族の共有財産（しかし相互の関係はしばしば「呉越同舟」「同床異夢」）として発展してきたこと、換言すれば中国の価値は砂漠・草原や農耕地帯、森林、海洋などさまざまな世界をつなぐ点にあったことがわかるはずである。そこまで多様ではないにせよ朝鮮半島や日本列島もやはり、南方系・北方系とか西日本と東日本など複数の要素がつねに混じり合いながら動き、単一の集団による一枚岩の閉じた歴史などいまだかつて成立したことがないことが理解できるだろう。「思考の壁」を破ってこのような「そこにある事実」を認めることを一般化させられるかどうか、東アジアの相互理解はそこにかかっている。だから韓国で新設された高校の科目「東アジア史」は、日中韓を中心にしながら、中央アジアや東南アジアの歴史にも目配りをしようと努力をしている。日本の歴史教育は、これについていけるだろうか。

【参考文献】
　ベネディクト・アンダーソン（白石隆・白石さや訳）『定本想像の共同体―ナショナリズムの起源と流行』書籍工房早山、2007年
　エドワード・W・サイード（今沢紀子訳）『オリエンタリズム（上・下）』平凡社ライブラリー、1993年
　大阪大学歴史教育研究会編『市民のための世界史』大阪大学出版会、2014年
　與那覇潤『中国化する日本』文藝春秋、2011年

（桃木至朗）

戦争は日本文学に
どのように描かれたか

【キーワード】
支那兵　　慰安所　　南京虐殺　　戦意昂揚　　B29

1．＜文豪＞たちが証言する

　一般の日本近代文学史では見えてこないことが、＜戦争＞という枠組みで見るときに思いがけない相貌を表すことがある。
　たとえば、泉鏡花は怪奇小説や花柳世界を描く作家として知られている。ところが、その作品に次のようなものがある。

●神崎は猶予らはで、「左様、自分は看護員です。」この冷かなる答を得百人長は決意の色あり。「しつかり聞かう、職務外のことは、何にもせんか！」「出来ないです。余裕があれば綿緻糸を造るです。」応答はこれにて決せり。百人長はいふこと尽きぬ。(略) 走り行きたる三人の軍夫は、二人左右より両手を取り、一人後より背を推して、端麗多く世に類なき一個清国の婦人の年少なるを、荒けなく引立て来りて、海野の傍に推据へたる、李花は病床にあれりしなる、同じ我家の内ながら、渠は深窓に養はれて、浮世の風は知らざる身の、爾くこの室に出でたるも恐らくその日が最初ならむ、長き病に俤 窶れて、寝衣の姿もよなよなしく、簪の花も萎みたる流罪の天女憐むべし。「国賊！」と呼懸けつ。百人長は猿臂を伸ばして美しき犠牲の、白き頸を掻掴み、(略) 看護員は我にもあらで衝とその椅子より座を立ちぬ。百人長は毛脛をかかげて、李花の腹部を無手と蹈まへ、ぢろり

Ⅲ　文化的暴力の克服

と此方を流眄に懸けたり。「どうだ。これでも、これでも、職務外のことをせねばならない必要を感ぜんか。」同時に軍夫の一団はばらばらと立懸りて、李花の手足を圧伏せぬ。
「国賊！　これでどうだ。」海野はみづから手を下ろして、李花が寝衣の袴の裾をびりりとばかり裂けり。(「海城発電」。ルビを付した。以下同)

　泉鏡花は中国における日本軍の女性凌辱に目をそむけていないのである。そのことは陸軍軍医総監を務めた森鷗外の作品にも確認できる。

●「ところがその人間の頭が辮子でない。女なのだ。それが分かった時、小川君はそれ迄交つてゐた危険と云ふ念が全く無くなつて、好奇心が純粋の好奇心になつたさうだ。これはさもあさそうな事だね。と声に力を入れて呼んで見たが、只慄えてゐるばかりだ。小川君は炕の上へ飛び上がつた。女の肩に手を掛けて、引き起して、窓の方へ向けて見ると、まだ二十にならない位な、すばらしい別品だつたと云ふのだ。」
　(略)「…一体支那人はいざとなると、覚悟が好い。首を斬られる時などをも、尋常に斬られる。女は尋常に服従したさうだ。無論小川君の好嫖致な所も、女の諦念を容易ならしめたには相違ないさ。そこで女の服従したのは好いが、小川君は自分の顔を見覚えられたのがこはくなつたのだね。」ここまで話して、主人は小川の顔をちよつと見た。赤かつた顔が蒼くなつてゐる。
「もうよし給え」と云つた小川の声は、小さく、異様に空洞に響いた。
　(略)「…顔が綺麗だから、兵隊に見せまいと思つて、隠して置いたのだらう。羊の毛皮を二枚着てゐたさうだが、それで粟稈の中に潜つていたにしても、炕は焚かれないから、随分寒かつただらうね。支那人は辛抱強いことは無類だよ。兎に角その女はそれきり粟稈の中から起きずにしまつたさうだ。」主人は最後の一句を、特別にゆっくり言った。(「鼠坂」)

　それに類することは芥川龍之介の作品にもみられる。

●騎兵は身軽に馬を下りた。そうして支那人の後にまはると、腰の日本刀を抜き放した。その時又村の方から、勇しい馬蹄の響と共に、三人の将校が近づいて来た。騎兵はそれに頓着せず、まつ向に刀を振り上げた。が、まだその刀を下さない内に、三人の将校は悠々と、彼等の側へ通りかゝつた。軍司令官！　騎兵は田口一等卒と一しよに、馬上の将軍を見上げながら、正しい挙手の礼をした。「露探だな。」将軍の眼には一瞬間、モノメニアの光が輝いた。「斬れ！　斬れ！」騎兵は言下に刀をかざすと、一打に若い支那人を斬つた。支那人の頭は躍るやうに、枯柳の根もとに転げ落ちた。血は見る見る黄ばんだ土に、大きい斑点を拡げ出した。「よし。見事だ。」将軍は愉快さうに頷きながら、それなり馬を歩ませて行つた。(「将軍」)

中国という場所で日本人が起こしたことが作者の枠を超えて確認できるのである。中国での戦争ということでは漱石作品にも取り込まれている。

●塹壕に飛び込んだ者は向へ渡す為に飛び込んだのではない。死ぬ為に飛び込んだのである。彼らの足が壕底に着くや否や穹窖より䂻を定めて打ち出す機関砲は、杖を引いて竹垣の側面を走らす時の音がして瞬く間に彼らを射殺した。殺されたものが這ひ上がれる筈がない。(略)寒い日が旅順の海に落ちて、寒い霜が旅順の山に降つても上がる事は遂に出来ぬ。ステッセルが開城して二十の砲砦が悉く日本の手に帰しても上る事は出来ん。日露の講和が成就して乃木将軍がめでたく凱旋しても上がる事は出来ん。百年三万六千日乾坤を提げて迎に来ても上がる事は遂にできぬ。是が此塹壕に飛び込んだものの運命である。而して亦浩さんの運命である。蠢々として御玉杓子のごとく動いて居たものは突然と此底のない坑のうちに落ちて、浮世の表面から闇の裡に消えてしまつた。旗を振ろうが振るまいが、人の目につこうがつくまいが斯うなつて見ると変りはない。浩さんがしきりに旗を振つた所はよかつたが、壕の底では、ほかの兵士と同じように冷たくなつて死んでいたさうだ。(漱石「趣味の遺伝」)

Ⅲ　文化的暴力の克服

石川達三

　これらの作家たちが、明確な反戦意識を以てこうした作品を描いたというのではない。しかし、現実への冷静な認識からこうした作品が生まれたのである。個別の作家ごとに見ていればそれほど気づくこともないのだが、＜戦争＞という枠で見た場合に、意外な文学者の共通性というものが浮かび上がってくるのである。

　次の石川達三の作品は日本の侵略戦争の犯罪性を厳しく問う側からも、それを＜自虐史観＞に利用されるとする立場の側からも批判があるが、＜事実＞を基にしたものであることは否定できない。たとえば、＜南京虐殺＞、＜慰安所＞に軍隊が関与していたこと、女性への凌辱（りょうじょく）ということも示されている。これらは当然、近年に話題になる以前から存在したものであり、後の作家の言動から考えても、特定の政治的立場で書かれたものではない。＜資料＞としての意味は無視できないのである。

●横になった途端に、眠くなった。少し寝た。寒さで眼がさめて、表に出た。すると、先刻まで、電線で珠数つなぎにされていた捕虜の姿が見えない。どうしたのかと、そこに居た兵隊に訊ねると、皆殺しましたと云った。夜が更けるとともにこの女の泣き声は一層悲痛さを加えて静まり返った戦場の闇をふるわせていた。或は声を放って号泣する調子になるかと思うとやがて声を忍んで涕泣嗚咽するようにもなり、更に唸るとも吠えるともつかない獣の長啼きのようにおうおうと節長く泣いて、次にはまた悲鳴に似た叫びの調子にもなった。
聞いている兵士は誰も何とも言わなかったが、しんしんと胸にしみ透る哀感にうたれ更に胸苦しい気にさえもなっていた。はげしい同情を感じ同情を通り越してからはもの焦立たしい気になっていた。

倉田少尉は鉄兜(かぶと)の顎紐(あごひも)を頰がふくれるほどきっちりと顎にまわし、壕の壁を背にして蹲(うずくま)り胸のポケットから日記帳をとりだした。懐中電燈をつけて頁を開いては見たが、女の悲鳴する声が何としても耳について気持が焦立ち、書く気になれなかった。彼は電燈を消し眼を閉じてじっと耳を澄ました。頭の蕊(しん)が搔きむしられるようであった。……不意に彼の耳は別の声をきいた。
「ええうるせえッ！」
ふりかえると、真暗な中で平尾一等兵が背を丸くして壕の上に飛び上る姿が大空の星を背負って見えた。
「どこへ行くんだ？」と壕の中から近藤一等兵が言った。
「あいつ、殺すんだ！」
（略）平尾は彼女の襟首を摑んで引きずった。女は母親の屍体を抱いて放さなかった。一人の兵が彼女の手を捻じあげて母親の屍体を引きはなし、そのままずるずると下半身を床に引きずりながら彼等は女を表の戸口の外まで持って来た。
「えい、えい、えいッ！」
まるで気が狂ったような甲高い叫びをあげながら平尾は銃剣をもって女の胸のあたりを三たび突き貫いた。他の兵も各々短剣をもって頭といわず腹といわず突きまくった。
（略）
「勿体ねえことをしやがるなあ、ほんとに！」
このひとことがどんなに倉田少尉の苦しさを救ったか知れなかった。彼は唇を嚙んで、よし！　と思った。そして壕の底にいる笠原伍長を彼の煙草の火のおぼろな明りの中でじっと見守った。
●彼等は大きな歩幅で街の中を歩きまわり、兎を追う犬のようになって女をさがし廻った。この無軌道な行為は北支の戦線にあっては厳重にとりしまられたが、ここまで来ては彼等の行動を束縛することは困難であった。
（略）自分よりも強いものは世界中に居ないような気持であった。いうまでもなくこのような感情の上には道徳も法律も反省も人情も一切がその力

III　文化的暴力の克服

を失っていた。そうして、兵は左の小指に銀の指環をはめて帰って来るのであった。
「どこから貰って来たんだい？」
と戦友に訊ねられると、彼等は笑って答えるのであった。
「死んだ女房の形見だよ」
●倉田少尉はこうも荒れ果てた市街を歩いて見てつくづくと心に沁みるものがあった。彼は夕飯の席で小隊長たちと一杯の酒を飲みながら言うのであった。
「南京市として失われた富が幾十億あるだろうか。僕は戦争の勝敗は別としても、この戦争が日本の国内でなかったことを心から有難いと思うな。国富は失われ良民は衣食にも苦しみ女たちは散々な眼にあって、これがもし日本の国内だったとしたら君たちどう思う？」
すると一人の小隊長が言った。
「自分はもう南京は復興できんと思いますな。まあ三分の二は焼けて居ります。あの焼け跡はどうにもなりませんわ、実際戦争に負けたものはみじめですわ何とも仕様がありませんからなあ。自分は思ったですな、戦争はむやみにやっちゃああかんが、やるからにはもう何ンとしても勝たにゃならんです。それはもう孫子の代まで借金を残しても勝たにゃならんです」
●彼等は酒保へ寄って一本のビールを飲み、それから南部慰安所へ出かけて行った。百人ばかりの兵が二列に道に並んでわいわいと笑いあっている。露地の入口に鉄格子をして三人の支那人が立っている。そこの小窓が開いていて、切符売場である。
一、発売時間　日本時間　正午より六時　二、価額　桜花部一円五十銭但し軍票を用う　三、心得　各自望みの家屋に至り切符を交付し案内を待つ
彼等は窓口で切符を買い長い列の間に入って待った。一人が鉄格子の間から出て来ると次の一人を入れる。出て来た男はバンドを締め直しながら行列に向ってにやりと笑い、肩を振りふり帰って行く。それが慰安された表情であった。

露地を入ると両側に五六軒の小さな家が並んでいて、そこに一人ずつ女がいる。女は支那姑娘であった。断髪に頬紅をつけて、彼女らはこのときに当ってもなお化粧する心の余裕をもっていたのである。そして言葉も分らない素姓も知れない敵国の軍人と対して三十分間のお相手をするのだ。彼女等の身の安全を守るために、鉄格子の入口には憲兵が銃剣をつけて立っていた。(『生きている兵隊』)

2.『北岸部隊』の林芙美子（従軍作家）と『うず潮』の林芙美子

もちろん、すべての作品が戦争における人間の非人間的な側面のみに目を向けているわけではない。次の例を見よう。

●泥まみれになって、傷つき斃(たお)れようとは、どの兵士も深く考えていなかっただろうと思う。だけど、私はその人達の強い信念に働いた清らかな眼に、一生懸命に応え、親切に正視しようとした。

　私は何と云うこともなく、前線へ行ってみたいと思う。非戦闘員で、しかも女の身だけれど、私は日本の女として、日本の兵隊の戦闘ぶりを、しっかりと自分の生涯の眼に焼きつけておきたいとおもう。何年さきに本当の事が書けるのか、それは知らない（だけど、その本当のことと云うのはいったいどんな文字なのだろう。眼の前に起っている事、起りつつある事、私は、私の身うちに愛国的な熱情のほとばしって来るのを、全く驚きの眼でみはった。たとえ砲弾にあたって斃れようとも、そんなことはどうでもよくなってしまっている。この国を愛する激しい気持は、私にとって一つの大きな青春におもえるのだ。

●兵隊の一人一人の顔は困苦欠乏によく耐えて、私のように考えごとをしている兵隊は一人もいない。前線へ出てみて、私は戦争の崇高な美しさにうたれた。兵隊は従軍僧が見えるとどうもあまりいい気持ではないと云っていたが、一抹の不安な影すら兵隊は払いのけて、逞(たくま)しく前進しているのだ。どの兵隊の顔も光輝ある故郷を持つ落ちつきが、若い眉宇(びう)にただよう

Ⅲ　文化的暴力の克服

林芙美子

ている。
● 青い水の中を歩兵が進んでいる。砂床で兵隊が流弾にあたって一人斃れた。私はしゃがんだまま雑草の根を一つかみぐさっと握りしめた。一瞬一つの感傷が頭を走り去るが、その感傷は雲よりはかなく、すぐさんらんとした兵士の死の純粋さが、私の瞼に涙となってつきあげてくる。（略）進んで来ている兵隊は一応感傷の眼で、後方へ送られてゆく担架の兵隊を見送ったが、もうすぐ、営々と前方へ歩みを進めているのだ。丘の上や畑の中には算を乱して正規兵の死体が点々と転がっていた。その支那兵の死体は一つの物体にしか見えず、さっき、担架の上にのせられて行った我が兵隊に対しては、沁み入るような感傷や崇敬の念を持ちながら、この、支那兵の死体に、私は冷酷なよそよそしさを感じる。その支那兵の死体に対する気持は全く空漠たるものなのだ。私は、本当の支那人の生活を知らない冷酷さが、こんなに、一人間の死体を「物体」にまで引きさげ得ているのではないかとも考えてみた。しかも民族意識としては、これはもう、前世から混合する事もどうも出来ない敵対なのだ。
● 軍隊手帖の中には、此将校のらしく、自転車に乗って笑っている手札型の写真が張りつけてある。その写真の裏にもう一つ、前髪をたらした若い女の写真が貼りつけてあった。その写真の下には、新会楽東二弄西、筱双玉、と固い文字が書いてあった。美しい女ではなかったけれど、此将校の恋人ででもあるのかも知れない。兵隊は、池のそばに、その持主らしい将校が斃れていると云うので、私は小径を連絡員達と池のそばへ降りて行ってみる。繁みの中に、池の水を呑みに降りた姿で支那将校の死体があった。もう大分頭髪ものびていた。写真の笑った表情の主が今は一箇の死骸となって、名もなき池のそばに、水を呑む恰好で死んでいるのだ。眼を閉じ、

顔は青くむくんでしまって、唇には蟻(あり)が二匹這いあがっていた。私は乾いたような野菊の花を四五本摘んでその将校の横顔の上へ置いておいた。（略）この将校もまた亡くなってしまえば、楽々たる蓮座のひとりである。筱双玉女史よ嘆き給うな……。
●私は思うのだ。内地へ再び戻れることがあっても、私は、この戦場の美しさ、残酷さを本当に書ける自信はないと考える。残酷であり、また、崇高であり、高邁である、この戦場の物語を、実戦に参加した兵隊のようには書けないのだ。だけど、そのくせ妙になにか書きつけたい気持は何時も噴きあがり、私の頭の中はパリパリと音がしそうなのだ。
日記を夜々つけゆきながら、噴出する激しいこの気持を、私は文字にも言葉にも表現出来ない。（以上、林芙美子『北岸部隊』）

大きな枠組みの中でこの作品は疑いなく日本人の戦意高揚に寄与しようとするものである。冒頭部などは極めて紋切り型の表現だといってよい。中国兵への視線も、文学者としての独自の感性を保持したものとは言えまい。しかし、中国兵にも愛した人がいたという事実に目を向けた時、思わず敵味方の枠を超えた行動に出てもいるのである。無論、「この戦場の美しさ、残酷」とあるように、個人的な愛情に対して思いやりというものにとどまっており、戦争というものが絶対的に避けることのできない本質の問題を見つめているとは言えまい。しかし、そこにひびを入れる可能性は萌芽としてあろう。これと同じようなことは、火野葦平の次の作品も見られる。

●見ると、散兵壕のなかに、支那兵の屍骸が投げこまれてある。壕は狭いので重なり合い、泥水のなかに半分は浸っていた。三十六人、皆殺したのだろうか。私は暗然とした思いで、又も、胸の中に、怒りの感情の渦巻くのを覚えた。嘔吐を感じ、気が滅入って来て、そこを立ち去ろうとすると、ふと、妙なものに気づいた。屍骸が動いているのだった。そこへ行って見ると、重なりあった屍の下積みになって、半死の支那兵が血塗れになって、蠢(うごめ)いていた。彼は靴音に気附いたか、不自由な姿勢で、渾身の勇を揮うよ

うに、顔をあげて私を見た。その苦しげな表情に私はぞっとした。彼は懇願するような眼附きで、私と自分の胸とを交互に示した。射ってくれと云っていることに微塵の疑いもない。私は躊躇しなかった。急いで、瀕死の支那兵の胸に照準を附けると、引鉄を引いた。(火野葦平『土と兵隊』)

「支那兵」の苦痛を軽減してやろうとする点に、対立の構図を超えた「私」の人間的な視点があるといえよう。それが信念に基づくものではないとしても、軍隊の論理に背く可能性があり、それを描いた作者がそのことに無自覚だったとは考えにくいであろう。

火野葦平『土と兵隊』表紙絵

戦意高揚の立場で作品を書いた林芙美子は、戦後には戦争がもたらす悲劇についての作品を書いている。これは単純に作者の無節操な立ち位置の変更と切り捨てられるものであろうか。微妙な問題をはらんでいるだろう。林芙美子の『うず潮』を見よう。

● 戦地では多くの戦友が死んだ。三十年もたって老後になれば、この馬鹿げた怖ろしい戦争も、炉辺での一編の語り草に終ってしまうに違いない。友人を失った感傷も、いつまで続くものか自信はない。命を賭けた危険と恐怖が去ってゆくと、急にぐっすり眠くなる自失の状態が宙に舞う。いつも不吉におびえていたことに馴れてしまって、暫くの間は、『心』は冒険をこころみなくなってくる。

● 「私はいまになって、この戦争のおかげで、ひどい痛手を受けたような気がします。永久に戦争なんてないことを祈りますわ。永久に……。私、いまでは、ぬけがらみたいになってしまっているンです。そのくせ、淋しいとか、悲しいとか、もう少し楽になりたいとか、そんな感情だけが残されているもの

ですから、なおさら生きていることが辛くなっているンですの……。子供のためには、どんな事があっても生きていてやりたいと思っているくせに、別の私は、もう、とっくから死んでしまいたい事を考えているンですものね。…」
●「……死んだ瀬戸さんだって真実が傷ついて倒れたンだよ……。因果的な言いかただけど、君と僕はこんなになる宿命なンだものね。もう、僕は人工化した人生のなかに、白々しい常識で生きているのは厭になった。一家のものたちを幸福にしてやるために僕は生まれたのかね？国や家のためを思って、僕は戦争にも行った。結局は真実だけが残った。ざまアみろだ！手段と常識が崩れたンだよ。精神の頼るべきところは愛情だけだ……。ねえ、二人で住もう……」（以上、林芙美子『うず潮』）

いわば、戦後の現実への視線に基づいて、戦争というもののもたらす本質を認識する人々という存在を捉えたということになる。そのことを踏まえれば、単純に『うず潮』の作者は『北岸部隊』の作者でもあると切り捨てることはできまいが、その事実を等閑に付すこともできないのである。
　このような林芙美子のあり方を井上ひさしは『太鼓たたいて笛ふいて』で描き出している。

3．文学作品の機能について

文学作品は必ずしも、悲惨な光景の証言ばかりではない。

●四周の空に、無数の光りクラゲの照明弾が浮遊していた。それがありとしもなき速度で、落下してくる有様は、じつに美しかった。（江戸川乱歩「防空壕」）
●夜の空襲は素晴らしい。（略）照空燈の矢の中にポッカリ浮いた鈍い銀色のB29も美しい。（坂口安吾「続戦争と一人の女」）

こうしたことは現実の生活においてはタブー視されるものであるといえよ

うが、「照明弾」や「B29」を美しいと捉えたことを明示することは文学者の独自の役割ということが出来よう。こうしたことが人間の理性を超えた、美的感覚として打ちこわす事が出来ないという＜証言＞は、戦争を単純に＜悪＞として切り捨てられないことを示していよう。それが人間存在の一面の真実なのである。

　また、敗戦時の光景として天皇による玉音放送が様々な作品に取り込まれている。それが＜聖戦＞という思い込みからの解放であったり、自己崩壊につながったり、自由の満喫というものもあるが、その中で太宰治の作品も注目される。

●「聞いたか。わかつたか。日本はポツダム宣言を受諾し、降参をしたのだ。しかし、それは政治上の事だ。われわれ軍人は、あく迄も抗戦をつづけ、最後には皆ひとり残らず自決して、以て大君におわびを申し上げる。自分はもとよりそのつもりでいるのだから、皆もその覚悟をして居れ。いいか。よし。解散」
さう言つて、その若い中尉は壇から降りて眼鏡をはずし、歩きながらぽたぽた涙を落しました。厳粛とは、あのやうな感じを言うのでしようか。私はつつ立つたまま、あたりがもやもやと暗くなり、どこからともなく、つめたい風が吹いて来て、そうして私のからだが自然に地の底へ沈んで行くやうに感じました。……
ああ、その時です。背後の兵舎のほうから、誰やら金槌で釘を打つ音が、幽かに、トカトントンと聞えました。それを聞いたとたんに、眼から鱗が落ちるとはあんな時の感じを言ふのでしようか、悲壮も厳粛も一瞬のうちに消え、私は憑きものから離れたやうに、きよろりとなり、なんともどうにも白々しい気持で、夏の真昼の砂原を眺め見渡し、私には如何なる感慨も、何も一つも有りませんでした。（太宰治『トカトントン』）

「トカトントン」という、様々な意味をはらむ言語でもなく、声高な主張でもなく、はぐらかすかのような音が、思想や論理的主張などを相対化して

いることの意味は少なくあるまい。言語への不信を直接的に表していないことは重要であろう。

おわりに

　＜戦争＞という視点で見るとき、個別の作者の思いがけない一面、従来の文学史では結びつかなかった文学者の共通性や、思想的立場を超えた＜事実＞の証言の重要性に気づかされることになる。あるいは作者の者の見方の＜転換＞という問題のひとつとしてとらえることにもなる。それは単に平和を考える素材にとどまるものではない、＜文学＞独自の問題でもある。最近の話題の一つである百田尚樹『永遠の０』をどう評価するかという問題にも、ここで採り揚げた作品などを参照することも必要となろう
　『戦争×文学』（全20巻＋別巻１、集英社）という壮大な規模のアンソロジーが完成した。そこからさまざまな文学的観点から戦争に関わる問題を汲み出すことが可能となった。こうした地点から、新たな日本近代文学史が描かれることも待望される。

【参考文献】
　『〈戦争と文学〉案内』『コレクション　戦争と文学』別巻、集英社
　『近代戦争文学事典』第１～12輯、和泉書院
　『〈戦時下〉の女性文学』全18巻、ゆまに書房

（出原隆俊）

空白の沖縄史　―大阪市大正区にみる―

　大阪市大正区には、沖縄人（ウチナーンチュ）が多く存在している。その数は区の人口の約4分の1で、その内訳は沖縄人1世と呼ばれる沖縄から出てきた人やその子孫だ。そのため、沖縄料理、琉舞、文化など大阪にいながら沖縄の空気を感じることができることから、大正区はしばしば「リトル・オキナワ」あるいは「沖縄タウン」と称される。

　また、大正区では毎年9月にエイサーまつりが開催される。エイサーとは、沖縄の伝統芸能の一つで、本来はお盆（沖縄は旧盆で祭事が執り行われる）の時に先祖の霊を送迎するための踊りであるが、大正区のエイサーまつりはそれだけではなく、沖縄から出て「慣れない環境」で生活する沖縄人に「憩いの場」「活力を得る場」「励まし合う場」という自己防衛的役割を提供している。それに加え、「沖縄と日本が交差する場」でもあり、まつりに参加することで沖縄と日本の「違いを感じる場」という機能も兼ね備えている。

　90年代後半から始まった沖縄ブームによって、日本における沖縄の印象はもっぱら「青い海、青い空があるリゾート地」だろう。もちろん反基地闘争をイメージする人もいるかもしれないが、逆に偏見もあると思われる。米軍統治下時代の印象が強い人は、「沖縄人は日本語ではなく英語を話す」と思っていたりする。沖縄は「近代化」していない、沖縄人は「素行が悪い」「言葉使いが悪い」という印象を持つ人にとって、沖縄（人）は「野蛮な」「遅れた」ということになる。

　東京や大阪などの大都市では、1970年代頃まで下宿先を探すにあたり「琉球人お断り」という感覚があり、苦労した経験を持つ沖縄人は多く、あらゆる生活の場面で日本人からの差別を受けたという人も多々存在する。

　大正区の沖縄人コミュニティーのイメージにしても、マスコミが作ったもので、実情はかなり異なるようだ。現在の大正区の風景は、区画整理事業により、「清潔」だが殺伐として人工的な街並みとなった。しかし少なくとも1970年代まで、大正区の中で沖縄人が居住していた地域は、「沖縄スラム」と呼ばれたほど劣悪な環境にあった。1968年7月15日の『朝日新聞』は、「クブングヮー」（「窪地」の意。現在の北

村、小林の辺り)の様子を「バラックの床下をドブが流れている。板切れのミゾは、ほとんどドロに埋まり、あふれた水は家の土間へ流れ込む。ちょっと雨が降れば、地区全体がドロにぬかるみ、一向に乾かない。(中略)自分の家に水道のジャロがあるのは、

1960年代後半の大正区(関西沖縄文庫提供)

全体のやっと半分。便所さえも共用のところが多い」と報道している。

　そもそも、関西と沖縄の関係は琉球併合直後からあり、沖縄人の一部が高野山へ留学したり、沖縄芝居の俳優を雇い大阪角座、京都祇園座、名古屋千歳座などで関西興行が行われていた。1910年代ごろから県外への出稼ぎ労働者が増えた。大正区は、大阪港に面し、西は尻無川、東は木津川にはさまれた水運に恵まれており、その立地条件の良さに、大阪紡績や造船会社、セメント工場など多くの会社が連なって、「東洋のマンチェスター」の一角を担っていた。そういうことから、沖縄から多くの人々が職を求めてきた。関西では1924年に関西沖縄県人会が発足しており、20年代から集落化したと考えられる。

　大正区における沖縄人の歴史に関しては研究も少なく、その過去の実態や様相は、大正区に住む沖縄人からの話や彼らが持っている写真などを通してしか知ることはできない。そのため、沖縄人が大正区に来てから80年という節目の2013年に、大正区長と区内沖縄人との対話を通して、区として「空白の大正区史」である沖縄人の歴史を調査する作業が進みつつある。この事業を通じて、大正区で生活してきた沖縄人の苦難の歴史が明らかになるだけでなく、日本人が自分たちの「他者」に対する態度を省みる機会になることが期待される。

　　　　　　　　　　　大城尚子(沖縄国際大学非常勤講師)

社会問題・社会病理としての学校—保護者間トラブル
——教師の労働の特殊性に起因する苦しさ——

【キーワード】
保護者対応　　無理難題要求　　教師の労働　　クレーム　　トラブル

1．3％のディープ・インパクト

「ディープ・インパクト」——かつての名馬の名前ではない。学校の教師は、保護者からの正当な要望や指摘を受けながら、自らの教育活動のあり方を反省したり工夫をこらしたりするのは当然だが、いまそれをはるかに超えた無理難題要求（イチャモン）の前に呆然と立ちつくし、時として心病んでいくことも珍しくはなくなった。その際に受けるのが「辛い心理的な衝撃（ディープなインパクト）」なのである。

東京都教職員互助会・三楽病院の精神神経科の調査によると、2011年度に当院を初めて受診した248人の教師に対する原因理由（精神疾患の原因あるいは憎悪に関連する主要因を一つ）を尋ねたところ、「生徒指導に悩んで」が35％、「同僚・管理職との人間関係」が26％、「学習指導」の9％に対して「保護者との関係に悩んで」は、わずかに3％であったという。この病院では、2003年にも同じ調査をしているが、その際に「保護者」要因は6％であったというから、やや減少傾向にあるものの、一見すると大きな割合を占めているとはいえない。(1)

しかしこの3％によって、通院治療ではなく病気休暇や休職などの休業に入っていく率がダントツに高いというデータが加わる。例えば、難しくなる

一方の生徒との摩擦や、職場の人間関係に悩んで受診したとしても、投薬治療やカウンセリングを受けながら、なんとか職務を継続させていくことが多いが、「保護者対応に悩んで」病院を訪れた教師の場合は、相当に深刻な事態に置かれている場合が多いということである。つまり、それだけ保護者との「クレームトラブル」はインパクトが強く、同時にダメージも大きいということを意味している。

よく「子どもとの関係が良好であれば、そして保護者からの信頼を勝ち得ていればクレームトラブルは起きない」と語られる。しかしそれがどれほどいまの教師を苦しめていることか。相次ぐ要求や批判にさらされた時に、クレームを処理することよりも、この先入観が「教師失格」の烙印（らくいん）を押すかのようにプレッシャーとなることで、さらに追い込まれていくことが多い。

私は10年前から「イチャモンは時と場所を選ばない」という小野田の定理を示してきた。クレームトラブルは起きるときには起きるのだ。鬼瓦権造（おにがわらごんぞう）先生（イメージからくる仮名）の前では、押しつぶされるように沈黙させられていた保護者・門来有代（もんくあるよ）さん（同）の不満が、伊井康司（いいやすし）先生（同）や三釜恵留（みがまえる）先生（同）のところで激しく爆発することもかなり多い。「怒りの導火線の着火地点と爆発地点は違う」ことも往々にしてある。だからこそ、保護者からのクレームトラブルは、個々の教師の責任だけにせず、学校全体で受け止め対応していくことが必要なのである。

２．保護者からのクレームに悩み、トラブルを恐れる教師

次の２つのデータを見ていただこう。いずれも私が関わっておこなったもので、同じ設問にはなっていないが、いまの学校現場の抱える苦悩がよく表れている。図１は９年前（2005年）のものであるが、保護者との適切な関係づくりに苦労し、時にクレームトラブルに遭遇した場合にどのように解決を図っていくかという「保護者対応」に難しさを感じている校長・教頭の割合は９割に及んでいた。図２は３年前の2011年のもので、管理職だけでなく一般教師を相当数含んでいるが、「１．保護者からのクレーム対応で悩んだこ

Ⅲ　文化的暴力の克服

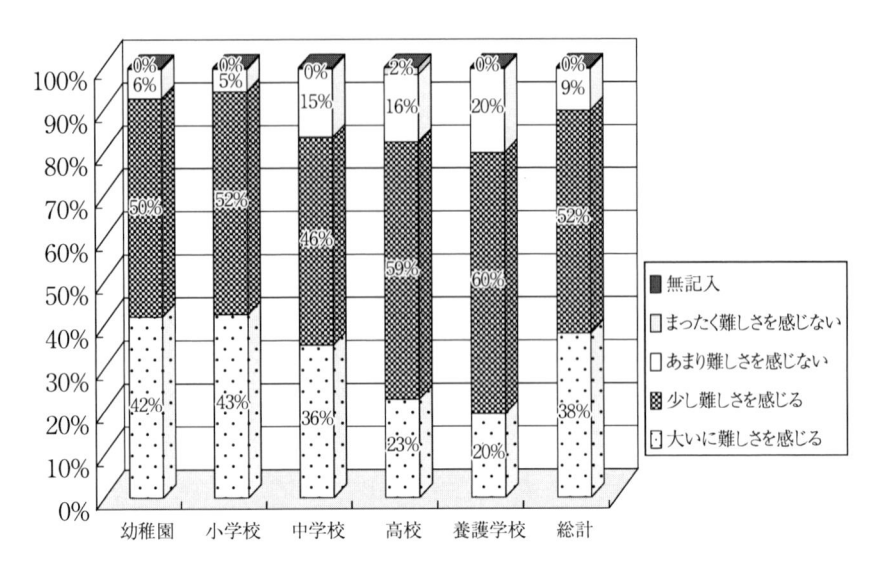

図1　あなたは「保護者対応の難しさ」を、常日頃感じておられますか？

(調査期間)2005年3月～4月（郵送による送付と回収）
(回答者)関西圏のX県A政令指定都市、Y県の地域ブロック（最北部と最南部）にある国公私立の幼稚園・小学校・中学校・養護学校（※当時の名称）の888校の学校管理職（校長または教頭）のうち507人（57.1％）
(出典)大阪大学・人間科学研究科・教育制度学研究室（代表：小野田正利）「保護者対応の現状」に関するアンケート（『教育アンケート年鑑、2005年下巻』創育社』）

とがある」のは「大いにそう思う」「ややそう思う」を合計して3分の2に達し、「5．保護者から学校への理不尽な要求は今後も増え続けると思う」は9割を超えている。そして「6．今後も病気休職者・精神疾患者が増加すると思う」も9割を超え、はなはだ悲観的な実感を教師は持っている。

　現在（2011年データ）の公立小中高校教員のうち病気休職者は8544人、うち精神性疾患による者は5274人(61.7％)に及び、この数値を約30年前の1979年（3705人と664人）と比較すれば、休職者は2.3倍、精神性疾患休職者は7.9倍にまで増加し、いかに「教員の心の健康」が深刻になっているかがわかる。その背後には加速度的に難しくなっている多様な子どもたちへの指導、無節

	大いにそう思う	ややそう思う	あまり思わない	全く思わない	
1. これまでに、保護者からのクレーム対応で悩んだことがある。	27	40	24	8	無回答
2. これまでに、保護者からのクレームで、職場へ「出勤したくないな」と思ったことがある。	14	23	36	25	
3. これまでに、増加する保護者からのクレームを見て、教師を辞めたいと思ったことがある。	10	17	40	32	
4. これまでに、保護者・子どもからのクレーム問題で学校を転動したいと思ったことがある。	9	17	39	34	
5. 保護者から学校への理不尽な要求は今後も増えつづけると思う。	52		40	6	1
6. 保護者・子どもからのクレーム問題で、今後も病気休職者・精神疾患者が増加すると思う。	50		44	4	0
7. これから教員になる学生には、大学で保護者問題について学ばせておくべきだと思う。	42		40	14	3
8. 保護者から教師が尊敬されるためには、専門的力量を高めるため修士課程卒業程度の学歴が必要と思う。	5	19	49	26	

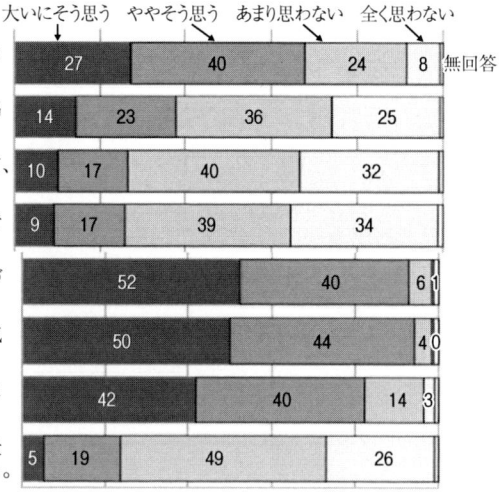

図2　あなた自身についておうかがいします。

（調査期間）2011年10月1日～12月27日
（回答者）全国各地の幼稚園・小学校・中学校・高校・特別支援学校の教員1,868人
　　　　研修会終了後に集合質問紙調査法、および教育委員会を通して学校への調査依頼
（出典）古川治編「セカンドステージに入った保護者対応の現状に関する調査研究」報告書（科研費・基盤研究（A）212430242（2009年度～2012年度）、研究代表者：小野田正利、2012年3月）

操で矢継ぎ早の、積み重なる「教育改革」の押し付けによる学校の振り回し、職場でのコミュニケーション（協働性）の激減、そして保護者への対応が指摘できる[2]。

　保護者との関係性の変化に伴うトラブルの増加やそのことに対する不安という実感は、別の形でのデータでも示される。2012年6月に全国の学校（3万7049校）へ、私が連載を続けている雑誌の見本誌を郵送して、FAXによる返信を依頼するアンケートを実施したところ、7622人（回収率19.6％）の回答を得た。その中で「昨年1年間で、あなたの学校で保護者とのトラブルについて、学校だけでは解決困難なケースがありましたか？」（解決困難とは、①理不尽な要求等が繰り返し行われ、かつ②学校での対応には時間的・精神的に限界があること）を訊いたが、「あり」が23.5％に及び（重複回答

Ⅲ　文化的暴力の克服

率も若干あり)、決して都市部だけでなく全国の至るところで極めて難しい事例に遭遇し、学校運営や教育活動に支障をきたすことがあるという衝撃的な数字となった。⁽³⁾

　ただことわっておくが、クレームそのものが増えたとか、その中に無理難題要求が増えたということを裏づける客観データは存在しない。単純にいえば"学校や教師が対応に苦慮する事例、あるいは学校が誠心誠意取り組んでも、そう簡単には解決しないというケースが増えている"という<u>実感を持つ教師が増えている</u>ということである。そしてその時期は、私の研究結果からも、その後の類似調査を総合してみても、1990年代後半から増えたという点⁽⁴⁾でほぼ一致している。

3．やっかいで激しいクレームだが

　さて、どういったクレームや<u>無理難題要求</u>があるのか、その概況の一部を紹介しよう。
　A．卒業アルバムには、個人写真やクラスの集合写真のほかに、6年間の学校生活の様々な行事でのスナップ写真がちりばめられていた。ある親が「自分の子どもが行事の写真に1回しか写っていないのに、5回も写っている子がいる。不公平だ」と抗議して、アルバムの作り直しを要求した。「同じアルバム代を払っているのに」とまで主張している。
　B．子ども同士が偶発的にぶつかり、額(ひたい)にすり傷をつくった。その傷はすぐに消えるようなものであると思われたが、相手の親と学校に対して、一生涯の責任を負うように要求してきた。そして今後に同様のことが起きないように、クラス編成において相手の子どもとは別々にすること、一緒に遊ばせることがないように常時監視するよう、学校に要望してきた。
　C．子どもがストレスから、いきなりドアを蹴ったところ、ドアのガラスが割れてしまった。幸いにも子どもにケガはなかったが、学校側が親を呼んで事の経過を説明し始めた。その成り行きで、割れたガラス代の弁

済を頼んだところ「ドアを蹴ったぐらいで割れるガラスの方が問題だ。弁償はしない」と言い出した。

では、次のような事例はどうだろうか。

「年度末の成績評価が間違っているのではないか」と怒りに満ちて、教師の自宅に電話をかけてきた母親がいた。各学期の成績はテストの結果に基づいておこなうが、年度末の評価は平常点（生徒がきちんと提出物を出しているか、授業への取り組みの姿勢など）を考慮しておこなっていたが、その子どもは一回も提出物を出していなかった。この経過を教師が何度も説明するが、「ウチの子は優秀なはずです」の一点ばり。剣幕がすごいので、受話器をいくぶんか遠ざけながら話をせざるをえなかった。

30分ほど話をする中で、これはちょっと別の思いがあるのではないかと考えた教師は、話を別の方向に向けた。「おたくの娘さんは、こんなすごい能力がありましてね。クラスの生徒達をひっぱってリーダーとして活躍してくれたんですよ」と教師が話をすると、電話の向こうは少しずつ涙声になっていく。「ありがとうございます……。成績の付け方がどうなっているかは、私も知っていました（「なーんだ。最初から知っていたんじゃないか」は教師の心の声）。実は……娘が家に帰ってきても、なかなか私と話をしてくれなくて、不安で寂しかったんです」「そうですか、お母さん。でも思春期ですし、高校生ともなれば親子の関係も違ってきますよね。大丈夫ですよ、ちゃんと娘さんは学校でみんなと仲良くやっています」

最初の勢いはどこへやら、30分後には母親はお礼を言って受話器を置いたという。最初の30分は、モンスターペアレントのような振る舞い、しかし後

父母参観の日の教室

Ⅲ 文化的暴力の克服

半の30分は、別人のようにわが子を思う普通の母親の姿。コミュニケーションがとれなくて不安になる社会——その裏返しのような形で、身近なところに攻撃的に出てしまう傾向が強くなっている。

　人の怒りや行動にはワケがあり、その背後に何があるかを見定めることが重要であること、とはいえ要求が正当なものか理不尽なものかの見定めも必要である。たとえ保護者が、医者や弁護士や市長や知事であったとしても、無茶な要求はダメであり、正しい要求は誰が言っても受け入れられるべきものである。だからこそ行為や行動に焦点をあてようではないかというのが、長く学校—保護者間トラブルを考察してきた私の一貫した姿勢である。

　親はモンスター（化け物）ではない。ごく一部に過激な言動を繰り返す人がいたとしても、その言動の当否を議論すべきであって、人間性そのものを否定すれば、関係構築が不可能となっていく。そして本当は、教師や学校の側にも多くの間違いや直さなければいけない点もあるのに、都合の悪い保護者を一方的に批判する傾向が生まれ、自らの態度やミスに無反省になっていく怖さがある。

　確かにいくつかのトラブルの中には"解決が難しいケース"もあることは否定できない。学校側に幾分の落ち度があるにしても、現状の学校システムではどうにもならない要求に発展していくことや、教師の市民生活を脅かすような形で要求を繰り返し、学校全体の機能がマヒしていく行動をとる人も、ごくごく少数だが確かに存在している。その場合には「距離をおく」あるいは「適切な関係性を保持する」ことが必要だ。医療や福祉あるいは法律の専門家のアドバイスを受けながら、どのように「接するか」を「学校全体として共通の方針」としてとることも大事である。それは、排除とか敵視ではない。

　7年ほど前からポツリポツリと、いくつもの県や市が「対応マニュアル」や「連携の手引き」の作成だけでなく「学校問題解決支援チーム」（名称はさまざま）のような組織を立ち上げ、実際に生じている学校と保護者のトラブルの解きほぐしと解決を目指している。これらの組織の中に精神科医や心理カウンセラーあるいはソーシャルワーカーや弁護士が入っているのは、そ

れだけ問題背景の多様な分析を必要としていることの証左(しょうさ)でもある。

4．満足基準が急上昇する中での教育労働の特殊性

　人が人相手におこなう労働やサービスは、拡大し続けてきた。お店やレストランなどの場合は、商品や料理といった「客観的な具体物」を媒介としている。だが具体物を必ずしも媒介としない、あるいは介在するとしても、そのことが従であり主は人の行為（サービス）そのもので、相手との相互作用に起因する部分が基本となっている労働（対人援助職）は、トラブルになった場合には、相当に深刻な事態に陥ることが往々にしてある。これらの代表は、学校や塾といった教育機関のほか、病院での医療行為、老人ホームなどでの介護現場などが、すぐに思い浮かぶ。「いい思いをさせてもらった」「ひどい扱いを受けた」という、受け手の主観的要素が大きい労働であり、双方ともに感情のやりとりがある行為だ。

　コンビニでは３人目の客がレジに並ぶと、すかさずもう一人の店員が走ってきてもう一つのレジをあける。「待たせない」だけでなく「待てない」時代の到来が、この20年間急速に進んできた。さらに「満足度の急上昇」という現象が、クレームが普通に口に出せる社会の到来を決定づけている。その背後にある原因を探ってみると、欠陥商品がほとんど出回らないという、恐るべきほどに完璧さが用意されていることが、苦情対応・クレーム処理の迅速さと丁寧さを後押ししてきたといえよう。

　製品の良し悪しや欠陥、それらの製造過程をめぐる不具合やミスは、企業にとって最大限防がなければいけないリスクマネジメントだが、原因究明の過程では個人の責任が問われることはあるが、顧客との関わりで基本的に「個人が責められる」ことは少ない。その製品は、会社全体が集団となって作り上げているものだし、個人のミスがあったとしても、それをダブルでトリプルでチェックすることで、市場に出回ることの防御策がとられるようになっている。

　病院や老人ホームなどの医療職や介護職の場合は、業務マニュアルの詳細

化によって、人による「ぶれ幅」を狭くする方法がとられてきた。見習い期間や、各種の研修だけでなく、チーム医療・チーム看護と呼ばれるものが、急速に進んできたことが大きいように思う。これらと比較してみて、学校はやはり違いがある。ひとことで言えば「一人の教師が、すべてに対応している部分が極めて大きい」ということにある。そこにこそ、実は「教えること」と「学ぶこと」の相互作用という醍醐味もあるのだが。問題はこの営みに、苦情やクレームや無理難題要求が割り込んできた際の辛さだ。それは子どもたちからではなく、その保護者からの要求の場合である。

5．「名指し」で個人が責められ、複数の子どもが介在

　学校の苦情の受け手は、実際に問題を引き起こしたとされた人（実際は個人の問題ではないことも多い）であり、そこから「個人の問題」と捉えられやすい傾向を持っている。別の言い方をすれば「名指し」で「○○先生の対応の仕方が悪いから、こうなった」と言われる傾向が相当に大きい。そうなると自責の念も強く働くため「自分のせいで……みんなに迷惑をかけている」「私の力が足りなかったから……親御さんは怒っている」と、より個人が抱え込むモードに入っていく。だからこそ「トラブルを抱えていることを他人に知られたくない」という意識を生み出しやすく、周りが気づいたときには「傷が深くなっている」という状態が往々にして起こりやすい。冒頭で示した「３％のディープインパクト」はそのことを物語っている。

　一般企業の場合は、システムとして苦情やクレームに立ち向かう体制が、最初から出来上がっているのに対して、学校という場は、教師個人が「名指し」で責められやすいという特徴があり、それがもっとも辛い。責任分散ではなく、責任集中という特質が、特定の教師個人が追い詰められやすい傾向を生むことにつながっていくと考える。

　学校が、病院とも老人ホームとも決定的に異なる要素は、「成長・発達の途中にある子どもたちが常に介在している」という最もやっかいな難しさである。「子どもたち」と複数形にしたのは、保護者対応トラブルの場合、単

独の子どもで起きることは極めて少なく、他の子どもたちが大なり小なり関係している。それにも配慮しつつ、コトに立ち向かわなければいけない辛さがある。

　病院では、同室の他の患者が関係することはあろうが、病室の配置を替えることで改善するし、当人どうしの運動量やエネルギーは、ありあまるほどの動き方をする子どもの比ではない。また基本的に患者とその家族、病院側の当事者という単純な関係で、解決の見通しが立てられていく。

卒業式のアーチをくぐる

　学校はそうはいかない。関係者が多数になることによって、複雑さはねずみ算的に膨れあがる。掴んだ事実を全部オープンにすればいいという、病院やホームでは時として可能なことが、学校では不可能なことが多い。秘密の厳守の程度はどこまでか、伝えるべきことは何か、誤解のないように、しかも相手を傷つけないような話し方の工夫をどうしたらよいか、ましてや完成された人格ではない子どものことでもある、ということも配慮しなければならない。

　子どもたちどうしの関係だけなら、毎日学校に通う存在なので、いろんな作戦を教師が立て、少しずつあるいは一気にトラブル解決は可能だ。しかし保護者は毎日学校にくる存在ではないし、その人の都合に合わせて学校との話し合いの場が持たれる。トラブル解決の見通しも立てにくく、時間もかかる。加えてその間に最初の本来的な当事者であった子どもたちは、大人たちのトラブルの背後に隠れて当事者でなくなってしまうことも往々にしてある。

　そもそも最初から複雑な方程式を解いていくうちに、変数が新たに加わり、解くべき方程式も変化してしまう。他業種との比較をすると、まさに「生も

ので生き物の学校トラブル」は、一番困難な状態にあるのではないか。

6．目の前30センチの「敵」

　私は2000年前後から、社会全体がきしみ余裕がなくなり、多様な原因からくるイラだちやムカつきのほこ先が、本来の敵ではないものや、より弱いものへと向かう傾向を強めていることに大きな危惧を抱いていた。特定の組織や人々だけをあげつらい批判する風潮は強まり、断定的で攻撃的な物言いにスカッとしてしまう怖さがある。それゆえ、モノゴトの複雑さをゆっくりとひも解いて、生きづらさの背後にあるものは何なのか、本当は何が問題なのかを語り合い、結びついていくことが大切な時代であろう。当初、教育学の世界からは邪道と感じられるような「イチャモン研究（学校と保護者のいい関係づくり）」を、私が15年前に本格化させた背景には、このような時代認識があった。

　その立脚点としたものの一つが、社会全体を覆う暗い閉塞感だ。ここに一部の政治家が目をつけ一部マスコミもそれに便乗しつつ、特異なケースあるいは部分的であったはずの問題を「一点突破、全面展開」し、あたかもすべてがそうであるかのように批判しはじめた。それは公務員批判、教師バッシングだけでなく、警察も医療も福祉の世界も、およそ例外なくありとあらゆる分野に及んだ。確かに、誤謬や間違いは正される必要があるし、不遜や不誠実は改めてもらうべきものだ。

　しかし、時としてそれが合理性をもって正されるべきものを超えた範囲にまで及ぶと、受け手の側はかたくなに身構えるか、過剰防衛や、つっこまれないように予防線をいくつも張り始める。そのことから、社会全体が内向き志向に走り始め、活力がなくなるとともに、人の持つコミュニケーション能力も枯渇し始める。他方で、不安はいつでも不満という形で進化しはじめ、目の前30センチ（手を伸ばせば叩くことのできる位置）にちらつく「敵」が憎くてたまらない。しかしそれを攻撃して排除しても、なおも今度は別の敵が30センチ前にあらわれ続ける。本当は背後にいて「あいつをやっつけろ！

そうすれば、お前たちはもっと楽になれるぞ」とささやいている人物（存在）が問題なのだが、その正体がなかなか見えにくくなっていく。

　保護者と教師は「敵ではない」のに「敵である」かのように、時としてするどい対立関係へと突き進んでしまう。そういった中で、本来はともに忌憚(きたん)なく話し合うことで、より「子どもの成長」へとつながるはずであった目的が傍(かたわ)らに置かれてしまう。まさしく保護者も学校も「追い詰め」られている。

7．増えるクレームと向き合う覚悟

　私は、かねてより教育学や保育学だけでなく、精神医学、臨床心理学、児童福祉学、法律学、危機管理学などの多様な専門家からなる研究会を組織して、科学研究費の交付による研究を進めてきた。「学校における保護者対応の現状分析と良好な関係性の構築に関する総合的研究」（基盤研究（B）2006年度〜08年度）、「保護者―学校間の困難状況解決のためのサポート体制構築に関する学際的・総合的研究」（基盤研究（A）2009年度〜12年度）、「対保護者トラブルの予防と解決のための研修プログラムの構築と効果に関する学際的研究」（基盤研究（A）2013年度〜16年度）では、「なぜこういった現象が増えてきているか」の原因究明だけでなく、現在の状況の中で、どのようにして保護者と学校の関係性を改善していくか、という各種の方策の追究に力点を置いてきた。そして「学校―保護者間のトラブル解決をめざす対応力育成ワークショップのプログラム開発」（挑戦的萌芽研究、2011年度〜13年度）では、学校現場で実践的に活用できる研修教材の開発に取り組んできている。

　こういった研究成果の社会還元に努める中で、学校現場での教師の対応の力量は向上し、保護者との間で突然に起きるトラブルに驚いていた初期の段階を過ぎて、2010年頃から次の段階に入り始めたと感じている。それは多くの教育委員会で、研修会の開催や手引書（マニュアル）の作成などが定着しはじめたこと、そして4節で述べた支援チームの発足とともに、保護者と学校の新たな関係づくりを模索し始めているからだ。「問題提起がなされた段

階」をファースト・ステージとすれば、「問題の構造が明らかになりつつある中で、対応の温度も上がりはじめ、多様な取り組みがおこなわれる段階」という意味で、セカンド・ステージに入ったともいえる。

しかし残念ながら、学校─保護者関係の中に生じるトラブルや紛争は、より拡大していき、かつ複雑な側面を呈することになるであろう。それは社会全体の閉塞感と切り離すことのできない問題でもあり、そこに何らかの完璧な特効薬を求めるとすれば、劇薬的なファシズム的統制（保護者に普通の要求すら言わせない、あるいはトラブルになった時点でその教師を排除するなど）へと結びついていくことが危惧される。

人と人が作り出す社会は、もともと摩擦やトラブルは付きものなのだ。それをどうやって乗り越えていくか。確かに紛争を整理する一つの手段は、裁判所という機関であるが、それに行き着く前にも第三者の介入等による調整や調停を意味する、多種多様な ADR（裁判外訴訟解決）と称されるものもあり、もっとそれ以前にコミュニケーションをどのように図っていくかという、関わりをもつ者どうしの「当事者能力」の発揮が求められている。その底流となる認識と行動の基盤もまた、家庭・地域・学校、より広くは社会の中で培われる広い意味での教育に依るところが大きい。コミュニケーション不全によるトラブルは、所詮はコミュニケーション能力の向上によってしか、解決されることはないのだから。

クレームの急増とそれに伴うトラブルは、決して学校だけに起きているのではなく、社会のいたるところに存在している。私たちの社会は、それらと向き合いながら生きていく時代のただ中にある。

【注】
(1) 小野田正利「保護者とのトラブルは必殺パンチのようなダメージ」『内外教育』時事通信社、2013年11月8日号
(2) 文部科学省は「教職員のメンタルヘルス対策検討会議」を発足させ、2013年3月29日に「最終まとめ」を発表した。この中で、ストレス要因として「保護者への対応」が設問項目として明確に位置づけられ、校長では「学校運営」に続く第2位に、副校長・教頭では「業務の量」「書類作成」「学校運営」に

続く4位に、教諭等では「生徒指導」「事務的な仕事」「学習指導」「業務の質」の次の5位となり、ストレス要因として「常にある」が11％以上を占め、強いストレスを感じる割合が高い事項になっている。
(3) 小野田正利「学校運営上の問題に関するアンケート報告(1)」『内外教育』時事通信社、2012年10月5日号
(4) 金子元久「学力問題に関する全国調査」(2006年)、鈴木尚子「教員勤務実態調査報告」(ベネッセ、2006年)など。

【参考文献】
小野田正利『悲鳴をあげる学校――親の"イチャモン"から"結びあい"へ』旬報社、2006年
小野田正利『親はモンスターじゃない！――イチャモンはつながるチャンスだ』学事出版、2008年
小野田正利編『イチャモン研究会――学校と保護者のいい関係づくりへ』ミネルヴァ書房、2009年
小野田正利『普通の教師が普通に生きる学校――モンスターペアレント論を超えて』時事通信社、2013年

＊小野田正利「待てない、待たせることが悪の時代と学校――保護者間トラブル――教育活動の特殊性に起因する苦しさ」『生活協同組合研究』公益財団法人・生協総合研究所、2013年6月号に掲載した原稿を大幅加筆補正。

(小野田正利)

エラスムスの平和論

【キーワード】
平和の積極的定義　恒久平和　人間の尊厳　ヒューマニズム
不戦思想　世界市民（コスモポリタン）　キリスト教　宗教改革

はじめに

　人文主義者（ギリシャ・ローマの文芸の復興に貢献した文献学者）にしてヒューマニスト（人間性を追求する思想家）であり、トマス・モア（『ユートピア』を著す）とともに名高いエラスムス。人文学的文献学の方法論を聖書解釈に応用したキリスト教神学者でもあり、宗教改革においてはルターと対立した。

　ヨーロッパの近代は戦乱とともに幕開けた。腐敗したキリスト教会の権力は世俗の王権を利用し、大国間の領土の奪いあいに介入、荒れ狂う戦争のために人々は疲弊していった。エラスムスはオランダ（ネーデルランド）に生まれたが、一生涯、イタリアからスコットランドに至るまで、ヨーロッパ全土を旅し、こうした状況を見聞した。

　「戦争は体験しない者にこそ快い」（『格言集第3001番』）。

　戦争の悲劇を知らない故国の若い君主に向けて、エラスムスは『平和の訴え』を書いた。そこで説かれるのは、「人間の尊厳」を重んずる、対立を超えて人類は一致することが可能だというコスモポリタン的理想に基づく平和論である。

1. 『平和の訴え』の時代背景——エラスムスの不戦思想と近代的ヒューマニズム

16世紀初めのヨーロッパにおける王権の伸張と宗教的権力

　エラスムスが活躍した時代のヨーロッパでは王権が伸張し中央集権的な近代国家が形成されていた。レオナルド・ダ・ビンチを迎え入れたフランソワ1世が治めるフランスの首都パリは、北方ルネサンス文化の中心となった。その一方で、フランスはイタリア戦争を継続し、覇権をハプスブルグ家と争った。他方、キリスト教会の頂点に立つローマ教皇ユーリウス2世は、神聖ローマ帝国とフランスの同盟を利用し、ヴェネチア共和国を倒したが、こんどはイングランドやスペインと手を組み、フランスと対決する（神聖同盟、1511年）。こうして、「主の代理者である司祭たちが、全世界を戦争へと煽り立てて王国と王国とを敵対させたりする」（『平和の訴え』箕輪三郎訳、岩波文庫版、26節。以下、引用はこの訳本による）とエラスムスが批判するように、宗教界の権力と世俗の王権が絡み合い、領土をめぐる争いが繰り広げられ、ヨーロッパ全土に戦火が拡大した。「キリスト教徒たちの生活全体は、ただもう戦争をやらかすということだけでいっぱいではありませんか？」（27節）そんな時代にあって、ヨーロッパの平和を熱望したエラスムスによって『平和の訴え』（1517年）は書かれた。

　エラスムスは、ヴェネチア共和国に対して戦争を仕組んだローマ教皇を批判して、次のように述べる。「ローマ教皇の権威はこの上もありません。しかし諸国民や君主たちがお互いに神を畏れぬ戦争をして、この数年来争乱に明け暮れている有様を見ますと、教皇のこの大きな権威は今いずこ、キリストに最も近い者の権力は今いずこ、と問いたくもなりますね。もし教皇自身がもろもろの君主と同じような野望にとりつかれていないというのならば、ここでこそその権威が示されてもよさそうなものですのに。教皇が戦争を呼びかけますと、誰もが競ってその呼びかけに応ずるのです。ところが教皇が平和の呼びかけをしても、誰もこれに従うものがいない。これはいったいぜ

んたい何事です？　戦争より平和が望ましいというなら、なぜ、あの戦争屋のユリウス教皇〔ユーリウス2世〕に率先して追従したのでしょうか？」(48節)

エラスムスの不戦思想

公然とローマ教皇を非難する批判精神も大したものだが、根本にある思想に眼を向けなければならない。「最大の兵員と軍備を整えるためにではなく、これを不必要とするために全力を尽す」、すなわち軍備全廃と恒久平和の実現こそが国家の名誉である。が、現実には「君主たちは何の危害を受けることもなく戦争をやり、指導者たちは悠々私腹を肥やし」、「戦争には何の関係もなく、何一つその原因を作ることもなかった農夫や大衆の頭上に、この上もなく大きな災禍が降りかかっている」(51節)。その不条理を憂えたエラスムスが「平和の神は語る」(1節)という設定の下、「人間にとって戦争ほど大きい不幸はなく、神々にとって戦争以上に憎むべきものはない」(2節)ことを切々と説いたのが『平和の訴え』である。

近代的ヒューマニズムの誕生

ちなみに平和の神とはギリシャ神話に登場する平和の女神エイレーネー(ローマ神話ではパークス pax、英語の peace の語源)を指すが、ここにギリシャ・ローマの古典的教養とキリスト教を総合しようとする、エラスムスの人文主義的態度が見いだされる。エラスムスは人類の一致をキリスト教の理想と捉えたが、それはソクラテス‐プラトンの哲学的知恵と本質的に異ならないと考えた。ここに「人間の尊厳」を説く新たな近代的ヒューマニズムが誕生する。

平和の神の声を借りたエラスムスは君主たちに向けて説く。「国王が政治を行なうに当たっては、人間として人間を、自由人として自由人を、そしてキリスト教徒としてキリスト教徒を統治するのだということを夢にも忘れるべきではありません」(50節)。

世界市民主義（コスモポリタニズム）

「人間」、「自由人」あるいは「キリスト教徒」が特定の国民を指しているわけではない点に注意したい。「もし、祖国という呼名が和解を生み出すというのでしたら、この世界はすべての人間に共通の祖国ではありませんか」（60節）。エラスムスは平和をもたらす人間のありようを突き詰めて世界市民（コスモポリタン）として捉えるのである。

ところで、この態度こそが近代のヨーロッパの精神的基盤なのである。つまり、近代精神は出発点においてエラスムスにおいて具現

ホルバイン作「エラスムス像」

したような不戦思想と世界市民主義（コスモポリタニズム）をその本質の一端としていたのである。同時代人としてはイングランドのトマス・モア、そして18世紀の啓蒙思想家であるカント（『永遠平和のために』を著す）も同じ系譜に連なる。

宗教改革とエラスムスのリベラリズム

もう一つの時代背景は、「エラスムスが卵を産んで、ルターがこれを孵化した」と言われる宗教改革である。エラスムスは自由意志をめぐってルターと論争していたが（神の恩恵に与る人間の行為に意志の主体性を認めるか否かについて、ルターがそれを否定したのに対し、エラスムスは最小限の主体性と責任を認めた）、当時のキリスト教会の腐敗、とりわけローマ教皇を批判する点ではルターと共鳴しながらも、急進的なルターからは距離を取り中立的態度を守った。エラスムスの学問的公正の表れであると考えられる。その一方で、当時のキリスト教会が寛容の精神に乏しく、あらゆる批判を「異端」として退け、禁じ、排撃していた状況にあって、不寛容な党派心が学問の進歩を妨げるものであることを知っていたエラスムスは、リベラリズムが学問の世界にとどまるべきものではなく、秩序を維持するためにも重要であ

り、イデオロギー的偏見から自由な批判的精神によって平和の発展に貢献することこそが学者の社会的責任であると信じた。そして、そのような信念がエラスムスをして『平和の訴え』を書かせたのである。

2．人類にとって平和とは何であるか—平和の積極的定義、平和の効用、平和への道

『平和の訴え』を読むにあたって注目すべきは、平和とは何か、平和の効用、平和への方途を具体的に示す試み（平和の積極的定義）がなされている点である。順を追って、それらの論点を読み取っていこう。

平和と自然

自然が平和を教えている。万物が平和に存在している。あらゆる被造物が平和の利益に対する感受性をもっている。「数えきれないほど数多い空の星は、それぞれその運動も力も決して同じではありませんが、その間には幾世紀にもわたって不動の調和が確立し、発展しています。お互いに戦い合っている自然の諸要素の力は、均衡状態をもって恒久の平和を保ち、ひどい不協和の中にありながらも交互に一致した作用によって平衡を維持しているわけです。……木や草の間にさえ友情の跡が認められますが、それはこれらのものも、もし一つに結び合わぬと実を結ばないものがあるからです。……これらの植物は、何も感ずることはないまでも、平和の利益だけは感じとっているように見受けられますね」（4節）。平和とは、第一に、宇宙の調和に表現されているような被造物相互の働きの均衡、一致のことである。

ヒューマニズム

ところが「団結をこの上もなく必要としている人間だけが、自然の声に耳を塞いでいる……そのために……自然も、人間とは和解するすべもない」（6節）。人間は「友情の特別な仲立人である言語」と「知識と徳行の種」をもち、本来「優しく、おだやかな性向が与えられ」、「隣人に対する好意」によっ

て「愛されることの楽しさとお互いに役立つ喜びを味わう」（6節）はずが、現実には戦火に苛まれている。

戦争は、人間が「人間性」（フーマーニタス）を喪失した結果である。「人間的」であるとは、「お互いに親切の手をさしのべること」であり、また「自然にふさわしい人間の態度ふるまいのこと」（6節）である。「人間が一緒に仲よく暮らすためには、人間という共通の呼び名だけで、その上何がなくとも充分でありましょうに」（6節）、「私は人間という言葉を耳にすると、まるで生まれる時から特に自分と親密だった仲間の所へ行くみたいにすぐそちらの方に駆けつけるのですよ」（10節）と述べるほどに、エラスムスは人間性を信頼している。ヒューマニズムである。

人間性の本質は理性である。しかし、「自然は、理性を具え、そして、神の意志を理解することができる唯一の生きものとして、人間を創」（3節）ったとすれば、理性によって戦争を回避できるはずである。戦争が飽くことを知らず起こるのはなぜなのか。

どうして戦争は起こるのか

「それにしてもいったい、これらすべてのものを引き裂き、破壊し、打ちくだいて、人間の心の中に飽くことを知らない戦争狂の種を播いた悪達者な狂乱の女神（エリーニュス）とは、何者なのでしょうか？」（9節）。けだし「一切の戦争の源泉と温床」は「君主の宮殿」のうちにある。エラスムスは君主制を否定しないが、本来「大衆の心であり民衆の眼でもある」、「庶民より遙かに賢明であるはず」（10節）の君主たちの「邪しまな貪欲」が、戦争という「この災厄が吹き出る源泉そのもの」（49節）となり果てていると批判する。

キリスト教徒を自称する君主たちが、さらに学者や聖職者たちまでもが、派閥争いに、そして戦争に明け暮れるのは矛盾である。「口では平和を説き、行ないでは戦争をしかける」、「キリストの平和を説く舌の根も乾かないうちに戦争を賛美する」（39節）ような学者や聖職者に対して、エラスムスは次のように訴える。「皆さんにお願いしますが、キリストの全生涯をつらつら

Ⅲ　文化的暴力の克服

考えてごらんなさいな。それは、和合と相愛を教えることに捧げられた一生と呼ぶ以外に何か言いかたがありましょうか？　主の掟も、比喩も、人間相互の平和と愛以外に、いったい、何を教えているでしょうか？」(16節) しかし戦争は必然のものではない。エラスムスは君主たちに対して次のように訴える。「君主よ、胸に手をあてて聴くがよい！　そうすれば、あなたを戦争に引きずりこむものは、憤怒と野望と愚昧であって、決して必然のものではないということがわかるでしょう」(47節)。

宗教の理想としての平和

「イザヤ(『旧約聖書』の預言者)の考えかたは驚くにはあたりませんね。異教徒の詩人シーリウスさえ私〔平和の女神〕のことをこう歌っているのですものね。平和こそ自然が人に授けた最良のもの」(16節)。エラスムスは、平和の教えであるキリスト教がギリシャ・ローマの異教の教えと一致することを説く。これは、キリスト教と人文主義の総合であると同時に、あらゆる宗教の理想は平和であると見る点で人類の一致を説くコスモポリタニズムの表れでもある。

聖書研究者であるエラスムスは、「聖書では、絶対的な幸福というものを言い表わそうとする場合、平和という言葉を用いている」(18節)と指摘する。そして、人類にとって最大の幸福とは「意見が一致する」ことではなく「一体になる」ことだと説く。イエス・キリストが弟子たちに対して「わたくしたちが一体であるのと同じように」と教えたことを引きつつ、「〔人々が一体になるとは〕それは、どんなふうにでもというのではなく、……つまり、この上もなく立派な、言葉では述べられぬような態度で、ということなのです。そして、このことはただちに、およそ人間は、お互いに平和を維持するならば至福に到る、ということを明示しているのです」(22節)と説く。

ここから、平和とは、第二に、言葉によって主張される意見の対立を超えた、モデルとしては「キリストの共同体」(コルプス・クリスティアヌム)＊に見られるような身体的共同性であり、そこに加わることによって達せられる幸福だということがわかる。その本質は「友情」である。「この友情は、

イエス自らが神聖なものとされ、その後、キリスト教徒が日々ミサにあずかることによってくり返し心に思い浮べ、新たにしているはずの友情」(30節)であると説明している。ここで、エラスムスは異教徒を排除するような、排他的な共同性を言っているわけではないという点に注意しておきたい。すぐ後で言われているように、「地に平和を」という平和の祈りの「その願いはすべての者のため」(23節) という点が重要である。

* キリスト教会は聖体拝領の儀式（プロテスタント教会では正餐式）において信者が司式者から頂戴するパンとブドウ酒（「キリストの体と血」）を共に食することでキリストにおいて一体となるとする教義をもつ。そこには教会に集う信者の身体的共同性が表現されている。カトリック教会が支配した中世を通してヨーロッパ世界は、このような身体的共同性を文化の基底として構造化してきた。が、それは、場合によってはその共同性の外部にあるものを排除する、帝国主義にも一脈通じるような排他性でもあり得る。

非暴力と無抵抗

第三に、平和は無抵抗である。「悪に対して抵抗することさえ一切許されず、できれば邪しまな行為をしたものにも善をもって報い、人の不幸を願うものに対しても幸福を願うことを弟子たちに命じられた」(24節)。キリストの教えに従い無抵抗が説かれている。が、これは無力を説くものではない。後に見るようにエラスムスは、民衆には権力に対して「抵抗する力」があるとも主張している。

平和の人間学

平和と社会の関係は、人間の魂と肉体の結合のような関係である。「肉体から霊魂を切り離したとしたら、一体をなしていた四肢はたちまち支離滅裂になってしまうでしょう。同じように、もし社会から平和を棄て去るならば、キリスト教徒の社会生活は、完全に破滅してしまうでしょう」(28節)。このように、エラスムスは社会における平和の意義を人間学の視点から捉える。魂が肉体に結合し、生命を与え、有機体的統一をもたらしているのと同じように、平和は社会に生命を与え、繁栄をもたらす。

III 文化的暴力の克服

　人間が武器を用いて戦争する、その理由にも人間学的な説明を加えている。肉体的欠陥ゆえに人間は武器を用いて闘う。「どんな巨獣であれ、また野獣であれ、異種族との闘争以外には戦争をしないものです。……蝮は蝮に咬みつきませんし、山猫は山猫を引き裂いたりはしません。それに、こうした動物たちが相手と闘うときには、天から与えられた自然の武器を使うのです。ところが、おお、不滅の神よ！　武装なしで生まれた人間を、怒りはなんという恐ろしい武器で装備したことでしょう！　地獄の兵器を使って、キリスト教徒がキリスト教徒に撃ちかかっています」(37節)。人間の肉体的欠陥が、不幸なことに、人類を武装と戦争に導いたのである。

平和の効用と戦争の不利益

　エラスムスは平和の効用と戦争の不利益を説いて、君主たちに次のように訴える。「戦争がしたくて腕が鳴るとおっしゃるのですか？　ちょっとその前に、平和とは何か、また戦争とは何か、お考えください。平和が善きものを、また戦争が悪しきものをもたらすことを考えてください。その次には、戦争を手に入れるために平和を交換することから、いったいどれだけの利益があがるかを計算していただきたいものですね。この世に賞賛に値する偉大なものが何かあるとすれば、それは、あらゆる文物が花と咲き誇り、見事に建設された都市、よく耕された田畑、この上もなく優れた法律、尊重すべき訓育、気高い風習の見られる国家をおいて何がありましょう。ここでよく考えていただきたいのは、戦争をすればこれらの幸福はめちゃめちゃになってしまうということです。これに反して、もしあなたが、廃墟と化した都市、灰燼に帰した村、焼け落ちた教会、荒廃した畑をごらんになったことがあるなら、またもしこの光景が、実際そうである通りに、いかにもひどいとあなたに思われるなら、これこそまさに戦争の結実なのだ、ということを考えてほしいのです」(62節)。平和の効用は、その国の社会、経済、政治を健全に発展させ、整備された都市の繁栄と文化、豊かな農産、良き法律、優れた教育、そして倫理をもたらすことである。反対に、戦争は規範を転倒し、悪習と犯罪をもたらす。「あなたが私通や近親相姦や凌辱を汚らわしいと思われ

るなら、戦争こそがこうした一切のものの教師であるということを忘れぬよう」(63節)。

それゆえ、「ありとあらゆるものの中で最も危険なものである戦争は、全国民の承認がないかぎり、断じて企ててはなりません。戦争の諸原因が少しでも現われたら、即刻とり除くべきです」(55節)と戒めるのである。ここで、エラスムスが君主から宣戦布告の権利を奪うことを提唱している点が興味深い。戦争に関しては国民に主権を置くべきだと主張しているのである。エラスムスは君主制を擁護しているが、この点では民主制へ向けて一歩踏み出していると言えよう。

さらに、エラスムスが平和の効用として貿易の発展をあげている点も興味深い。「物資の自由な交易によって、平和はすべてのものを共有にする」(65節)と言っている。オランダの人らしい発言である。

最後に、平和に関してもっとも有益なことは、相互扶助が苦悩を和らげ諸国民の親しみを深めるということである。「そしてただ、人間同士がお互いに親切を尽くして、慰め合ったり助け合ったりする場合にかぎって、この睦み合いが大きな苦悩を和らげてくれます。もし何か善いことがあったらば、それを友に分かち与え、好意に対しては好意をもって感謝と喜びの念を表わしてこそ、和合は一そう快いものとなり、一そう親しみ深いものになるのですよ」(71節)。

平和実現のための良き統治

では、どのようにして平和は実現されるのだろうか。エラスムスは、平和が国際条約や、当時盛んに行われた政略結婚などの外交的手段によって保たれるものだとは考えていない。エラスムスの理想は、精神的条件を備えた名君を国王として戴き、良き統治によって平和を実現することであった。「堅固な平和が確立されるのは、縁組関係によるのでもなく、条約によるのでもありません。むしろこういうものからしばしば戦争がひき起こされることは、われわれが見ている通りです。まさに、この災厄が吹き出る源泉そのものが浄められなければならないのです。つまり邪しまな貪欲、これが騒乱を引き

III 文化的暴力の克服

起こす張本人」(49節)。

　暴君の「邪しまな貪欲」は何に由来するのか。国王の王たる所以は人民の幸福に存するということを国王が理解していないときに「邪しまな貪欲」が幅をきかせることになる。他方、良き統治は人民の人間性と自由を基盤とするとエラスムスは説く。「国王は、最良の人民を統治する時に自らを偉大と考え、人民を幸福にした時初めて自らを幸福と考えるべきです。また国王は、完全に自由な人間を支配する場合にこそ真に高貴なのであり、人民が富裕になって始めて自らも富裕なのであり、諸都市が恒久平和に恵まれ繁栄する時、はじめて己れも繁栄するものと考えるべきです」(49節)。ここにもまたエラスムスの人文主義的な理想、すなわち人間性と自由の尊重を垣間見ることができよう。平和とは、実際、国王と人民との良好な関係と、人間性と自由の尊重によってもたらされる繁栄の享受である。

国際的調停機関の必要性

　しかし、理想を訴えるだけでは平和は実現しない。平和を実現するための具体策として、エラスムスはいくつかの提案をしている。

　第一の提案は、国際的な紛争調停機関を設置することである。「なぜ、ただちに武力に訴える必要があるのでしょうか？　法律もあります。学識の深い人々もおられます。敬仰すべき修道院長も、立派な司教のかたがたもおられることです。これらの人々の健全なご意見によって紛争を収めることができるでしょうに。なぜこうしたかたがたに仲裁者になってもらわないのですか？　その裁定は、たとえどんな不公正なものであっても、武力に訴えるよりは害悪が少なくてすむでしょう。およそいかなる平和も、たとえそれがどんなに正しくないものであろうと、最も正しいとされる戦争よりは良いものなのです」(47節)。

　この提案は、じつはエラスムスの故国であるオランダにおいて実現している。国際紛争を調停する国際司法裁判所は、オランダのハーグに本部を置いており、オランダ政府によって提供されたその建物は「平和宮」と呼ばれている。

人民決議による専制の抑制

　第二の提案は、国王の専制を国民の決議によって牽制することである。「万事は国民全体の福祉によって秤(はか)らなければなりません。この方法こそ自分の福利を正しく秤るただ一つの方法なのです。このような心根を持っている王が、野蛮な軍隊の費用を払うために国民からお金をしぼり取るようなことをはたしてする気になるでしょうか？　一握りの神を畏れぬ司令官の私腹を肥やすために、その民衆を飢餓に追いやるようなことをするでしょうか？　王とは、民衆の生活をひどい危険にさらすものなのでしょうか？　決してそんなことはない、と私は信じています。……悪い王の野望は、国民の一致した決議によって抑制すべきです。要するに、何れの側に立つにせよ、理性を物差しとして、自己の利益を考えねばなりません」(50節)。この点でもエラスムスは民主制の方へ一歩踏み出していると見ることができよう。

他国への干渉の禁止

　第三の提案は、国権の安定、国家主権と並んで政略結婚による他国への干渉の禁止である。「一国の主権者が頻繁に代わったり、また、国から国へ転々と移動することのないような方策を見いだす必要がありますね。変動があるたびに騒動を生み、騒動は戦争を引き起こすからです。この事は、王の子供たちがその権力に物をいわすことを自国の国境内に限ることにし、あるいは、隣国人との結婚を希望する者は一切の王位継承権を失うということにさえすれば、簡単に実現されるでしょう」(52節)。当時、神聖ローマ帝国の皇帝だったマクシミリアン１世の政略結婚と陰謀を目の当たりにしたエラスムスは、結婚はあくまで私事であるべきであり、政治に利用されるべきではないと考えたのである。王位継承については、エラスムスは、「王位継承問題についてはどうかと申しますと、血縁関係の最も近い者、あるいは人民投票により最も有能と認められた者が、君主の跡目を継ぐべきでしょう」(54節)と述べ、世襲によるのみならず国民投票による可能性も認めている。

領土の確定

他国への干渉の禁止と並んで、第四の提案は、領土の確定である。「この際君主たちめいめいが、その治める領地をはっきりと協定していただきたいもの。そして一たびその境界が劃定されたら、それを婚戚関係によって拡張してみたり縮小してみたり、あるいは条約を結んで侵略したりすることは断じてお断りです」(53節)。

しかしながら、エラスムスやカントの不戦思想はその後のヨーロッパにおいて開花することなく、領土の奪いあいは止まるところを知らず、侵略戦争はのちに世界を巻き込む帝国主義戦争にまで発展することになったことは、残念ながら歴史が示すとおりである。

3.『平和の訴え』のもつ現代的意義

最後に『平和の訴え』のもつ現代的意義を検討しておきたい。ヨーロッパにおいて絶対君主制国家が支配的であった時代に生きたエラスムスであるが、その主張には今日の状況でも活かして考えることができる点が少なくない。

領土争いの不毛

「猫の額ほどのちっぽけな土地を自分の領地に組み入れたいがために、あらんかぎりの動乱をまき起こして、恬として恥じないような君主たちがいるのです」(25節)。領土の確定をめぐっては、今日でも各地で国境紛争や島嶼の帰属をめぐる争いが絶えない。エラスムスが説いたように、国境線が引かれた後、それに変更を加えようとする行為は必ず紛争を引き起こす。武力によらず紳士的な協定によって問題を解決すべきである。

他国に対する敵愾心

愛国心はときとして平和の障害となる。民族感情が他民族に対する敵愾心を煽り、国民を戦争に駆り立てる大衆的温床を形成し、また差別や排除といっ

た文化的暴力を引き起こす危険が常にあることをエラスムスは批判する。「イングランド人はスコットランド人に対し、ただスコットランド人であるというだけのことで敵意をいだいているのです。同じように、ドイツ人はフランス人とそりが合わず、スペイン人はこれまたドイツ人ともフランス人とも意見が合いません。ほんとにまあ、なんというひねくれ根性！ 意味のない地名が違うといって分裂するとはね。なぜもっとほかにある道を通って和解を図れないのでしょうか？ イングランド人がフランス人に対して悪意をもつ。なぜ人間が人間にたいして好意をもてないのでしょうか？……それぞれの祖国にただ違った名前がついているというだけで、国民を駆りたてて他国民の絶滅に征かせるのが正しいと思うのでしょうかしらね？」(59節)。民族感情を克服するためには、人間である限りの人間としての自覚をもち、個人としての他者の「人間の尊厳」を重んじるべきだというのがヒューマニストであるエラスムスの答えである。

しかしながら、次に見るように、他方ではあくまでキリスト教の立場を取るエラスムスにおいては、その個人もじつはキリスト教徒としての個人なのである。

キリスト教徒のイスラム教徒に対する態度

エラスムスの平和論は、これまで見てきたように、自然の教えと人間性に加えてキリスト教を根拠にしたものであったが、その発想があくまでキリスト教徒であることが当然視されたヨーロッパ諸国の君主と国民を読者として前提していたため、ある部分ではその限界を露わにしている。例えば、イスラム教徒であるトルコ人に関する記述は、キリスト教徒のイスラム教徒に対する態度を端的に表している。「われわれは、トルコ人を、キリストとは縁もゆかりもない不敬な異邦人だということで蛇蝎のように憎んでいる」(45節)。しかし「このように人を憎」むのは、キリスト教徒にあるまじき態度であるとも述べて、自己批判を行っている。興味深いのは、「キリスト教徒がお互いに投げ槍で突き殺し合っている姿をトルコ人に見せ」ることが「トルコ人を喜ばす」(46節)ことになると言っているところである。人文主義

者としてキリスト教と異教（ギリシャ・ローマの宗教と哲学）の一致を説くエラスムスであるが、イスラム教については概して無関心であるようだ。が、このような態度はヨーロッパ諸国民に一般的な態度として現代にも通じるものであろう。そして、今日、そうしたイスラム教に対する無理解がグローバルな平和を構築する上で障害になっているのは周知のとおりである。この点で、エラスムスの平和論の呈する限界は、ヨーロッパとその近代の限界であると言ってよいであろう。

市民の平和運動の意義について

エラスムスは市民のために訴える。「さらに私は訴えます、キリスト教徒の名に誇りをもつすべての人びとよ、心を一つに合わせて戦争に反対の狼煙をあげてください。民衆の協力が専制的な権力に対してどこまで抵抗する力があるかを示してください」（74節）。先にエラスムスは無抵抗を説いていると指摘したが、しかし、これは民衆の無力を説くものではない。君主制を擁護するエラスムスであるが、民衆が団結すれば国家権力を牽制することができると信じている点で、その政治思想は民主主義に接近している。エラスムスは民衆の願いと利益をいつも念頭に置いている。「大多数の一般民衆は、戦争を憎み、平和を悲願しています。ただ、民衆の不幸の上に呪われた栄耀栄華を貪るほんの僅かな連中だけが戦争を望んでいるにすぎません。こういう一握りの邪悪なご連中のほうが、善良な全体の意志よりも優位を占めてしまうということが、果たして正当なものかどうか、〔君主の〕皆さん自身でとくと判断していただきたいもの」（76節）。問題は、いつの時代でも、一握りの権力者が大多数の民衆一般の意志に反して自己の利益のために戦争を利用していることにある。

宗教の役割

戦争反対を唱えてこそ宗教者である。「聖職者たるものは、みな一様に気をあわせて、戦争反対の叫び声をあげねばなりません。公の席であろうと、また私的な場所であろうと、平和を説き、平和を讃え、平和を人々の心の奥

底にきざみこむべきです。よし武力による紛争の解決を阻止することができなくとも、決して戦争を是認したり戦争に参加したりすべきではありません」(55節)。また、戦没者をことさらに祀る必要はない。「戦没した人たちには普通の墓所が与えられるだけで充分です」(55節)と述べているところも靖国問題を抱える現代の日本にとって示唆的である。

おわりに

　最後に、エラスムスの次の呼びかけにわたしたちも心を合わせて望みたい。「要するに、平和というものは多くの場合、われわれが心からそれを望んではじめて本物となるもの、真に心から平和を望むものは、あらゆる平和の機会を摑まえ、平和の障害となっているものをあるいは無視し、あるいは取り除き、さらに、平和という大きな善を害わないように、耐えがたいことのかずかずを耐え忍ぶものですよ」(57節)。
　いつの時代にも平和は試練にさらされている。しかし、戦争は必然のものではないと言い、平和の必然性を説くエラスムスは、戦争の必然性を説いた現実主義者の同時代人、マキャヴェッリ(『君主論』を著す)とは対照的である。「すべてがこの目的に向かうように促しているのですよ。まず第一に自然の感性と、いわば人間性(フーマーニタス)そのものが挙げられますし、さらに続いて、あらゆる人間の幸福の導き手であり創始者であるキリスト」(75節)と説くエラスムスは、たしかに理想主義者である。しかし、あくまでキリスト教の立場から平和を論じたエラスムスであるが、人文主義との総合において認めた平和への人間的意志の主体性は、その理想を必然のものとなす普遍的根拠である。それを現実化するのは同じ意志を共有する人類の責任でもある。

ロッテルダムのエラスムス
　アムステルダムに次いでオランダ第2位の都市であるロッテルダムの

Ⅲ　文化的暴力の克服

エラスムスの像　　　　　　聖ローレンス教会

　市内にはエラスムスの名を冠せられた施設や建築物が多くある。ニューウェ・マース川によって隔てられた市の南北を結ぶエラスムス橋はロッテルダムのシンボルとなっており、さまざまなイベントの舞台にもなっている。1973年に医科大学と商科大学を統合して総合大学となったエラスムス大学は市の学術的中心である。聖ローレンス教会の庭にはエラスムスの像が立っている。

　ロッテルダムの街は第二次世界大戦中の爆撃により破壊されたが、戦後、近代的な都市計画により復興され、世界一の港湾都市に成長した。かつてアメリカに移住したカルヴァン派の新教徒はロッテルダムの港から出発した。その後も大西洋航路の東のターミナルとしてロッテルダム港（ユーロポート）は EU の海の玄関としての役割を果たしている。

【参考文献】
　エラスムス『平和の訴え』（箕輪三郎訳）岩波文庫、1961年
　二宮敬『エラスムス』「人類の知的遺産23」講談社、1984年
　金子晴勇『エラスムスの人間学』智泉書館、2011年

（望月太郎）

多文化社会における他者理解の課題

【キーワード】
国語　複言語主義　ヨーロッパ言語共通参照枠　他者受容　相互承認

1．はじめに―グローバル化時代における多言語・多文化社会の現実

　グローバル化時代を迎え、日本の社会では目下、多言語化・多文化化の過程が進行中である。例えば、私の住んでいる大阪府箕面市には、現在2200人を越える外国人（出身は約80カ国に及ぶ）が生活している。大阪府内には約20万人の外国籍の人たちが暮らしており、全国レベルでは、2013年3月末時点で198万人の外国人が住民基本台帳へ登録している（日本滞在が3カ月を超える外国人や在日韓国・朝鮮人などの特別永住者がその対象となる）。箕面市の場合、大阪大学の外国語学部および日本語日本文化教育センターの所在する箕面キャンパスが立地し、そこに通う留学生や外国人教員・研究者の多くが家族とともに同市内に居住するという特別な事情もはたらいているが、外国人居住者を抱えるどこの自治体にあっても、行政の側はゴミ出しの方法といった日常生活のルールの周知に始まり、子どもの教育や医療サービスの提供等に至るまで、さまざまな課題への対応に追われ、また一般市民の間では、外国人対象の日本語講座の開設や各種交流イベントの開催など、多彩な外国人支援活動が展開されている。こうした多言語・多文化社会の現実を概観するのに、石川義孝編『地図でみる日本の外国人』（ナカニシヤ出版、

Ⅲ　文化的暴力の克服

2011年）は大変有用である。この「はじめての外国人地図帳」は、日本に住む外国人に関して、詳細な分布、教育、労働、移民、ビジネス、国際結婚など、30にわたるトピックを取り上げ、主に初出の統計（国勢調査等）に基づいてわかりやすい解説を加えたもので、とても興味深い。

　さて、日本に居住する外国人の多くは、日本語に堪能ではなく、異なった文化的背景の下、その生活習慣もさまざまである。私たちは彼らの使用する日本語以外の言語のことを普通「外国語」と呼んでいるが、いったい「外国語」とはいかなる言語のことをいうのであろうか。「外国-語」＝「外国で使用される言語」、あるいは、「外-国語」＝「国語以外の言語」という意味であろうか。いや、そもそも日本では、その二つは同義と見なされているのではなかろうか。つまり、そうした言語観の根本には、言語の境界を国境と同一視するナイーブな見方が潜んでいるように思われる。そして、そのような見方こそ、近代における国民国家・国民文化形成の産物にほかならない。

　およそ近代の国民国家においては、その国民形成の過程において、支配層（＝マジョリティ）の使用する言語による普通教育が重要な役割を演じる。その言語を母語としない住民に対しても、当該言語の使用を強制し、とりわけ学校制度を通じた社会化に媒介される形で、言語統制ならびに社会統合が図られることになる。つまり、教育制度や徴兵制度を通じて、国内に均質かつ緊密な空間が醸成され、その中で国民が創出されることになるが、そうした制度を効率よく運営していくためには、単一で均質な言語が必要となる。そこで、諸制度を担う言語としての「国語」が設定されることになる。この過程においては、国語が国内の多言語状況を調整する共通語的な役割を果たす一方で、標準語に採用されなかった方言の排除や異言語への抑圧といった現象も少なからず観察された。要するに、国語とは、近代において国家単位の言語として機能し、国民の創出および統合のために用いられる制度なのである。

　私たちは一般に日本語のことを「国語」と呼んでいるが、この「国語」という概念には、①国内でのみ使用される言語であり、②その国内語は単一である、という素朴な幻想が見受けられる。その考え方は、日本は単一の言語・

民族・文化共同体であるという虚構（イデオロギー）に立脚しているといえるだろう。実際、明治期以降の「大日本帝国」の近代化に際して、「国語」は「国史」「国文」等と並んで、「国体」の理念および「創られた伝統」を教育・普及する装置として機能したのである。ところが、現代においては、①日本語は国外でも使用されていると同時に、国内では日本語以外にもさまざまな言語が使用されており、また、②日本語自体も決して均一のものではなく、そのうちに多様性を有している。例えば、標準語に対して各種の方言(地域語) が存在し、世代間の変異としては幼児語、若者言葉、老人語などが使用されている。さらには、男性語と女性語という性別に対応した言葉遣いがあり、所属する社会集団ないし社会階層ごとに、学生言葉、業界用語といった多様性が存在している。近年では、科学技術の発展に伴って、日常語と各分野の専門用語との乖離がはなはだしく、日常文化と専門文化との間および専門文化相互間の翻訳・架橋の問題がきわめて重要となっている。

このような言語をめぐる状況に鑑みると、言語の境界を国境と同一視する見方は完全に誤った認識であることがわかる。実際のところ、現代のグローバル化状況の下では、国内で複数の言語が併用される一方、多くの言語は複数の国で使用されるというのが、世界の現実である。そして、このような多言語・多文化社会の現実に対応すべく、異文化間コミュニケーション能力の開発や異文化理解教育の必要性が叫ばれている次第である。

2．EUにおける「複言語主義」と「ヨーロッパ言語共通参照枠」

ヨーロッパでは、上述の多言語・多文化状況の進行を背景として、欧州評議会が2001年に「ヨーロッパ言語共通参照枠（略称：CEFR）」を打ち出した（吉島茂・大橋理枝他訳『外国語教育Ⅱ—外国語の学習、教授、評価のためのヨーロッパ共通参照枠』朝日出版社、2004年）。それは邦訳書の副題にあるとおり、外国語の学習・教授・評価のための共通の基準を定めるものであるが、その基盤をなす「複言語主義」の考え方には、多文化社会において共生すべく、相互の不安や緊張・葛藤等を克服し、文化的相違を超えた共通

の価値や目的を追求する姿勢が見受けられる。そのあたりの事情については、鳥飼玖美子『国際共通語としての英語』(講談社現代新書、2011年)がコンパクトに叙述しているので、それを参照しつつ、ここでEUにおける「複言語主義」とCEFRの要点を紹介することにしたい。

　さて、EUは統合を進めるにあたって「多様性の中の統一」をめざし、そのために「多言語主義(multilingualism)」を掲げている。「多言語主義」とは、社会の中で異なる言語が共存している状態、または教育制度の中で学習する言語を多様化することを指すが、欧州評議会の見解によると、多様な言語と文化は価値のある共通資源であるから大切にしなければならず、多様性をコミュニケーションの障害物ではなく相互理解を生む源へと転換させるためには教育が大切である。そして、言語を互いに学ぶことでコミュニケーションと相互対話が可能となり、偏見と差別をなくすことになるというわけである。こうした信念は、「言語は文化の主要な側面であるばかりでなく、さまざまな文化的表出に至る道でもある」という考えに支えられている。「一人の人間は、国の文化にせよ地域の文化にせよ、あるいは社会で属する集団の文化を含め、種々の文化の中で生きてきており、それらの文化が相互に作用し合って作り上げるのが〈複文化〉であり、〈複言語能力〉とは、〈複文化能力〉の一部として他の要素と相互に作用し合う」という前提から、市民が母語以外に複数の言語を学ぶ「複言語主義(plurilingualism)」という考えが生まれたのである。

　「複言語主義」とは、複数の言語を学ぶ際にはすべての言語知識と経験が寄与し、言語同士が相互の関係を築き相互に作用し合うことで新たなコミュニケーション能力が作り上げられるという思想である。そして、言語学習の目的は、「すべての能力がその中で何らかの役割を果たすことができるような言語空間を作り出す」ことにあるとされる。すなわち、言語学習とはホリスティックな全人的学習ということになる。しかも、その学習は学校での授業のように限定的な場においてある段階まで教えたら終わりというものではなく、一生涯を通じた学習である。それまでの言語体験を十全に生かしながら継続的に続けるのが本来の言語学習とされる。つまり、言語学習を継続す

る力を育成し、新たな言語世界を切り拓く力を獲得させること、新しい言語体験に向き合った時に対応できる力を育成することが重要になるわけである。

　このような「複言語主義」の理念に則って、各言語に共通の参照枠としてCEFRが開発された。欧州評議会によると、「CEFRの目的はヨーロッパの言語教育のシラバス、カリキュラムのガイドライン、試験、教科書、等々の向上のために一般的な基盤を与えることである。言語学習者が言語をコミュニケーションのために使用するためには何を学ぶ必要があるか、効果的に行動できるようになるためには、どんな知識と技術を身につければよいかを総合的に記述するものである。そこでは言語が置かれている文化的なコンテクストをも記述の対象とする。CEFRはさらに学習者の熟達度のレベルを明示的に記述し、それぞれの学習段階で、また生涯を通して学習進度が測れるように考えてある」。こうして生まれたCEFRは、言語の学習・教育・評価のための包括的で一貫性のある共通参照枠として、すでにEU各国で活用されており、日本を含めた世界の外国語教育に大きな影響を与えつつある。

　ところで、CEFRにおいては、まず全体的尺度として、言語使用者のレベルが「Aレベル：基礎段階の言語使用者」、「Bレベル：自立した言語使用者」、「Cレベル：熟達した言語使用者」の3段階に分けられたうえで、さらにそれぞれが2段階に区別され、結局A1、A2、B1、B2、C1、C2の6レベルに分類されている。他方、言語使用者・学習者の有する能力の内容については、「一般的な能力」と「コミュニケーション言語能力」とに大きく二分され、「一般的な能力」は叙述的知識（世界に関する知識、社会文化的知識、異文化に対する意識など）、技能とノウハウ、実存的能力、学習能力に分割され、「コミュニケーション言語能力」は言語構造的能力（語彙、文法、意味、音声、正書法、読字などの能力）、社会言語能力（敬称、発話の順番取りなど社会的関係を示す言語標識、礼儀上の慣習、ことわざ、言語使用域、方言など）、言語運用能力（ディスコース能力、機能的能力など）によって構成されている。そうした分類に基づいて、どの言語であっても通用するように、各レベルごとに言語使用と言語能力について細かく尺度を記

述したものが CEFR である。

　さらに、CEFR との関連で、欧州評議会は異文化理解について「異文化能力（intercultural competence）」という新しい概念を提示している。これまでの外国語教育が重視してきた「コミュニケーション能力」だけでは異文化コミュニケーションは円滑にいかない、「異文化能力」が必要だという発想であり、その内容としては次の要素が挙げられている。

　①異文化への態度：好奇心と開かれた心、他文化を疑い自文化を信ずる気持ちに待ったをかけられる態度。
　②自文化と他文化に関する知識：自分の国と相手の国について、社会集団や産物、慣習、社会的および個人的な相互作用プロセス一般について知っていること。
　③異文化を自文化と比較して理解する力：他文化の資料や出来事を解釈し、説明し、自文化のものと関連づけられる能力。
　④発見し学習する能力：ある文化や文化的習慣について新たな知識を獲得する能力、リアルタイムのコミュニケーションやインターアクションという制約の中で、知識や態度やスキルを機能させられる能力。
　⑤文化への批判的な気づき：自分の国や文化、他の文化や国々におけるものの見方、習慣、産物などを、明確な基準に基づいて、批判的に評価することのできる能力。

　ここで注目すべきは、単に知識や技能だけでなく、好奇心や開放性、寛容な態度といった個人のパーソナリティに基づく「実存的能力」が必須の要件として挙げられていることである。つまり、「異文化能力」とは、コミュニケーション言語能力、社会文化的知識および個人のパーソナリティの三者から構築される全人的な能力なのである。実際、文化の壁をやすやすと越えていく留学生たちを観察していると、外国語そのものの知識や技能とは別に、自分と違う相手を受け入れることができる、多様性に価値を見出すことができる、自分の考えを相手に伝えられる、また相手の考えに耳を傾け理解しようと努めるなど、当人の態度や性格的要因が重要な役割を果たしているように思われる。そして、このような「異文化能力」の涵養を目標とする「異文

化間教育」においては、個々人の社会化過程を通じた文化的被制約性という自文化の個別性の次元から、異文化接触における緊張・不安・葛藤等のダイナミズムを通して、人間性・人権や民主主義といった普遍性の次元へと学習者を導くことが要請されている。

3．他者理解の可能性と限界

　ところで、異文化理解の対象となる個別の文化については、ともするとイギリス文化、ドイツ文化、フランス文化というように国単位で考えられがちである。しかし、それぞれの国家において、社会や文化の多元化・多様化が進行している現状では、「一国家＝一民族＝一文化」という国民国家的・国民文化的な見方は実態に合わない幻想であることを認識しておく必要がある。さらに、異文化とは単に異なる国や地域の文化という意味だけでなく、異なる性、世代、国籍、言語、宗教、価値観、生き方、習慣などあらゆる「自分とは異なるもの」のことであるとするならば、異文化理解とは他者理解のことにほかならない。そして、他人の心を思い描く、他人の立場になって考えるという営みについては、「心の理論」に基づく他者理解がモデルとしてよく提示されるが、単純な「感情移入」で他者が理解されるわけではなく、理解の成立に関与する諸要因と当該理解の妥当性（＝何が「正しい」理解か）を考察する必要があろう。ここでは、そのような他者理解＝異文化理解の一範例として、文化人類学におけるフィールドワークを考え、そこでの理解のありさまおよびそれにまつわる問題を少し詳しく考察してみたい。

　さて、文化人類学の基本的な方法であるフィールドワークとは、ある限定された社会の生活について、研究者が直接得た見聞を記録し、資料を集める方法である。そこでは、研究対象の世界を「現地民の視点を通して見る」ことが科学的であると考えられている。すなわち、異文化をその文化自体に即してそのままに理解することが、研究の客観性を保証するものとしてめざされるのである。

　しかし、こうしたフィールドワークの科学性について、次のような二つの

III 文化的暴力の克服

疑義が生ずる。ひとつは、そもそも現地民の視点に立つことは可能かという問いであり、いまひとつは、研究者がフィールドに入ることによって引き起こされる変容の問題である。

まず、第一の問いについて述べれば、研究者はみずからの帰属する文化によって拘束された先行理解から免れえない。研究者自身が好むと好まざるとにかかわらず、自分の文化による偏向を受け、当該文化についての「先入見＝先行判断」をつねに有しているのである。つまり、研究者はフィールドワークそのものに赴く前に、自分の生まれ育った環境やその背景をなす社会・文化伝統などにより、さらには、文献探索等の学問上の訓練によって、対象とする異文化世界についての観念をすでに少なからず獲得している。さらに、フィールドワークの現場にあっても、たとえば未開社会の思考を理解する際、自分の属する文化の概念や範疇をそのまま適用して、当該の思考を自文化の認識枠組みに無理に包摂し、すっかり理解したつもりになったり、逆に自分の概念装置で把握できないときには、まったく不合理なものと見なしてしまったりする。このように、先行理解を条件にしてはじめて異文化とのかかわりが成立する以上、現地民の視点に立って異文化をそのままに理解することなど原理的に不可能である。

次に、第二の難点について言えば、フィールドに入ってくる研究者の国籍、民族、使用言語、性格、価値観などによって、現地民の対応が左右される。つまり、そこでは研究者もその一部であるような社会関係がフィールド内で新たに形成され、その関係の織りなすネットワークの中で、研究者自身が独自の役割を演じることになる。研究者が理解の対象とするのは、決して異文化のそのままの状態ではなく、あくまでも、このように相貌を変じた世界なのである。その意味で、異文化理解は、理解するものと理解されるものとの相互作用の文脈と状況の下にあると言えよう。それゆえ、「研究対象である民族と文化の社会的現実とは、そこの人々と人類学者との間に成立する機能そのものなのだ。実証主義者のいう客観性、つまり社会科学を支配する客観主義の神話はこの点から批判され、その存立の基盤への挑戦をうける。客観性は理論上の論理的整合性にもあるがままの資料にも存在するものではな

い。まさにそれは人間の相互主観性の基盤の上に成立するものである」(青木保『文化の翻訳』東京大学出版会、1978年) という文化人類学者自身による言葉は、正当な認識を示すものである。

そこで、異文化理解の客観主義に対する批判をいま一度強調すべく、解釈学と諸科学との関係を概括したJ. ハーバーマスの議論を合わせて紹介しておこう (Jürgen Habermas: Der Universalitätsanspruch der Hermeneutik, in: Apel, K.-O. u. a.: *Hermeneutik und Ideologiekritik*, Frankfurt/M., 1971)。

ハーバーマスによれば、解釈学はまず、精神科学の認識の中に存在する先行理解の構造を明るみに出すことによって、精神科学の客観主義的な自己理解を打ち砕く。すなわち、理解の客観性は、先行理解の捨象によって保証されるのではなく、ただひとえに、認識主体とその対象とをつねにすでに結び付けている歴史的・社会的・文化的連関についての反省によってのみ保証される。また、解釈学は社会科学をして、その先行把握の問題に注意の目を向けさせる。つまり、社会科学の用いるカテゴリーの枠組みおよびその理論における基本概念の選択は、日常言語による意思疎通によって媒介されており、その対象領域そのものが、相互主観性の次元における承認によってあらかじめ構成されているのである。さらに、解釈学は自然科学の科学主義的な自己理解をも、その批判の俎上にのぼす。すなわち、科学主義はみずから前提している先行理解を忘失することによって認識の独占を要求するのであるが、当の自然科学にあっても、研究手順の選択、理論の構造、検証の方法等は、研究者の間で暗黙裡に前提された合意事項であり、制度化された規範 (T. クーンのいわゆる「パラダイム」) である。しかも、こうした規範そのものが明示的に問われる場合、その研究者共同体における討論は、原理的には、自然言語の脈絡および日常言語による対話の理解という形式に拘束されるのである。

そして最後に、解釈学は形式言語によって記述された科学的・技術的情報を、社会的生活世界の言語、すなわち日常言語に翻訳するという解釈の一領域について、その反省を加えなければならない。つまり、科学技術の進歩が産業社会を発展させ、そのシステムを支配するひとつのイデオロギーとなる

に至った現在、技術的な知識を生活世界の実践的意識と合理的に関係づけることが、喫緊の課題となっている。

4．むすび―他者受容と相互承認

以上の議論を踏まえて、次に他者受容ならびに異文化受容のあり方の三類型を説明しておこう。
① 包摂／同化：「単一文化・単一言語モデル」
② 隔離／並存：「二文化・二言語モデル」
③ 相互浸透／相互承認：「多文化・多言語（主義）モデル」

①のモデルは、異質な相手を自分の中に取り込み、自分と同一化する形での受容である。例えば、国民国家の形成過程において、支配層（＝マジョリティ）の使用する言語が「国語」として制定され、その言語を母語としない住民に対しても当該言語の使用が強制されることによって、言語的な同化政策が推進される。その場合、文化的な多様性はおしなべて抑圧・排除され、単一で均質な言語を使用する教育制度を通じて、一体的な国民の創出と統合が図られることになる。②は消極的ないしは否定的な受容のモデルであり、他者とは必要最低限の接触しか持たず、たいていは背を向けあって分離したままである。歴史的に見れば、中世ヨーロッパにおけるユダヤ人のゲットーへの隔離、病人や障がい者に対する排除、また日本における被差別部落の存立、移民労働者の集住等々、枚挙に暇がない。

そして、③の類型は現在 EU で理念的に追求されているモデルであり、お互いに共通部分において合意（＝公共性）の創出に尽力するとともに、またお互いの相違をあらためて確認する（＝「分かる」）こととなる。そこでは、「所詮完全な相互理解は無理である」、「むしろ違いこそが出会いの意味である」という認識が共有されるはずである。この場合、「異文化能力」を高めるためには、「共約可能性（commensurability）」という数学の概念を借りるならば、お互いに共通の約数を増やすよう努めると同時に、素数（＝個性）の開発にも傾注する必要があるということを強調しておきたい。

さて、グローバル化時代を迎え、多文化社会となった日本において〈多文化共生〉が唱えられる際にも、往々にして、日本在住の外国人（＝マイノリティ）が日本語を学び、日本の習慣を身につけ、日本社会に同化することが要求されがちである。また他方では、グローバル人材養成のスローガンの下、日本人にもネイティブ・スピーカーのようになることを目標とした英語力の習得が要請されている。しかし、真の〈共生〉をめざすならば、二重の意味において「同化」ではない言語文化受容のあり方が必要であるように思われる。つまり、一方では日本人の英語学習の目標において、他方では在日外国人への日本語教育の目標において、それぞれ母語話者への同化を強要するのではなく、自分らしさ（＝アイデンティティ）を保持したままの「国際英語」ないしは「何もなくさない日本語教育」を追求し、「違いを育てる教育」をめざすべきではないだろうか。実際、前掲の鳥飼玖美子『国際共通語としての英語』は、日本における英語教育の目的を、英米文化理解から国際共通語である英語を使っての発信へと転換することを提案し、その新たな目的から生まれる新たな課題として、脱ネイティブ・スピーカー信仰、学習事項の仕分け、読み書きの重点化、自立した学習者育成、の４点を挙げている。また、「生活者としての外国人」向けの日本語についても、例えば、災害が起きたときに関連情報を迅速、正確かつ簡潔に外国人被災者に伝えるための「やさしい日本語」が提案されている。

　最後に、このような言語教育を日本の大学において実現するための指針として、日本学術会議の「日本の展望委員会・知の創造分科会」による提言「21世紀の教養と教養教育」（2010年）からその一節を引用しておきたい。この文書は日本学術会議が「日本の展望―学術からの提言2010」と題して公表した包括的な提案の一部をなすものであり、大学における教養教育の一環として、日本語教育を含む言語教育の充実を図ることが重要であるとし、次のように述べている。

　「①言語（自国語）の公共的使用能力は、あらゆる領域のリテラシー（科学的リテラシー／社会科学的リテラシー／人文学的リテラシー／メディア・リテラシー等々）の根底にあって、それらの学習・活用を可能にする基本的

なリテラシーである。それはまた、他者と交流し、日常生活と市民としての諸活動を豊かにする基礎となるものである。さまざまな分野での専門的な活動（職業、研究）を市民と公共社会に開くと同時に、市民と社会の側から専門にアクセスするための鍵でもある。②グローバル化が急速に進展している現代世界では、国際共通語としての地位を確立しつつある英語の教育の充実を図ることも重要である。大学における英語教育は、従来の外国語教育とは別のカテゴリーに属するものとして、言語と文化を異にする他者との交流・協働を促進し豊かにするために、口頭によるコミュニケーション能力だけでなく、むしろアカデミック・リーディング、アカデミック・ライティングおよびプレゼンテーションを核とするリテラシー教育として充実を図ることが重要である。③国際化が進展する現代社会では、英語以外の外国語の教育も重要である。それは、世界の多様性の認識と異文化理解を促進するためにも、また、自国の言語文化を反省し、その特質を自覚し、それをより豊かなものにしていくうえでも重要である」。

　結局のところ、このような〈教養〉としての言語教育と他者受容・相互承認とを結ぶキーワードは〈公共性〉である。教養教育の使命が、市民社会の一員としての良識と的確な判断力を備えた人材の育成にあるとすれば、自分が個として十分に尊重されるのと同様に、他人も「対等の人間＝パートナー」として配慮されるべきであるという〈公共性〉の基本的立場を改めて強調したい。そもそも〈公私〉は相関概念であり、プライベートな個人の確立と相互主体的な公共の感覚の成立とは、相即不離の関係にある。したがって、私たちはただ内面的自己完成をめざす個人主義的〈教養〉概念を乗り越え、自己形成が同時に外的な社会全体のより良い建設に通じるような、意識的・知的実践としての〈教養〉概念を新たに模索しなければならない。このようにみずからを取り巻く自然と社会の環境（＝生活世界）との対話能力を高め、開かれた社会性を身につけようとする心構えが、現代の地球市民の備えるべき新たな〈教養〉として切に要請されているのである。

【さらなる学びのための文献案内】
　多言語化現象研究会編『多言語社会日本　その現状と課題』三元社、2013年
　安田敏朗『「国語」の近代史　帝国日本と国語学者たち』中公新書、2006年
　石井敏他『はじめて学ぶ異文化コミュニケーション―多文化共生と平和構築に向けて』有斐閣選書、2013年
　ベイツ・ホッファ、本名信行、竹下裕子編『共生社会の異文化間コミュニケーション―新しい理解を求めて』三修社、2009年
　平子義雄『公共性のパラドックス―私たちこそ公共精神の持ち主』世界思想社、2008年

（我田広之）

多文化共生の街から・神戸長田

　多文化共生。教育や研究の現場から地方の小さな自治体にいたるまで、今や日本の様々な場所で耳にする言葉となった。グローバル化が加速する中、日本社会の構成員が一層多様化している証であり、私たちの日常を少し注意深く見渡してみるならば、その状況の一片を実感することができるかもしれない。他方で、この言葉が1995年に発生した阪神淡路大震災を契機として、被災地の一つであった神戸市長田区から全国へと発信されたことは、急速に忘れ去られつつあるのではないだろうか。

　神戸の中心街である三宮から西に7キロ。電車に乗ってわずか10分ほどでJR新長田駅に到着する。電車を降りて改札を出ると、美しく舗装された道路の上にすっきりと林立する、高層マンションや公営住宅に迎えられる。駅周辺にはコンビニエンス・ストアやファーストフード店が点在し、ありふれた駅前の風景が広がっている。しかし、ひとたび商店街に向かって歩きはじめると、所々に焼肉店や冷麺屋の看板を見つけたり、携帯電話を片手に自転車で走り抜けていく女性の口から発せられていたのが日本語ではなかったことに気づいたりする。

　神戸市の統計によると、2013年7月現在、長田区には5042人の朝鮮韓国籍と953人のベトナム籍の人々が暮らしている。市内で最も在日コリアンと在日ベトナム人が多い地域である。なぜこれらの人々が同区に集まってきたのか。明治の開港以来、神戸はマッチやゴム産業、造船や鉄鋼などの重工業とともに発展してきた。こうした産業が生み出す労働需要は、戦前より近郊の農村をはじめ、奄美・沖縄諸島、植民地であった朝鮮半島から人々を吸引した。またゴム産業を母胎として生まれた長田区の靴産業は、80年代に難民として来日し、日本に定住しはじめたベトナム人を引き寄せた。

　阪神淡路大震災は、こうした人々の生活を支える町工場や木造住宅が密集するこの下町を直撃した。家を潰し、町を焼き、すべてを絶望的に破壊した大地震は、しかしその一方で、既存の閉鎖的な社会関係をも打ち砕いた。ともに倒壊した家の下敷きになった人を助け、避難所で不安な夜を過ごした人々は、そこではじめて、隣に暮らしていた「他者」に出会った。これまで差別的な眼差しに晒されて抑圧されて

きた少数者は、ようやく具体的な個人として認識されて、声をあげることが可能になった。多文化共生はそうした背景から生まれた言葉であり、間違いなく、きたる新しい社会の一つの姿として、大きな期待と願いが込められたのだ。

その震災から約20年。はたして社会は多文化共生に近づいたのだろうか。地震後、確かに長田区には外国人を支援する数々の団体が生まれ、現在も地域に根ざして活動を続けている。しかしながら、「復興」という名の下、大規模に実施されたのは、多様な人々が暮

震災前からの風景が残る路地

らす下町を復旧させることではなく、震災以前より計画されていたとおり、長田区を、「労働者の町」から都市で働く勤め人の住むベットタウンへと造り変えることであった。その結果、同区の町工場のほとんどが倒産し、地域における雇用機会は激減した。仕事を失った少数者は再び不可視な存在となりはじめ、より閉塞的になっていく社会において、外国の名前を持つ子供たちは、いじめを恐れる親から日本の名前を名乗るように諭されている。

多文化共生とは決して今、新しく直面する課題ではない。20年前、否、戦前からすでに日本の課題として存在していたのだ。互いに文化の違いを認め合い、対等な関係を築いていくことが大切であることは、皆もう充分に理解している。それでも共生が実現できないのはなぜなのだろう。何がそれを阻むのか。

社会は極めて狡猾だ。私たちに必要なのは、もはや溢れる情報を拾い集めることではない。自分の足を、目を、耳を使って確かめることだ。五感を研ぎ澄ませ、思考を鍛え、考え続けることだ。過去を見つめ、現在を問う。おそらくその繰り返しの中にしか、多文化共生は、そして平和は、見えてこない。

　　　　　　　　　　　　　川越道子（ベトナム語通訳翻訳者）

あとがき

　人類史上初の総力戦である第一次世界大戦の開戦から、100年が経過した。「戦争と暴力の世紀」と呼ばれる20世紀の悲劇を語る際、従来はどうしても第二次世界大戦の話題が支配的であったが、悲劇の根源を理解するには第一次大戦のさらなる解明が不可欠だという気運が、とりわけ主戦場だった欧州の各国では高まっている。

　当たり前ではあるが、戦争は人間の手で始められるもので、火山の噴火や疫病の発生とは異なる。そこには長い前史があり、第一次大戦も例外ではない。1914年6月28日、欧州の中心部から遠く離れたバルカン半島のサラエヴォで、オーストリア＝ハンガリー帝国の皇太子夫妻が、セルビア系のユーゴスラヴィア・ナショナリストによって暗殺された事件が、なぜ世界戦争に至ったのか。そこには、「敵」の「脅威」を理由とする、各国の積年の軍備拡大・戦争準備があった。権力者たちは、世界大で植民地や市場の獲得を競うとともに、国内の社会矛盾から国民の眼を外にそらせようとした。他方、ナショナリズムに絡めとられた民衆は、何年も前から発せられていた未曽有の大戦争への警告に耳を貸さず、「敵が多ければ名誉も多い」とばかり戦争協力に邁進した。

　あれから1世紀が経ち、私たちはどれだけ賢くなったのだろうか。第一次大戦開戦より10年前、日露戦争前夜に幸徳秋水が「今の国際戦争が、単に少数階級を利するも、一般国民の平和を攪乱し、幸福を損傷し、進歩を阻害するの、極めて悲惨な事実たる……、而も事遂に此に至れる者一に野心ある政治家之を唱え、功名に急なる軍人〔と官僚—木戸〕之を喜び、奸獪なる投機師之に賛し、而して多くの新聞記者之に附和雷同し、競うて無邪気なる一般国民を煽動教唆せるの為めにあらずや」(「嗚呼増税！」『平民新聞』1904年3月27日) と喝破した状況は、昔話に過ぎないと言い切れるだろうか。

あとがき

　今日東アジアでは、世襲政治家たちのリーダーシップの下、過去清算がむしろ困難となり、排外的な民族主義が叫ばれ、軍備競争が繰り広げられている。さらに広く世界を見回すと、国家権力と巨大多国籍企業の癒着による新自由主義が貧富の格差拡大、貧困の深刻化、人間の疎外・分断、民主主義の空洞化をもたらし、軍事化、戦争賛美、排外主義の風が吹き荒れ、言論操作や警察国家化、監視社会化が昂進するといった共通の傾向が確認できる。

　このような厳しい時代だからこそ、暴力の不在としての「平和」を追究することは、ますます重要になっている。野放図なカジノ資本主義の下、勝ち負けや損得といった画一的価値観を強いられる中で、国家や社会、国際関係の〈周辺〉の視点からその本質を批判的に捉え、〈中心〉の変革を迫る平和研究は、今こそ切実な時代の要請に応えなければならない。

　本書はもともと、大学における平和講義・平和ゼミの教科書として刊行された。教科書と言っても、平和に関する「正解」がそこに開陳されているわけではもちろんない。読者の大半を占めるであろう学生諸君は、本書を通して、もろもろの知識を蓄えるだけでなく、正解のない問いに対して自らの頭で考え、自らの足で行動することで、それぞれの価値観を築き上げていってほしい。そして、すべての問題を個人レベルの「自己責任」に帰せようとする圧力に対して、自らの主体性を保ちつつも、しなやかに「他者」と繋がり共に生きていく想像力と創造力を養ってほしい。本書がそのような「もう一つの世界」を曲がりなりにも提示し、平和の実現を願う読者の一助となれば、執筆者一同、それに勝る喜びはない。

　最後に、多忙化が度を増すなか、本書の完成に向け、編者の無理難題にも前向きに応じてくれた執筆陣、とりわけ第２部・第３部をそれぞれ取りまとめてくれた長野八久・我田広之両氏のご尽力に感謝したい。

　　2014年２月８日
　　　（日本海軍によるロシア旅順艦隊への奇襲攻撃から110年目の日に）
　　　　　　　　　　　　　　　　　　　　　　　　　　　　（木戸衛一）

論文執筆者略歴

木戸衛一（きど・えいいち）

大阪大学大学院国際公共政策研究科教員、日本平和学会理事。ドイツ現代政治・平和研究。1957年生まれ。一橋大学大学院社会学研究科博士後期課程単位取得退学、ベルリン自由大学で博士号取得。
主な著作に『ドイツ左翼党の挑戦』（せせらぎ出版、2013年）、『「対テロ戦争」と現代世界』（編著、御茶の水書房、2006年）など。

北泊謙太郎（きたどまり・けんたろう）

大阪大学大学院文学研究科教員。日本近現代史・軍事社会史。1971年生まれ。大阪大学大学院文学研究科博士後期課程単位取得退学。
主な論文に、「日露戦争後における帝国在郷軍人会の成立と展開」（『ヒストリア』第163号、1999年1月）、「日清戦争後における軍隊と地域社会」（『歴史評論』第686号、2007年6月）など。

飯塚一幸（いいづか・かずゆき）

大阪大学大学院文学研究科教員。日本近代史。1958年生まれ。京都大学大学院文学研究科博士後期課程単位取得退学。
主な著作に『グローバルヒストリーと帝国』（共著、大阪大学出版会、2013年）、『講座明治維新第5巻　立憲制と帝国への道』（共編著、有志舎、2012年）など。

藤目ゆき（ふじめ・ゆき）

大阪大学大学院人間科学研究科教員。日本近現代史・女性史。1959年生まれ。京都大学大学院文学研究科博士課程単位取得退学、1994年同大学で博士号取得。
主な著作に、『性の歴史学——公娼制度・堕胎罪体制から売春防止法・優生保護法体制へ』（不二出版、1998年）、『女性史からみた岩国米軍基地——広島湾の軍事化と性暴力』（ひろしま女性学研究所、2010年）など。

康宗憲（カン・ジョンホン）

同志社大学政策学部嘱託講師。朝鮮半島の現代政治。1951年生まれ。大阪大学大学院国際公共政策研究科博士後期課程修了。国際公共政策学博士（2007年）。

主な著訳書に、『死刑台から教壇へ―私が体験した韓国現代史』(角川学芸出版、2010年)、『北朝鮮が核を放棄する日』(編著、晃洋書房、2008年)、『金大中自伝』(共訳、岩波書店、2011年) など。

清末愛砂 (きよすえ・あいさ)

室蘭工業大学大学院工学研究科教員。ジェンダー法・家族法・憲法・社会調査法。1972年生まれ。大阪大学大学院国際公共政策研究科博士後期課程単位取得満期退学。
主な著作に『講座　ジェンダーと法第3巻　暴力からの解放』(分担執筆、日本加除出版、2012年)、『母と子でみる　パレスチナ―非暴力で占領に立ち向かう』(草の根出版会、2006年) など。

二宮厚美 (にのみや・あつみ)

神戸大学名誉教授。経済学・社会環境論。1947年生まれ。京都大学大学院経済学研究科修士課程修了。
最近の著書に『橋下主義解体新書』(高文研、2013年)、『安倍政権の末路』(旬報社、2013年)、『福祉国家型財政への転換』(編著、大月書店、2013年)、『新自由主義からの脱出』(新日本出版社、2012年) など。

廣川和花 (ひろかわ・わか)

専修大学文学部准教授。大阪大学大学院文学研究科博士後期課程単位修得退学、博士 (文学)。近代日本の医学史、医療のアーカイブズ学。
主な著作に『近代日本のハンセン病問題と地域社会』(大阪大学出版会、2011年)、翻訳にアン・ジャネッタ『種痘伝来―日本の〈開国〉と知の国際ネットワーク』(木曽明子との共訳、岩波書店、2013年)。

今岡良子 (いまおか・りょうこ)

大阪大学言語文化研究科教員。大阪外国語大学モンゴル語学科卒業、同大学大学院修士課程修了。1962年生まれ。モンゴルで遊牧社会のフィールドワークを続け、モンゴルの核汚染に警鐘を鳴らす。
今岡良子「ウランは原爆の原料になる。私たちの大地から掘り出してはいけない」―2012年、マルダイへ」『モンゴル研究』28号、モンゴル研究会

下田　正 (しもだ・ただし)

大阪大学大学院理学研究科教員。原子核物理学。不安定な原子核の構造を加速器を用いた独自の実験手法によって研究。1952年生まれ。京都大学大学院理学研

科博士課程単位取得退学。理学博士。
『重イオンビーム物理』(「物理学最前線」第23巻、共立出版、1989年)、"We are paid for teaching, not for research"(『魅力ある授業のために』大阪大学出版会、2006年所収)など。

春日匠(かすが・しょう)

科学技術社会論・文化人類学。1973年生まれ。京都大学大学院人間・環境学研究科博士後期課程単位取得退学。
『小笠原学ことはじめ』(共著、ダニエル・ロング編、南方新社、2002年)

長野八久(ながの・やつひさ)

大阪大学大学院理学研究科教員。化学熱力学・複雑系熱科学・平和学。1957年生まれ。大阪大学大学院理学研究科博士後期課程修了、理学博士。最近は、地域商店街活性化や街中サイエンスカフェにも取り組む。

小沢隆一(おざわ・りゅういち)

東京慈恵会医科大学教授。憲法学。1959年生まれ。一橋大学大学院法学研究科博士後期課程単位取得退学。
主な著作に『予算議決権の研究』(弘文堂、1995年)、『はじめて学ぶ日本国憲法』(大月書店、2005年)、『クローズアップ憲法』(編著、法律文化社、2012年)など。

桃木至朗(ももき・しろう)

大阪大学大学院文学研究科教員。ベトナム史・海域アジア史・歴史教育。1955年生まれ。京都大学大学院文学研究科に学び、広島大学で博士学位取得。
著書に『わかる歴史・面白い歴史・役に立つ歴史―歴史学と歴史教育の再生を目ざして』(大阪大学出版会、2009年)など。

出原隆俊(いずはら・たかとし)

大阪大学名誉教授。日本近代文学。1951年生まれ。京都大学大学院博士後期課程中退。博士(文学・大阪大学)。
著書に『異説 日本近代文学』(大阪大学出版会、2010年)、『新日本古典文学大系 明治篇 キリスト者文学集』(共著、岩波書店、2002年)、『鷗外近代小説集』第五巻(共著、岩波書店、2013年)など。

小野田正利（おのだ・まさとし）

大阪大学大学院人間科学研究科教員。教育制度学・学校経営学・教育法学。1955年生まれ。名古屋大学法学部を経て大学院・教育学研究科を修了。教育学博士。
主な著書に『悲鳴をあげる学校―親の"イチャモン"から"結びあい"へ』（旬報社、2006年）、『普通の教師が"普通に"生きる学校―モンスター・ペアレント論を超えて』（時事通信社、2013年）など。

望月太郎（もちづき・たろう）

大阪大学大学院文学研究科教員。哲学・社会思想、高等教育論。1962年生まれ。大阪大学大学院文学研究科博士後期課程中退。1997年、博士（文学）学位取得（大阪大学）。
主な著作に、『大学のグローバル化と内部質保証』（編著、晃洋書房、2012年）、『技術の知と哲学の知』（世界思想社、1996年）など。

我田広之（わがた・ひろゆき）

大阪大学大学院言語文化研究科教員。ドイツ思想史・比較言語文化論。1957年生まれ。東京大学大学院人文科学研究科修士課程修了。
主な著訳書に『コミュニケーション理論の射程』（共著、ナカニシヤ出版、2000年）、ヨアヒム・シュレーア『大都会の夜』（共訳、鳥影社、2003年）など。

大阪大学新世紀レクチャー

平和研究入門

2014年4月8日　初版第1刷発行　　［検印廃止］
2018年3月20日　初版第2刷発行

　編　者　木戸衛一

　発行所　大阪大学出版会
　　　　　代表者　三成賢次

〒565-0871　吹田市山田丘2-7
　　　　　　大阪大学ウエストフロント
TEL 06-6877-1614（直通）
FAX 06-6877-1617
URL : https://www.osaka-up.or.jp

組　　版　亜細亜印刷株式会社
印刷・製本　大村紙業株式会社

ⒸEiichi KIDO et al. 2014　　　　　　Printed in Japan
ISBN 978-4-87259-474-4 C3036

JCOPY 〈出版者著作権管理機構　委託出版物〉
本書の無断複製は著作権法上での例外を除き禁じられています。
複製される場合は、その都度事前に、出版者著作権管理機構（電話 03-3513-6969、FAX 03-3513-6979、e-mail: info@jcopy.or.jp）の許諾を得てください。